夏水洞沟遗址
制品热处理实验研究

振宇 ＼ 著

文物出版社

图书在版编目（CIP）数据

宁夏水洞沟遗址石制品热处理实验研究 / 周振宇著
. — 北京：文物出版社，2022.4
（考古新视野）
ISBN 978-7-5010-7414-3

Ⅰ.①宁…　Ⅱ.①周…　Ⅲ.①旧石器时代考古-石器-热处理-实验研究-灵武　Ⅳ.①K871.114

中国版本图书馆 CIP 数据核字（2022）第 068716 号

审图号：GS（2022）2366 号

宁夏水洞沟遗址石制品热处理实验研究

著　　者：周振宇

责任编辑：孙　丹
装帧设计：肖　晓
封面设计：王文娴
责任印制：张　丽

出版发行：文物出版社
社　　址：北京市东城区东直门内北小街 2 号楼
邮　　编：100007
网　　址：http：//www.wenwu.com
经　　销：新华书店
印　　刷：宝蕾元仁浩（天津）印刷有限公司
开　　本：710mm×1000mm　1/16
印　　张：14.25
版　　次：2022 年 4 月第 1 版
印　　次：2022 年 4 月第 1 次印刷
书　　号：ISBN 978-7-5010-7414-3
定　　价：86.00 元

本书版权独家所有，非经授权，不得复制翻印

内容提要

本书以模拟实验与科技检测相结合的研究方法，对水洞沟遗址石料热处理后的变化进行了较为全面的研究。针对水洞沟出土的石制品，设计了全面的模拟实验，获取热处理石制品。通过观察对比、X 射线衍射、X 射线荧光、扫描电镜和偏光显微镜观察，总结出水洞沟石料热处理后的特征，并发现古人通过热处理改变石料的力学性质，从而提高其打制性能。依据实验结果，我们从水洞沟遗址 2 号、12 号地点甄别出热处理石制品 110 件。观察分析结果表明，当时古人类已经熟练掌握了热处理技术，理解不同原料间的打制性能的差别，并将之运用于石器制作、使用中，提高了石料利用率及生产效率。同时古人类对热处理石料存在搬运行为。

通过本项研究，首次确认东亚地区存在热处理行为，水洞沟热处理石制品的发现为亚洲乃至世界的热处理研究提供了重要的研究材料，同时填补了热处理技术由西向东发展与传播的缺环。水洞沟热处理行为的发现，为探讨旧石器时代中西文化交流提供了新的证据，也为了解现代人行为在中国的出现与扩散提供了新的研究视角。

作者简介

周振宇，理学博士，中国社会科学院副研究员。美国德州大学奥斯汀分校、日本奈良文化财访问学者。现任中国社会科学院考古研究所史前考古研究室副主任、中国考古学会旧石器专业委员会委员、亚洲旧石器考古学会委员。

研究兴趣：旧石器时代考古。曾赴美国、日本、俄罗斯、洪都拉斯等国进行考古发掘、学术交流。近年来主持参与福建、河北等地多项重要考古工作，主持参与的考古发掘项目多次入选“中国考古新发现”“全国十大考古新发现”。主持的南山遗址考古工作被评为“田野考古三等奖”。曾获“中国社会科学院优秀科研成果二等奖”“第二届考古学大会青年学者奖（金爵奖）”，参与编写的《水洞沟——2003～2007年度考古发掘与研究报告》获“首届中国考古学大会科研成果奖（金鼎奖）”。

专家推荐意见（一）

中国旧石器时代考古学发展历经百年，人才辈出，成果迭生，不断推陈出新。

20 世纪二三十年代，由裴文中、贾兰坡等大师领衔的周口店遗址的发掘与研究为我国旧石器时代考古学实践奠定了模式，标记了一个很高的起点。旧石器时代考古中实验模拟领域在我国的滥觞，就始于裴文中先生当初对北京猿人的砸击技术与石英制品破裂形态的实验研究。但其后很长时间由于战乱和社会动荡，实验考古学在我国基本被废止，有限的实践也是浅尝辄止，对考古学科的发展未产生明显的影响。八九十年代，在中国科学院古脊椎动物与古人类研究所和北京大学的旧石器时代考古研究与教学中，实验模拟工作得以复活，包括石器模拟制作与使用及微痕分析，骨器的制作实验和动物碎骨的形成实验等，在一定程度上形成对田野考古与室内器物描述分析的有益补充。

21 世纪初在水洞沟遗址启动的新一轮发掘与研究终于使旧石器时代考古中的模拟实验与分析阐释热络起来，成为显学，与国际学术界实现了接轨。水洞沟遗址是我国最早发现并发掘的旧石器时代遗址之一，经历数次发掘与研究，产生了一批颇具影响力的学术成果。2002 年，中国科学院古脊椎动物与古人类研究所与宁夏文物考古研究所联合开展水洞沟遗址新世纪系统性的考古调查、发掘与研究，持续至今。这一轮考古工作引入了国际学术界相关领域最新的方法和理念，以破译重要学术问题为导向，以阐释人类的技术和行为为宗旨，以培养人才、发展学科为目标，开展了一系列创新实践，取得多方面的成果，被“黄土之父”刘东生先生誉为“中国旧石器时代考古学的文艺复兴”。他认为新时期水洞沟遗址发掘与研究中的多学科协作，在野外和实验室开展有针对性的实验模拟分析，开拓新思路，实践新理念，应用新技术与方法，建立与国际接轨的田野操作规范，以中青年为主的研究团队和具有国际前沿视野的人才培养，都标志着我国旧石器时代考古学与相关学科进入了更高层次和新的发展阶段。在持续十数年的发掘与研究过程中，实验分析贯穿始终，包括石器的打制、使用实验，鸵鸟蛋皮串珠的制作实验，石制品的埋藏实验，动植物资源的加工处理实验，多项用火实验等。这些实验分析为我们解读远古人类的技术、能力和适应生存行为提供了重要的信息和启示，成为我国旧石器时代考古学的亮点和学科生长点。

火的使用在人类的生存和演进过程中扮演了重要角色，特别是在旧石器时代晚期，与用火相关的复杂行为推动了人类社会的复杂化和文明的孕育。周振宇博士在我的指导下于中科院做博士学位论文演习和撰写期间，有志于开展古人类用火研究，尤其痴迷于旧石器时代先民对石料的热处理行为，于是以此为选题，做了大量文献梳理，针对水洞沟遗址出土的材料开展了系统的实验模拟和科技分析，取得多项重要发现和创新性认识。

本书的内容源自他的博士学位论文，聚焦石料热处理这一独特、复杂的用火行为。热处理作为旧石器时代先民改善材料性能、提高工具制作水平的代表性技能，受到国际学术界的高度重视，被解读为早期现代人独特的发明创造和聪明才智。由于我国此前未开展过这项研究，未能在考古遗址中发现古人的热处理行为及相关遗物、遗迹，长期存在此方面的研究空白。周振宇博士在对水洞沟遗址出土的特定石制品的细微、翔实观察的基础上，做了系统的实验研究设计，开展了一系列的模拟实验和科技分析，不仅首次确认了东亚地区存在旧石器时代的热处理行为，解析了先民对石料做热处理的目的、方法、原理和成效，同时还为早期现代人在亚洲的扩散、演化和生存特点阐释开拓了新的视角，提供了新的材料和信息。

本书详细介绍了他所开展的模拟实验流程、技术分析方法和所得到的结果。模拟实验包括火塘使用实验、石料热处理实验、石器打制实验等方面。在科技分析方面，作者首次将色度分析、X 射线衍射技术、非线性力学研究手段引入旧石器时代考古研究中，通过色度分析和 X 射线衍射技术，捕捉到特定石料随温度升高而发生颜色变化的规律、数据和质地发生改变的过程和原理；通过力学手段，将石料的打制性能变化通过仪器量化，取得客观、可验证的数据，摆脱了经验性的观察描述和主观定性的传统研究模式。可以说，对水洞沟遗址石制品热处理现象所开展的实验研究以点带面，填补了我国该领域的空白，研究过程中所引入的多种实验和科技手段也将有效拓展和提升我国旧石器时代考古学研究的广度、深度和科技含量。新技术、新方法的应用，大量实验数据和结果分析、解读，使本书具有很高的出版价值和学术价值。本书的研究内容是水洞沟遗址综合研究的一部分，会成为最大程度挖掘远古文化遗存所赋存的信息、努力做到透物见人的范例，为旧石器考古学科发展开辟了新的领域，具有创新与引领的作用和意义。

2020 年 8 月 25 日

专家推荐意见（二）

中国考古学研究已经历了一个多世纪的发展，在这百年的发展过程中，我们发现、发掘了很多重要遗址，如周口店遗址发现的早期人类化石，以及良渚、陶寺、二里头、殷墟等大型遗址。并由此开启了一些重大宏观问题的探索，如人类起源、农业起源、文明起源、城市与国家的起源等。对这些重大问题的推断与对宏观理论的构建离不开对众多小尺度问题的攻克，对这些“小问题”的研究与解读对于我们重建人类波澜壮阔的历史起到了同样举足轻重的作用，而对古人类用火问题的讨论就是此类研究之一。

对火的使用，贯穿了整个人类演化的历程，其最基本的功能包括取暖照明、获取熟食、抵御野兽等。除此之外远古人类还使用火加热石头，目的为石烹、劈裂石料、热处理石料等。随着宁夏水洞沟遗址的考古发掘的推进，遗址距今约1.2万年左右的地层出土了大量具有独特特征的碎石块，经过实验分析，证明这些标本为旧石器时代石烹技术的遗留物。水洞沟遗址同时还发现了石料的热处理行为，周振宇博士这本书以此为主题，开展了精彩的研究。热处理石制品的初步判别多靠肉眼观察特征，比如表面颜色趋红、可见油脂状光泽等。我国旧石器时代石制品原料种类丰富，颜色各异，仅靠显性特征很难被发现，因此旧石器时代的热处理技术在我国从未被发现。正因为是首次发现，该书对热处理技术是否存在进行了非常严谨的论证。为了保证数据客观、结论准确，所有的热处理实验都在模拟远古条件和实验室条件两种环境下重复进行；通过详尽实验确定了外部特征、物质成分、组成结构、显微特征、力学特征等多种热处理石制品的判别标准。最终确定水洞沟遗址第2和第12地点存在热处理石制品，这是东亚地区目前发现的最早的史前热处理行为。确定热处理是否存在后，本书还以此为基础，衍生出了更加丰富的内容：热处理技术的传播路径很有可能显示了人类迁徙的过程与模式，这种技术既需要精确把握火的温度，还需要对石料的特性有透彻的理解，这些都为我们了解当时人类的迁徙、行为特征、认知能力提供了重要证据；围绕这个主题开展的一系列实验，既有借鉴民族学资料进行的火塘实验，也有严谨的加热实验和打制实验，更有考古界少见的力学实验，这些开创性的工作为相关方法在考古领域的拓展应用具有重要意义。

可以说周振宇博士对史前石制品热处理这个“小问题”进行了精彩的论述。人类历史研究的“大问题”正是这类“小问题”持续不断积累而来，本书由热处理这一点切入，引出旧石器考古相关一系列问题，通过清晰的逻辑、严谨的论证完成问题的阐释。希望本书的出版能够为更多考古学的“小问题”提供研究示例。

陳星灿

2020 年 8 月 9 日

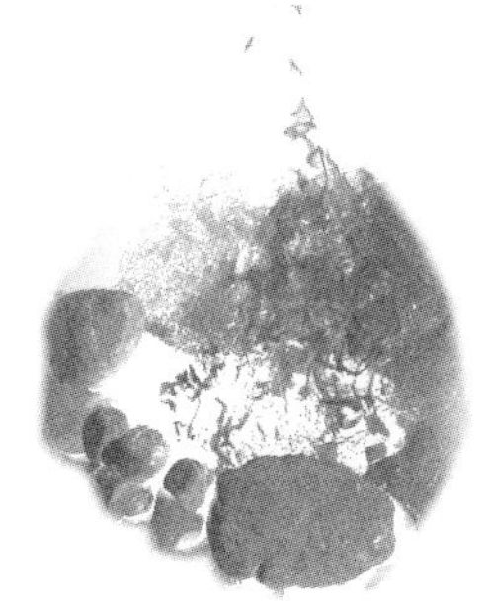

目录

001 **第一章　引言**

001 第一节　研究背景

014 第二节　用火研究

022 **第二章　研究对象与核心问题**

022 第一节　研究对象及研究历史

025 第二节　研究问题

028 第三节　研究目标

030 **第三章　研究材料与方法**

030 第一节　研究材料

033 第二节　热处理模拟实验

039 第三节　岩石力学试验

047 第四节　X 射线衍射、X 射线荧光分析

049 第五节　显微观察

050 第六节　石制品分类、观测项目与标准

061 **第四章 热处理实验**
061 第一节 研究背景
064 第二节 实验目的与设计
066 第三节 室外实验
075 第四节 室内实验

081 **第五章 热处理实验石料测试分析**
081 第一节 X 射线荧光分析
083 第二节 X 射线衍射分析
094 第三节 岩石力学分析
113 第四节 显微观察
123 第五节 结 语

124 **第六章 热处理石料打制实验及分析**
124 第一节 实验目的与设计
125 第二节 实验概况
127 第三节 实验过程
128 第四节 实验结果
140 第五节 分析与讨论

145 **第七章 水洞沟遗址热处理行为分析**
145 第一节 水洞沟遗址的用火情况
146 第二节 水洞沟遗址的热处理石制品
159 第三节 热处理行为的分布与扩散

163 **第八章 结语**
163 第一节 热处理石制品的辨别特征
164 第二节 热处理对石料的影响
165 第三节 水洞沟遗址热处理石制品的特征
166 第四节 水洞沟遗址的热处理行为

167　第五节　热处理研究方法
167　第六节　研究意义
168　第七节　我国的热处理研究前景

170　**参考文献**

184　**附　表**

插图目录

图 1.1　在中国发现的包含火塘遗存的旧石器时代遗址分布图 …… 016
图 1.2　火塘遗迹平面图 …… 020
图 2.1　水洞沟遗址地理位置图 …… 023
图 3.1　水洞沟地区地貌及原料采集点示意图 …… 032
图 3.2　弹性介质应力-应变曲线 …… 044
图 3.3　峰前区岩石的典型变形曲线类型 …… 044
图 3.4　岩石应力与应变关系曲线的各个阶段 …… 045
图 3.5　楔形细石叶石核几何测量分析图 …… 055
图 3.6　非工具类石片定位及测量参数示意图 …… 056
图 4.1　部分用于室外实验的砾石 …… 067
图 4.2　实验过程图 …… 069
图 4.3　实验火塘 …… 069
图 4.4　火塘燃烧温度变化图 …… 072
图 4.5　无意识加热石片 …… 073
图 4.6　室内实验原料 …… 075
图 4.7　室内实验标本热处理前后对比 …… 079
图 4.8　室内实验燧石标本热处理前后对比 …… 079
图 4.9　室内实验白云岩标本热处理前后对比 …… 080
图 5.1　079 白云岩热处理前样品衍射图 …… 084
图 5.2　079 白云岩 450℃热处理样品衍射图 …… 085

图 5.3 079 白云岩 550℃ 热处理样品衍射图 …… 085
图 5.4 079 白云岩热处理前后衍射峰对比 …… 086
图 5.5 150 白云岩、燧石热处理前样品衍射图 …… 086
图 5.6 150 白云岩、燧石 450℃ 热处理样品衍射图 …… 087
图 5.7 150 白云岩、燧石 550℃ 热处理样品衍射图 …… 087
图 5.8 150 白云岩、燧石热处理前后衍射峰对比图 …… 088
图 5.9 160 石英岩热处理前样品衍射图 …… 088
图 5.10 160 石英岩 450℃ 热处理样品衍射图 …… 089
图 5.11 160 石英岩 550℃ 热处理样品衍射图 …… 089
图 5.12 160 石英岩热处理前后衍射图对比 …… 090
图 5.13 160 石英岩热处理前后样品衍射峰细节对比 …… 090
图 5.14 197 白云岩热处理前样品衍射图 …… 091
图 5.15 197 白云岩 350℃ 热处理样品衍射图 …… 091
图 5.16 197 白云岩 400℃ 热处理样品衍射图 …… 092
图 5.17 197 白云岩热处理前后衍射图对比 …… 092
图 5.18 MTS810 电液伺服材料试验机结构简图 …… 096
图 5.19 岩石压缩实验结构布置 …… 096
图 5.20 073 白云岩应力-应变曲线 …… 098
图 5.21 079 白云岩应力-应变曲线 …… 099
图 5.22 150 白云岩应力-应变曲线 …… 100
图 5.23 160 石英岩应力-应变曲线 …… 100
图 5.24 173 石英砂岩应力-应变曲线 …… 100
图 5.25 197 白云岩应力-应变曲线 …… 101
图 5.26 200 白云岩应力-应变曲线 …… 101
图 5.27 202 白云岩应力-应变曲线 …… 102
图 5.28 不同地点石料应力-应变曲线 …… 103
图 5.29 热处理标本抗压强度与温度关系图 …… 105
图 5.30 不同产地石料的抗压强度 …… 106
图 5.31 热处理标本应变与温度关系图 …… 107

图 5.32　不同产地石料的应变 …… 107
图 5.33　石片破裂的三个阶段 …… 108
图 5.34　石片破裂类型 …… 109
图 5.35　通过赫兹破裂从石核边缘剥片示意图 …… 111
图 5.36　129-ori、129-350℃对比 …… 115
图 5.37　141-ori、141-300℃对比 …… 115
图 5.38　173-ori、173-550℃对比 …… 115
图 5.39　202-ori、400℃、450℃ 50 倍对比图，202-ori、450℃ 200 倍对比图 …… 116
图 5.40　SDG12L2-182 50 倍 …… 116
图 5.41　146 标本热处理前后扫描电镜对比 …… 119
图 5.42　037 标本热处理前后扫描电镜对比 …… 119
图 5.43　050 标本热处理前后扫描电镜对比 …… 120
图 5.44　201 标本热处理前后扫描电镜对比 …… 120
图 5.45　198 标本热处理前后扫描电镜对比 …… 121
图 5.46　103 标本热处理前后扫描电镜对比 …… 121
图 5.47　SDG12L5-7879 号标本扫描电镜观察 …… 122
图 5.48　SDG12L5-7452 号标本扫描电镜观察 …… 122
图 5.49　SDG12L3-2269 号标本扫描电镜观察 …… 122
图 5.50　SDG12L3（未编号）标本扫描电镜观察 …… 122
图 6.1　打制实验原料 …… 126
图 6.2　打制实验工具 …… 126
图 6.3　打制实验石核 …… 128
图 6.4　050-ori 石片 …… 130
图 6.5　050-350℃石片 …… 130
图 6.6　050-400℃石片 …… 132
图 6.7　201-ori 石片 …… 133
图 6.8　201-300℃石片 …… 134
图 6.9　201-350℃石片 …… 135
图 6.10　199-ori 石片 …… 136

图 6.11　199-400℃石片 …… 137
图 6.12　146-ori 石片 …… 138
图 6.13　146-550℃石片 …… 139
图 6.14　201 白云岩石片角分布图 …… 141
图 6.15　550℃热处理石料破裂面 …… 143
图 7.1　2 号地点无意识加热石制品 …… 147
图 7.2　2 号地点热处理石制品 …… 148
图 7.3　12 号地点热处理石制品 …… 152
图 7.4　12 号地点无意识加热石制品 …… 156

第一章　引言

第一节　研究背景

一　现代人行为研究

在探寻人类演化历史的过程中，现代人起源一直是研究的焦点、热点问题。中国古人类化石的形态特征以及文化遗存所体现的人类行为与技术，有力地支持了多地区进化说（Multiregional Evolution Hypothesis）中“连续进化附带杂交”的理论，也体现了“现代人类演化的区域性多样化模式”①。尽管中国境内的旧石器文化与古人类体质演化具有一定的区域性和特殊性，但是人类面对环境变化采用相应的生计模式，提高自身的生存能力是具有共性的。现代人行为的出现是人类体质、脑力演化到一定程度，为适应环境，谋求生存的必然产物。现代人行为何时出现，学术界

---

① 金昌柱、潘文石、张颖奇等：《广西崇左江州木榄山智人洞古人类遗址及其地质时代》，《科学通报》2009 年第 54 期；张振标：《现代中国人起源的实证——颅骨特征的时空变化》，《第四纪研究》1999 年第 19 期；石丽、张新锋、沈冠军：《中国现代人起源的年代学新证据》，《南京师大学报（自然科学版）》2003 年第 26 期；吴新智：《从中国晚期智人颅牙特征看中国现代人起源》，《人类学学报》1998 年第 17 期；吴新智：《现代人起源的多地区进化说在中国的实证》，《第四纪研究》2006 年第 26 期；吴新智：《中国古人类进化连续性新辩》，《人类学学报》2006 年第 25 期；高星、黄万波、徐自强等：《三峡兴隆洞出土 12~15 万年前的古人类化石和象牙刻划》，《科学通报》2003 年第 48 期；高星、张晓凌、杨东亚等：《现代中国人起源与人类演化的区域性多样化模式》，《中国科学：地球科学》2010 年第 9 期；高星、彭菲、付巧妹等：《中国地区现代人起源问题研究进展》，《中国科学：地球科学》2018 年第 1 期。

同样存在争议：一种理论认为，现代人行为起源于非洲，于距今约5万到4万年时大范围扩散到世界的各个区域①；另一种理论则认为，现代人行为起源于包括非洲在内的多个地区②。不论这两个理论孰对孰错，但它们对于现代人行为的认识是一致的，主要包括：象征性行为及装饰品的出现；骨角器的使用；石叶技术出现，石器类型标准化及多样化；构造相对复杂的火塘；合理、系统化的空间利用行为；交换行为出现；采用季节性迁徙的生存模式；严酷环境下的生存能力；捕鱼猎鸟行为等③。

---

① Binford LR, Ho CK, 1985. Taphonomy at a distance: Zhoukoudian, "the cave home of Beijing man"? *Current Anthropology*, 26; Klein RG, 1995. Anatomy, behavior, and modern human origins. *Journal of World Prehistory*, 9; Ambrose SH, 1998. Chronology of the Later Stone Age and food production in East Africa. *Journal of Archaeological Science*, 25; Chase PG, Dibble HL, 1987. Middle paleolithic symbolism: A review of current evidence and interpretations. *Journal of Anthropological Archaeology*, 6; Mellars PA, 1989. Major issues in the origin of modern humans. *Current Anthropology*, 30.

② McBreaty S, Brooks A, 2000. The revolution that wasn't: a new interpretation of the origin of modern human behavior. *Journal of Human Evolution*, 39; D'Errico F, 2003. The invisible frontier. A multiple species model for the origin of behavioral modernity. *Evolutionary Anthropology*, 12.

③ Henshilwood CS, 2003. The Origin of Modern Human Behavior-Critique of the Models and Their Test Implications. *Current Anthropology*, 44; Bar-Yosef O, 2002. The Upper Paleolithic Evolution. *Annual Review of Anthropology*, 31; Mellars PA, Major issues in the origin of modern humans; Mellars PA, 1989. Technological changes across the Middle-Upper Paleolithic transition: Economic, social, and cognitive perspectives, In Mellars P, Stringer C (eds.), *The human revolution: Behavioral and biological perspectives on the origins of modern humans*, Edinburgh and Princeton: University Presses; Mellars PA, 1996. Symbolism, language, and the Neanderthal mind, In Mellars P, Gibson KR (eds.), *Modelling the early human mind*, Cambridge: McDonald Institute Monographs; Chase PG, Dibble HL, Middle paleolithic symbolism: A review of current evidence and interpretations; Chase PG, Dibble HL, Lindly J, et al., 1990. On the emergence of modern humans. *Current anthropology*, 38; Gargett RH, 1999. Middle Palaeolithic burial is not a dead issue: The view from Qafzeh, Saint-Ce'saire, Kebara, Amud, and Dederiyeh. *Journal of Human Evolution*, 37; Klein RG, Anatomy, behavior, and modern human origins; Ambrose SH, Chronology of the Later Stone Age and food production in East Africa; Deacon HJ, 2001. Modern human emergence: An African archaeological perspective. In Tobias PV, Raath MA, Maggi-Cecchi J et al. (eds.), *Humanity from African naissance to coming millennia: Colloquia in human biology and palaeoanthropology*, Florence: University of Florence Press; Milo R, 1998. Evidence for hominid predation at Klasies River Mouth, South Africa, and its implications for the behavior of early modern humans. *Journal of Archaeological Science*, 25; Renfrew C, 1996. The sapient behaviour paradox, In Mellars P, Gibson KR (eds.), *Modelling the early human mind*, Cambridge: McDonald Institute Monographs; Thackeray AI, 1992. The Middle Stone Age south of the Limpopo River. *Journal of World Prehistory*, 6.

热处理技术的应用为大部分现代人行为的出现和发展提供了相应的技术支撑。首先，获取食物是古人类面临的最重要的问题，不断提高制造获取食物工具的技术也成为贯穿整个人类进化史的主线之一，石质工具的规范性、多样性能够帮助古人类在更复杂的环境下生存，经过热处理的石料为实施更加复杂的打制技术提供了物质前提，也促进了软锤技术的普遍应用。其次，经过热处理的石料可以更加容易地打制出复杂使用的工具，精致石器的出现促进了古人类交换行为的发生。再次，经过热处理的石料一般颜色质地会改变，这在一定程度上满足了古人类精神意识层面对颜色的需求，并且提升其交换的价值。同时，复杂型火塘的产生也为热处理提供了技术前提。因此，热处理技术与现代人行为的产生和发展紧密联系、互相促进，对热处理行为的判定与深入研究可以帮助我们了解古人类对石料的选择与认知、石器打制技术的发达程度、利用与开发资源的能力，甚至可以借此推测早期的社会组织行为。

二 热处理行为研究现状

人类使用并控制火的历史可以追溯到更新世早期，在漫长的用火历程中，火大多与加工食物、驱寒取暖、抵御野兽、制作加工工具相关。就制作加工工具而言，目前发现人类最早有目的地用火对石料进行热处理是在以色列的洞穴遗址（Qesem Cave），发现的遗存属于 Acheulo-Yabrudian 文化，是黎凡特地区介于阿舍利文化和莫斯特文化之间的一种考古学文化，年代为距今 40 万~20 万年。遗址发现了大量人类演化史中重要的创新行为和技术，比如系统的石叶制作技术、长期持续使用的火塘以及热处理技术。研究者发现，该遗址的石叶制品的热处理温度为 260℃左右，而普通石片制品热处理温度为 410℃左右，针对不同打制技术施以不同的热处理策略，显示出非常成熟的热处理技术①。南非南部海岸的 Pinnacle Point 遗址，在距今 16.4 万年的文化层中也发现了经过热处理的石制品，该遗址距今 7.2 万年的上部文化层中又出土了更为丰富的热处理石制品，这表明此时人类已经熟练掌握了针对硅质岩类

---

① Agam A, Azuri I, Pinkas I, et al., 2021. Estimating temperatures of heated Lower Palaeolithic flint artefacts. *Nature Human Behavior*, 5.

进行系统化的热处理以达到改变石料性能的技术①。欧洲旧石器时代中期莫斯特文化遗址中也发现数例对石制品进行热处理的证据：黎巴嫩距今 11 万年的 Ras-el-Kelb 洞穴遗址发现表面呈现油脂状光泽的经过加热的燧石制品，被认为是古人类通过热处理以达到提高石料剥片性能的目的②；法国距今 9.3 万年的 Les Forets 遗址和距今 6.3 万年的 Brugas 遗址都发现经过热处理的石制品，其表面出现裂纹且呈现光泽，颜色发生改变③；西班牙的 Mediona 遗址发现的莫斯特文化石制品中，近 20%的修理石片经过热处理，表面呈现油脂状光泽④。此外，埃塞俄比亚距今 7 万年的 Epic Cave 遗址也发现了热处理行为，石制品发生典型的茶壶盖状破裂及颜色变红的现象⑤。旧石器时代晚期，热处理技术已经分布于世界大部分地区，除上述区域外，北美大陆、西伯利亚，印度、巴基斯坦、阿富汗等地区也都发现了热处理行为。热处理技术代表了古人类对石料的深度利用，是现代人行为中重要的因素之一。

近几十年来，西方针对旧石器时代的热处理技术已经开展了大量石制品研究及模拟实验研究，对古人类热处理行为有了一定程度的了解。广义上的热处理是针对各种材料（工业上尤指金属）进行加热、保温、冷却等一系列处理以改变材料表面及内部结构，控制其性能的综合工艺⑥。旧石器考古研究范畴内，热处理特指针对石料进行加热、保温、冷却处理改变石料的表面及内部结构，以满足古人类对原料质地、颜色等特征的要求。实际上，古人类很可能也对竹质、木质、骨

---

① Brown KS, Marean CW, Herries AIR, et al., 2009. Fire As an Engineering Tool of Early Modern Humans. *Science*, 325.

② Copeland L, 1998. The Middle Paleolithic flint industry of Ras el-Kelb, In Copeland L, Moloney N (eds.), *The Mourterian Site of Ras el-Kelb, Lebanon*, Oxford: BAR International Series 706.

③ Duttine MP, 2005. Effects of thermal treatment on TL and EPR of flints and their importance in TL-Dating: application to French Mousterian sites of Les Forets (Dordogne) and Jiboui (Drome). *Radiation Measurements*, 39.

④ Domanski M, Webb J, 2007. A review of heat treatment research. *Lithic Technology*, 32.

⑤ Clark DJ, Williamson KD, Michels JW, et al, 1984. A Middle stone age occupation site at Porc Epic Cave, Dire Dawa (East-Central Ethiopia). *The African Archaeological Review*, 2.

⑥ 中国机械工程学会热处理学会：《热处理手册（第 1 卷）：工艺基础》，北京：机械工业出版社，2008 年，第 1~833 页。

质工具进行热处理，提高其硬度，但目前尚无考古材料支持这种假说，因此本文暂不作讨论。

根据民族学研究及考古发现，热处理技术主要与获取石料、制作石器、改变石质及宗教与贸易活动相关①。在上述用途当中，获取原料、制作石器及改变石质与旧石器时代考古学研究密切相关，因此，对石制品热处理的探讨与研究成为解读史前社会人类生产生活状态的重要线索，与之相关的研究使我们对热处理技术在石器打制中所起的作用有了更清晰的认识。热处理对石料特性的改变主要体现在：使石料质地更加均一，降低石料的强度并提高其延展性，整体上提升石料的剥片性能。这种特性的改变在石器制作上表现为：剥取的石片长度增加；石片远端崩断概率降低；石片边缘更加锋利；剥片过程中对石料破裂方向、应力延伸距离控制更加精准，打击石料所需的力度降低；更易在圆形石料上产生工作面等②。Rick 在对伊利诺伊河谷的伯灵顿燧石进行热处理实验研究后发现，使用经过热处理的石料制作而成的投掷尖状器的刃缘，较未经过热处理的石料制作而成的刃缘角度平均小 30°；经过热处理的石料打制出的石片较未经过热处理的长且薄，而且这种特性在使用软锤技术进行石制品打制中体现得尤为明显。另外，针对经过热处理的石料所进行的打制实验失误率低，对石料的掌控性更好，石料的剥离更为精确。实验还表明，

① 陈虹、沈辰：《史前石制品的热处理研究》，《江汉考古》2009 年第 2 期。

② Crabtree DE, Butler BR, 1964. Notes on experiments in flint knapping: heat treatment of silica minerals. *Tebiwa*, 7; Purdy BA, Brooks HK, 1971. Thermal alteration of silica minerals: An archaeological approach. *Science*, 173; Collins MB, Fenwick JM, 1974. Heat treating of chert: Methods of interpretation and their application. *Plains Anthropologist*, 19; Rick JW, 1978. *Heat altered cherts of the Lower Illinois Valley: An Experimental Study in Prehistoric Technology*, PhD dissertation, Illinois: Evanston; Mandeville MD, Flenniken JD, 1974. A comparison of the flaking qualities of Nehawka Chert before and after thermal pretreatment. *Plains Anthropologist*, 19; Bleed P, Maier M, 1980. An objective test of the effects of heat treatment of flakeable stone. *American Antiquity*, 45; Patterson LW, 1979. Quantitative characteristics of debitage from heat treated chert. *Plains Anthropologist*, 24; Gould RA, 1976. A case of heat treatment of lithic materials in aboriginal Northwestern California. *Journal of California Anthropology*, 3; Webb JA, Mckay DA, Sagona A, 1994. Analysis of the finds, In Sagona A (ed.), *Bruising the Red Earth: Ochre Mining and Ritual in Aboriginal Tasmania*, Melbourne: Melbourne University Press; Bradley B, Anikovich M, Giria E, 1995. Early upper Paleolithic in the Russian Plain: Streletskayan Flaked stone artefacts and techonology. *Antiquity*, 69; Nassaney MS, 1996. The role of chipped stone in the political economy of social ranking, In Odell GH (ed.), *Stone tools: theoretical insights into human prehistory*, New York: Plenum Press.

针对经过热处理的石核使用压制法剥取石叶和细石叶，最多能提高剥片效率4到5倍①。

大量考古学实例表明，古人类认识到了热处理对石料特性的改变，并将这一技术有效地运用到了石制品的打制、加工和使用中。旧石器时代末期，热处理技术更为广泛地应用于石叶及细石叶的生产中，且多配合压制法使用，法国南部、西班牙东南部和葡萄牙的梭鲁特文化遗址，德国、乌克兰、印度、巴基斯坦、阿富汗等国家和地区都发现了使用经过热处理的石料生产不同类型的石叶、细石叶的现象②。在中东地区，发现了旧石器时代晚期古人类对燧石进行热处理以提高石叶、细石叶和

---

① Rick JW, 1978. *Heat altered cherts of the Lower Illinois Valley: An Experimental Study in Prehistoric Technology*, PhD dissertation, Illinois: Evanston; Mandeville MD, Flenniken JD, A comparison of the flaking qualities of Nehawka Chert before and after thermal pretreatment; Flenniken JJ, 1987. The Paleolithic Dyuktai pressure blade technique of Siberia. *Arctic Anthropology*, 24; Inizan ML, Lechevallier M, Plumet P, 1992. A technological marker of the penetration into North America: pressure microblade debitage, its origin in the Paleolithic of North Asia and its diffusion, *MRS Proceedings*, 267; Crabtree DE, 1966. A stoneworker's approach to analyzing and replicating the Lindenmeier Folsom. *Tebiwa*, 9.

② Bradley B, Anikovich M, Giria E, Early upper Paleolithic in the Russian Plain: Streletskayan Flaked stone artefacts and techonology; Goerke B, 1983. Preliminary report on the manufacturing sequence of blades in the Baghor tradition, In Sharma GR and Clark JD (eds.), *Paleoenvironments and prehistory in the middle son valley* (*Madhya Pradesh, North-Central-India*), Allahabad: University of Allahabad; Kenoyer JM, 1983. Preliminary report on excavations at the late Paleolithic occupation site at Baghor I Locality, In Sharma GR, Clark JD (eds.), *Paleoenvironments and Prehistory in the Middle Son Valley* (*Madhya Pradesh, North-Central India*), Allahabad: University of Allahabad; Clark JD, Williams MA, 1986. Paleoenvironments and prehistory in North Central India: a preliminary report, In Jacobson J (ed.), *Studies in Archaeology of India and Pakistan*, New Delhi: American Institute of Indian Studies; Clark JD, Khanna GS, 1989. The site of Kunjhun II, Middle Son Valley and its relevance for the Neolithic of Central India, In Kenoyer JM (ed.), *Old Problems and New Perspectives in the Archaeology of Southeast Asia*, Madison: Wisconsin Archaeological Reports, No. 2; Davis RS, 1978. The palaeolithic, In Allchin FR, Hammond N (eds.), *The Archaeology of Afghanistan from Earliest Times to the Timurid Period*, London: Academic Press; Collins MB, 1973. Observation on the thermal treatment of chert in the Solutrean de LAUGERIE Haute, France. *Proceedings of the Prehistory Soceity*, 39; Aubry T, Almeida M, Neves MJ, et al., 2003. Solutrean Laurel Leaf Point production and raw material procurement during the Last Glacial Maximum in Southern Europe: two examples from central France and Portugal, In Soressi M, Dibble HL (eds.), *Multiple Approaches to the Study of Bifacial Technologies*, Philadelphia: Museum of Archaeology and Anthropology, University of Pennsylvania.

工具的生产效率的例证①。广泛分布于西伯利亚—蒙古高原地区的旧石器时代晚期Dyuktai文化中，研究者发现古人类利用热处理技术提高制作石叶的效率，在Ust'Mil和Kukhtui遗址均发现石核剥片和制作两面器留下的，保留有热处理光泽的碎屑②。北美大陆相当一部分克洛维斯（Clovis）尖状器以经过热处理的石料为原料，制作出了更加对称、规范的器形及锋利的刃缘，这些工具在处理软性材料时效率更高③；在美国德克萨斯州南部的Shumla遗址，90%的投掷尖状器都是使用经过热处理的石料经软锤法制作而成④；而在北美及欧亚大陆的高寒地区，古人类在夏季运用压制法使用热处理石料生产大量的石叶及细石叶，并将其储存，以应付冬季大雪覆盖地表时无法获取石料的窘境⑤。澳大利亚的多处史前遗址也发现了对石制品进行热处理的现

---

① Griffiths DR, Bergman CA, Clayton CJ, et al., 1987. Experimental investigation of the heat treatment of flint, In Sieveking GG, Newcomer MH (eds.), *The Human Uses of Flint and Chert*, Cambridge: Cambridge University Press; Edwards PC, Edwards WI, 1990. Heat treatment of chert in the Natufian period. *Mediterranean Archaeology*, 3; Edwards PC, Head MJ, Macumber PG, 1999. An Epipalaeolithic sequence from Wadi Hisban in the East Jordan Valley. *Annual of the Department of Aniquities of Jordan.*

② Nassaney MS, 1996. The role of chipped stone in the political economy of social ranking, In Odell GH (ed.), *Stone tools: theoretical insights into human prehistory*, New York: Plenum Press; Yi S, Clarke G, 1985. The "Dyuktai Culture" and New World origins. *Current Anthropology*, 26; Chen C, Wang XQ, 1989. Upper Paleolithic microblade industries in North China and their relationships with North-East Asia and North America. *Arctic Anthropology*, 26; Dolukhanov P, Shukurov A, 2004. Colonisation of Northern Eurasia by early modern humans as viewed through the evidence of radiocarbon dating, In Higham T, Ramsey BC, Owen C (eds.), *Radiocarbon and Archaeology: Fourth International Symposium*, Oxford: Oxford University.

③ Kay M, 1996. Microwear analysis of some Clovis and experimental chipped stone tools, In Odell GH (ed.), *Stone tools: theoretical insights into human prehistory*, New York: Plenum Press; Nami HG, Norton MR, Staford DJ, et al., 1996 Comments on Eastern Clovis lithic technology at the Carson Conn Short site (40bn190), Tennessee River Valley. *Current Research in the Pleistocene*, 13; Wilke PJ, Flenniken JJ, Ozbun TL, 1991. Clovis Technology at the Anzick site, Montana. *Journal of California and Great Basin Anthropology*, 13.

④ Hester TR, Collins MB, 1974. Evidence for heat treating of Southern Texas projectile points. *Bulletin of the Texas archaeological society*, 45.

⑤ Flenniken JJ, The Paleolithic Dyuktai pressure blade technique of Siberia; Rolland N, 1981. The interpretation of middle Palaeolithic variability. *Man (N. S.)*, 16; Rolland N, Dibble HL, 1990. A new synthesis of middle Palaeolithic variability. *American Antiquity*, 55; Owen LR, 1988. *Blade and microblade technology: selected assemblages from the North American Arctic and the Upper Palaeolithic of Southwest Germany.* PhD dissertation, Oxford: BAR International Series 441.

象，并发现了距今4300年的包含原料和半成品、成品的热处理火塘，在距今约1090年的Berrambool遗址还发现了更为成熟的热处理火塘，这些以绿色玉髓为主要处理原料的热处理火塘数量多且规格相近①。

热处理作为一类重要的史前人类行为，在提高制作技术、提升制作效率、保存石料资源等方面发挥了重要作用。因此，辨认遗址中经过热处理的石制品并解读其加工流程，成为我们全面阐释远古人类行为模式的重要部分。

三　热处理产生的性状、机理和辨别方法

为了准确有效地辨认出哪些考古标本经过了热处理，我们需要解答以下几个问题：热处理对于岩石的外部形态及内部结构有何改变？这些变化因何产生？不同类型的岩石在不同温度下的变化有何异同？哪些变化对于石制品的打制存在实际意义？

岩石经过热处理后的外部形态特征主要指肉眼可鉴定的特征，包括油脂状光泽、石料破裂（破碎、裂纹）、颜色变化（大多数趋向于变红）、遗址石制品的测量统计特征等。油脂状光泽目前大多通过肉眼判断，但是条件允许的情况下应尽量使用光泽度仪进行测量，以将光泽度量化，降低误判的概率；颜色可以通过芒塞尔（Munsell）色标或其他国际通用的色标、色卡进行准确判定；石制品本身的破裂和测量特征也能帮助鉴别是否经过热处理，因为岩石经过高温可能导致完全破碎、茶壶盖状破裂、片状劈裂、横向断裂、表面裂纹等。这些特征可以被甄别出来，成为判断石料是否经过热处理的重要依据②。

同时我们需要认识到，热处理导致的石制品外部形态改变的各向异性③较

---

① Davidson I，Sutton SA，Gale SJ，1993. The human occupation of Cuckadoo 1 Rockshelter，Northwest Central Queensland，In Smith MA，Fankhauser B，Sprggs M（eds.），*Sahul in Review：Pleistocene Archaeology in Australia*，*New Guinea and Island Melanesia*，Canberra：Australian National University；Countts PJ，Witter DC，1977. New radiocarbon dates for Victorian archaeological sites. *Records of the Victorian archaeological survey*，4.

② Collins MB，Fenwick JM，Heat treating of chert：Methods of interpretation and their application；Bleed P，Maier M，An objective test of the effects of heat treatment of flakeable stone.

③ 各向异性指材料在各方向的力学和物理性能呈现差异的特性，本文引入用以描述岩石的力学、物理性能个体内及个体间呈现差异的特性。

大：某些情况下，有的石料经过热处理却并未出现上述的外部特征；而有的肉眼可见特征易与风化磨蚀等后期自然作用形成的特征相混淆，比如风化造成的光泽与热处理产生的光泽比较接近；同时光泽的产生与石料类型及加热温度也存在较大关系，比如通过光泽判断燧石等微晶硅质岩更加有效。单纯通过颜色判定标本是否经过热处理也存在局限性。仅就经过热处理容易出现颜色变化的燧石而言，有的燧石经过加工颜色并不改变；而某些特殊类型的燧石颜色与传统认识中经过热处理呈现出的带光泽的粉红色类似，如以色列和约旦发现过一批前陶新石器时期的石制品，研究者通过石制品颜色推测石料经过热处理，但最后发现了该种特殊颜色石料的原产地，证明该种石料颜色与热处理无关。有研究者使用岩石磁学电镜扫描分析实验及考古标本发现，虽然热处理会造成颜色变化，但是这种变化无规律性，应用到考古标本的研究中存在不确定性①。热处理实验同样证明了经过热处理的石料会在内、外部形态特征上发生改变，但是这种改变规律并不适用于所有原料。有研究者针对产自西班牙和法国的三种燧石进行实验，同时设计了两种实验环境：一是室外环境，在露天火坑中埋入不同原料的石片，加热2~3小时；二是封闭烤箱环境。实验结果表明，颜色的改变无规律性，有的发生了改变，有的则没有，颜色变化的程度也并不一致，这种现象主要是因为颜色的变化与石料的种类及其矿物组成密切相关，含铁的岩石易发生颜色变化；同时

① Price TD，Chappell C，Ives DJ，1982. Thermal alteration in Mesolithic assemblages. *Proceedings of the prehistoric society*，48；Purdy BA，Clark DE，1987. Weathering of inorganic materials：Dating and other applications. *Advances in archaeological method and theory*，11；Luedtke BE，1992. *An Archaeologist's Guide to Chert and Flint-Archaeological research tools*：7，Los Angeles：Institute of Archaeology，University of California；Gryba EM，2002. The case of the use of heat treated lithics in the production of fluted points by Folsom knappers，In Clark E，Collins MB（eds.），*Folsom Technology and Lifeways*，Oklahoma：University of Tulsa；Countts PJ，Witter DC，New radiocarbon dates for Victorian archaeological sites；Domanski M，Webb J，1992. Effect of heat treatment on siliceous rocks used in prehistoric lithic technology. *Journal of Archaeological Science*，19；Joyce DJ，1985. Heat treatment of Alibates Chalcedony. *Lithic technology*，14；Clemente-Conte I，1997. Thermal alterations of flint implements and the conservation of microwear polish：preliminary experimental observations，In Ramos MA，Bustillo MA（eds.），*Siliceous Rocks and Culture*，Granada：Universidad de Granada；Domanski M，Webb J，A review of heat treatment research.

光泽的变化也各不相同①，特别是颗粒较粗的岩石，后期埋藏可能造成光泽的消失，而长期暴露、风化磨蚀也可能导致光泽的产生。

不同的热处理温度也会形成不同的外表特征变化，针对法国勃艮第南部的燧石热处理实验研究表明，该种原料以200~250℃的低温热处理，颜色变化小，以300~350℃进行热处理，颜色变红亮度降低，以高于350℃进行热处理，颜色趋于变灰，且产生裂纹崩裂②。

总体看来，上述肉眼可鉴别特征在有较好热处理实验基础的遗址中，可以帮助我们辨认热处理石制品，否则研究者应谨慎作出判断③。

在通过外观形态无法准确判断热处理行为时，高温作用下岩石内部特征的改变可以帮助我们甄别经过热处理的石制品。实验室可检测的高温作用下岩石的内部特征主要包括以下几个方面：岩石物质成分的改变、晶体结构的变化、力学性能的改变、岩石本身热能、光能及磁性的变化等。岩石物质成分的改变可以通过X射线荧光、X射线衍射、红外线吸收光谱、显微镜和扫描电镜等手段识别。其中，扫描电镜

---

① Lavin L, 1983. Heat treatment and its effects on chert color: the results of thermal experimentation on some Hudson and Delaware river valley chert types. *Bulletin of the New York State Archaeological Association*, 87; Crowfoot-Payne J, 1983. The flint industries of Jericho, In Kenyon KM, Holland TA (eds.), *Excavation at Jericho: the Pottery Phases of the tell and other finds*, London: British School of Archaeology in Jerusalem; Gopher A, 1994. *Arrowheads of the Neolithic Levant: a seriation analysis*, PhD dissertation, Eisenbrauns, Winona Laek. Indiana; Quintero LA, 1996. Flint mining in the Pre-Pottery Neolithic: preliminary report on the exploitation of flint at Neolithic Ain Ghazal in Highland Jordan, In Kozlowski SK, Gebel HG (eds.), *Neolithic chipped stone industries of the fertile crescent and their contemporaries in adjacent regions*, Berlin: Ex Oriente; Rollefson GO, 2001. The Neolithic Period. In MacDonald B, Adams R, Bienkowski P (eds.), *The archaeology of Jordan*, Sheffield: Sheffield Academic Press; Delage C, Sunseri J, 2004. Lithic heat treatment in the late Epipalaeolithic of the southern Levant: Critical review of evidence. *Lithic Technology*, 29.

② Frick JA, Hoyer CT, Herker K, et al., 2012. Comparative heating experiments on flint from the Côte Chalonnaise, Burgundy, France. *Anthropologie (Brno)*, 50.

③ Olausson DS, Larsson L, 1982. Testing for the presence of thermal pretreatment of flint in the Mesolithic and Neolithic of Sweden. *Journal of Archaeological Science*, 9; Crabtree DE, Butler BR, Notes on experiments in flint knapping: heat treatment of silica minerals; Purdy BA, Brooks HK, Thermal alteration of silica minerals: An archaeological approach; Collins MB, Fenwick JM, Heat treating of chert: Methods of interpretation and their application; Rick JW, *Heat altered cherts of the Lower Illinois Valley: An Experimental Study in Prehistoric Technology*.

可以观察到热处理造成的岩石组织变化，特别是岩石的再结晶现象①。晶体结构的变化可以通过 X 射线衍射进行检测分析，目前已有较成熟的研究案例证明，经过热处理的石制品，其晶体峰值较未经过热处理的石制品有较大改变②，虽然 X 射线衍射分析可以发现微晶硅质岩经过热处理后岩相学的微结构变化，但是对于粗晶岩石效果并不明显。热处理石制品力学性能的改变可以通过岩石力学方法加以检测。有研究显示，力学指标中断裂韧度能较好地反映岩石经过热处理后力学性能的改变，笔者对热处理实验样品进行岩石力学性能测试时发现，样品的应力-应变曲线同样能较好地反映岩石力学性能的变化③。岩石经过热处理后光能、热能及磁性的改变可以通过电子自旋共振、热释光、岩石磁学检测等手段加以确定。岩石磁学可以鉴定出标本是否经过高温事件，但难以判断加热事件发生于剥片前还是剥片后，同时也无法判断热处理是人工导致还是成岩过程中经历了高温环境，因此需要对石料的成岩环境、埋藏环境的磁性进行测试，相互比对，才能准确判断石料是否经过热处理，并且古地磁学方法要求受测标本体积很小，大大缩小了考古标本的选取范围④。电子自旋共振和热释光分析也存在相似的局限性，然而它们可以检测石料是否加热到一定温度。Dunnell 等人针对美国密苏里州发现的以两种燧石制成的石锄进行热处理实验，并成

---

① Purdy BA，1974. Investigations concerning the thermal alternation of silica minerals：an archaeological approach. *Tebiwa*，17；Domanski M，Webb J，Effect of heat treatment on siliceous rocks used in prehistoric lithic technology；Joyce DJ，1985. Heat treatment of Alibates Chalcedony. *Lithic technology*，14.

② Domanski M，Webb J，Effect of heat treatment on siliceous rocks used in prehistoric lithic technology；Joyce DJ，Heat treatment of Alibates Chalcedony；Rick JW，Chappell D，1983. Thermal alteration of silica materials in technological and functional perspective. *Lithic Technology*，12；Purdy BA，Brooks HK，Thermal alteration of silica minerals：An archaeological approach；Collins MB，Fenwick JM，Heat treating of chert：Methods of interpretation and their application；Gryba EM，2002. The case of the use of heat treated lithics in the production of fluted points by Folsom knappers，In Clark E，Collins MB（eds.），*Folsom Technology and Lifeways*，Oklahoma：University of Tulsa.

③ Domanski M，Webb J，1992. Effect of heat treatment on siliceous rocks used in prehistoric lithic technology. *Journal of Archaeological Science*，19；Weymouth JW，Mandeville M，1975. An X-ray diffraction study of heat-treated chert and its archaeological implications. *Archaeometry*，17；Domanski M，Webb J，Boland J，1994. Mechanical properties of stone artifact materials and the effect of heat treatment. *Archeometry*，36.

④ Borradaile GJ，Kissin SA，Stemart JD，et al.，1993. Magnetic and optical methods for detecting the heat treatment of chert. *Journal of Archaeological Science*，19.

功通过热释光和电子自旋共振检测标本是否经过热处理及热处理温度①。但这两种方法对于只经过较低温度热处理的石制品效果并不明显②。上述手段都具有自身的优势与局限性，研究者可以根据所掌握考古材料的特点，合理选择检测手段。

大多数的热处理石制品判断标准均存在缺陷，要么经济成本过高，要么时间成本过高，且大多需进行破坏性检测。近年来，红外光谱分析法在鉴别热处理石制品、判断热处理温度上取得了较大突破。研究人员使用红外光谱检测玉髓中分子结构氢键的强度，通过实验发现热处理使得氢键强度降低，可以作为判断热处理的指标，并且对法国一处新石器时代遗存检测，发现热处理的温度在200~250℃左右③。同样使用红外光谱分析法，研究人员准确判断以色列旧石器时代晚期洞穴遗址（Manot Cave）存在有意识的热处理行为④。该方法应用到法国梭鲁特文化的 Le Piage 遗址研究中，通过实验数据比对，判断遗址热处理的温度在250~300℃。出土热处理石制品的特征表明，通过颜色变化、是否存在油脂状光泽等特征判断是否经过热处理并不准确，很可能大量热处理石制品仍未被识别⑤。

---

① Dunnell RC, McCutcheon PT, 1994. Heat treatment of Mill Creek and Dover cherts on the Malden Plain, Southeast Missouri. *Journal of Archaeological Science*, 21.

② Goerke B, Preliminary report on the manufacturing sequence of blades in the Baghor tradition; Rowlett RM, Mandeville DM, Zeller JE, 1974. The interpretation and dating of humanly worked siliceous materials by thermoluminescence analysis. *Proceedings of the Prehistoric Society*, 40; Melcher CL, Zimmerman DW, 1977. Thermoluminescent determination of prehistoric heat treatment of chert artifacts. *Science*, 17; Robins GV, Seeley NJ, McNeil DA, et al., 1978. Identification of ancient heat treatment in flint artefacts by ESR spectroscopy. *Nature*, 279; Wilhelmsen KP, 2001. Building the framework for an evolutionary explanation of projectile point variation: an example from the central Mississippi river valley, In Hunt TL, Lipo CP, Sterling S (eds.), *Posing questions for a scientific archaeology*, Westport: Bergin & Gravey; Rowney M, White JP, 1997. Detecting heat treatment on silcrete: experiments with methods. *Journal of Archaeological Science*, 24.

③ Schmidt P, Léa V, Sciau P, Fröhlich F, 2013. Detecting and quantifying heat treatment of flint and other silica rocks: A new non-destructive method applied to heat-treated flint from the Neolithic Chassey culture, southern France. *Archaeometry*, 55.

④ Weiner S, 2015. Heating of flint debitage from Upper Palaeolithic contexts at ManotCave, Israel: changes in atomic organization due to heating using infrared spectroscopy. *Journal of Archaeological Science*, 54.

⑤ Bachellerie J, Renard C, Schmidt P, 2019. Technical innovations during the recent Solutrean in the southwest of France: Recognition of heat treatment of chert and estimation of heating temperatures based on the example of Le Piage (Lot, France). *Journal of Archaeological Science: Reports*, 27.

随着计算机数据分析技术的普及，机器学习的算法越来越多的应用到各种研究中。以色列发现的迄今为止年代最早的热处理石制品，研究人员通过模拟实验，将原料以不同的温度进行热处理，使用拉曼光谱分析获取不同温度下的数据，使用算法模型分析数据获取不同温度下光谱峰值的数据特征，将实验数据与考古标本的检测结果对比，不但可以确定考古标本是否经过热处理，还能够推断热处理温度①。

根据目前的考古发现以及实验结果，大部分热处理行为与微晶硅质岩相关，粗晶硅质岩及其他岩类也发现有经过热处理的考古实例，但数量相对较少。这一方面是因为微晶硅质岩经热处理后性能提高较大，另一方面是因为粗晶硅质岩及其他岩类经过热处理后外观改变不明显，导致我们对遗址中标本的判断不够正确。热处理导致岩石特性变化的原因较为复杂，目前学术界给出的解释主要有三种：微裂隙、硅质再结晶、硅质溶合。通过机械测试、X 射线衍射和电镜扫描等手段检测热处理实验标本，结论更倾向于用硅质再结晶来解释岩石经过热处理后特性的变化②。

根据上文介绍的岩石经过热处理之后内外形态的改变特征，我们大致了解了鉴别考古遗址中经过热处理标本的一般规律。需要注意的是，目前还没有直接的方法判断经过火烧的标本是古人类有意为之，还是无意掉落在火塘里，或者被自然火加热，因此只有结合标本的文化面貌及其他指标综合推断，比如疑似热处理标本的数量、类型是否具有特殊性以及文化意义，其出土位置是否发生过燃烧事件。因此，在条件允许的情况下应使用多种检测方法，以达到多方验证的目的。不可一概而论。以色列 Boker Tachtit 遗址出土石制品中发现茶壶盖状石制品以及微裂纹等疑似热处理特征，但并未发现传统意义上热处理导致的油脂状光泽或颜色的改变，研究人员通过模拟实验和红外光谱研究，认为该遗址经过加热的石制品并非人类有意识的热处理③。

---

① Agam A，Azuri I，Pinkas I，et al.，2021. Estimating temperatures of heated Lower Palaeolithic flint artefacts. *Nature Human Behavior*，5.

② Domanski M，Webb J，2007. A review of heat treatment research. *Lithic Technology*，32.

③ Mae Goder-Goldberger，2017. Heating of flint artifacts from the site of Boker Tachtit（Israel）was not detected using FTIR peak broadening. *Journal of Archaeological Science：Reports*，12.

第二节 用火研究

热处理技术是人类对火的认知达到一定高度的产物。使用并控制火是人类在数百万年的进化过程中，区别于其他生物成为优势物种的重要技术，影响了人类的生物属性和社会属性，因此对用火的起源和早期人类的用火行为一直是研究的热点和争论的焦点①。虽然一些学者主张，早在150多万年前的旧石器时代早期，古人类就已经开始使用火，在肯尼亚、埃塞俄比亚、南非等地都发现了疑似用火的证据②，比如发生过燃烧事件的地层，火烧过的石制品、动物骨骼等，但是这些痕迹是否与古人类主动用火行为相关，目前仍存在较大争议③。以色列距今79万年的 Gasher Benot Ya'aqvo 遗址发现了迄今为止年代最早且证据相对确凿的火塘遗迹④。与早、中更新世零星用火遗迹相比，中更新世末期以来，特别是现代人行为出现以后，古人对火的使用更加普遍，相关证据也更少争议。目前确认的最早的热处理技术即产生于这个时间阶段，相对应的，该遗址发现了非常丰富的用火遗存，包括大量的灰烬、烧骨等，以及构建并且长期使用的中心火塘，证明当时人类长期系统地用火，已经完成了从偶然的、临时的用火向系统用火的转变⑤。

---

① 高星：《史前人类的生存之火》，《人类学学报》2020年第3期。

② Hlubik S, Berna F, Feibel C, et al, 2017. Researching the Nature of Fire at 1. 5 Mya on the Site of FxJj20 AB, Koobi Fora, Kenya, Using High-Resolution Spatial Analysis and FTIR Spectrometry. *Current Anthropology*, 58; Brain CK, Sillen A, 1988. Evidence from the Swartkrans cave for the earliest use of fire. *Nature*, 336; Gibbon A, 2007. Food for thought. *Science*, 316; Delson E, Tattersall I, Couvering V, et al, 2000. Encyclopedia of Human Evolution and Prehistory. New York: Garland Publishing Inc; Berna F, Goldberg P, Horwitz LK, et al, 2012. Microstratigraphic evidence of in situ fire in the Acheulean strata of Wonderwerk Cave, Northern Cape province, South Africa. *Proceedings of the National Academy of ences of the United States of America*, 109.

③ James S, 1989. Hominid use of fire in the lower and middle Pleistocene. *Current Anthropology*, 30.

④ Goren-Inbar N, Alperson N, Kislev M, et al, 2004. Evidence of hominind control of fire at Gesher Benot Ya'aqvo, Israel. *Science*, 304; Balter M, 2004. Earliest signs of human-controlled fire uncovered in Israel. *Science*, 304.

⑤ Ran B, Rosell J, Blasco R, et al, 2017. Fire for a Reason: Barbecue at Middle Pleistocene Qesem Cave, Israel. *Current Anthropology*, 58; Ron Shimelmitz, Steven L. Kuhn, Arthur J. Jelinek, et al, 2014. 'Fire at will': The emergence of habitual fire use 350, 000 years ago, *Journal of Human Evolution*, 77.

热处理需要长时间、持续使用火，因此火塘是热处理技术的物质基础。火塘是人类使用火留下的最重要的遗迹，目前并没有明确的关于火塘的定义。民族学和历史时期考古学所指的火塘多为用天然石块或人工砖石构建的有一定形制的火坑或灶，大多位于室内，功能明确，遗迹清晰，相对容易辨认，该类型的火塘也见于部分史前考古遗址，但是史前时期，特别是旧石器时代，由于功能的不同，火塘的大小、形状、持续时间等都不相同，不同遗址发现的火塘也存在一定差异。为避免概念混淆和文字表述造成的误解，我们认为，一切被人类有目的地使用、维护并存在燃烧过程的有控制火堆都可以称之为火塘，不论结构的繁简和使用时间的长短。

目前的考古发现表明，我国具有进行热处理研究的良好的材料基础，旧石器时代的不同时段都发现了大量的用火遗存，特别是更新世晚期古人类的用火行为已经相当成熟（图 1. 1）。

早中更新世，我国古人类用火遗存发现不多，大多遗址中零星保留的烧石也多是用于垒砌火塘或无意形成，与有意识的热处理相去甚远①。周口店第 1 地点发现的用火记录是目前我国年代最早、争议最少的，通过系统的多学科综合研究，发现具有结构的火塘、烧骨、石灰化的灰岩块等原地用火产生的遗物与遗迹②。丁村遗址群中的过水洞遗址发现石制品、炭堆、炭屑、红烧土块集中分布的情况，推测为用火遗迹，推测年代为距今 20 万~30 万年左右③。

晚更新世早期存在用火行为的遗址数量较中更新世多。但是保存有完整灰烬层、火塘，并进行过系统研究的遗址仍然较少。北京周口店第 15 地点发现大量烧骨、烧石、红烧土等，充分证明当时古人类使用火加工处理食物，但由于发掘年代久远，

① 张森水：《关于西侯度的问题》，《人类学学报》1998 年第 2 期；裴文中、张森水：《中国猿人石器研究》，北京：科学出版社，1985 年，第 1~278 页；顾玉才：《金牛山遗址发现的用火遗迹及相关的几个问题》，见韩国国立忠北大学先史文化研究所编：《东北亚旧石器文化》，1996 年；陕西省考古研究院、洛南县博物馆：《花石浪（Ⅱ）——洛南花石浪龙牙洞遗址发掘报告》，北京：科学出版社，2008 年，第 1~272 页。

② 高星、张双权、张乐等：《关于北京猿人用火的证据：研究历史、争议与新进展》，《人类学学报》2016 年第 4 期。

③ 王益人、袁文明、兰会才等：《2011 年以来丁村遗址群考古新进展》，《人类学学报》2018 年第 3 期。

图 1.1　在中国发现的包含火塘遗存的旧石器时代遗址分布图

目前没有更多关于周口店第 15 地点人类用火行为的研究①。

近年发掘的湖北黄龙洞遗址发现大量黑色地层物质，通过微观形态观察、碳元素含量测定、地层高温事件检测等手段判断这些黑色物质是古人类用火行为的产物②，可以判断为一处规模较大的火塘遗迹③。黄龙洞遗址是目前少数几个通过先进科学技术，针对人类用火遗存进行系统研究的实例，研究重点集中在当时人类是否用火上。

辽宁喀左鸽子洞遗址灰烬层发现烧骨、木炭、烧土等与人类用火行为相关的遗物遗迹，研究者针对出土遗物进行含碳量测试，结果表明该灰烬层含碳量为 24%④，确凿地证实了人类的用火行为。另外，通过灰烬层较大的厚度可以推断当时人类已经掌握使用并保存火的技术。

除上述遗址之外，云南昆明呈贡龙潭山第 2 地点发现灰烬层，其中包含烧骨、石器、炭粒和烧骨⑤。贵州水城硝灰洞发现胶结坚硬的灰烬层，含炭屑、烧骨、烧石等⑥。此外，三峡地区的长阳伴峡小洞和鲢鱼山遗址也发现火塘遗迹⑦。

晚更新世晚期，人类适应环境能力逐渐增强，生存模式更加多样化。用火遗迹数量多、分布广成为这一时期人类行为多样性在物质上的表现之一。有理由相信，使用并控制火已经成为该时期古人类生活中普遍存在的行为。我国这一阶段的许多遗址保存有丰富的用火遗迹和完整、类型多样的火塘。

火塘是一种相对难以完整保存的遗迹，因此在存在用火行为的旧石器时代晚期遗址中，相当一部分仅发现了用火相关遗存而不是完整的火塘。比如：北方地区，北京周口店山顶洞遗址发现被火烧过的岩壁⑧，辽宁海城仙人洞发现大量灰烬层和炭屑⑨，

---

① 张森水、宋惕冰、北京志：《世界文化遗产卷・周口店遗址志》，北京：北京出版社，2004 年，第 1~468 页。

② 刘武、武仙竹、李宜垠等：《湖北郧西黄龙洞古人类用火证据》，《科学通报》2008 年第 24 期。

③ 武仙竹：《郧西人——黄龙洞遗址发掘报告》，北京：科学出版社，2006 年，第 1~279 页。

④ 鸽子洞发掘队：《辽宁鸽子洞旧石器遗址发掘报告》，《古脊椎动物与古人类》1975 年第 2 期。

⑤ 邱中郎、张银运、胡绍锦：《昆明呈贡龙潭山第 2 地点的人化石和旧石器》，《人类学学报》1985 年第 3 期。

⑥ 曹泽田：《贵州水城硝灰洞旧石器文化遗址》，《古脊椎动物与古人类》1978 年第 1 期。

⑦ 湖北省清江隔河岩考古队：《清江考古》，北京：科学出版社，2004 年，第 1~529 页。

⑧ 张森水、宋惕冰、北京志：《世界文化遗产卷・周口店遗址志》。

⑨ 黄慰文、傅仁义：《小孤山——辽宁海城史前洞穴遗址综合研究》，北京：科学出版社，2009 年，第 1~192 页。

河南安阳小南海遗址①、陕西禹门口遗址②、河北承德四方洞③和山西塔水河遗址④也都发现人类用火遗迹，如小片灰烬和灰烬层等，北京东方广场遗址也发现比较集中的灰烬、炭屑、烧石和烧骨等，指示了较为明确的人类用火行为⑤。山西峙峪遗址发现有灰烬层及可能作为火塘垒石的火烧砾石⑥。内蒙古金斯太遗址发现灰烬与红烧硬面，判断为用火遗迹⑦。南方地区如贵州猫猫洞、招果洞、马鞍山、穿洞、白岩脚洞遗址⑧，云南老龙洞遗址⑨，广西白莲洞遗址⑩，福建船帆洞遗址⑪，海南落笔洞遗址⑫都发现了人类用火遗留的灰烬层及相关遗物。其中贵州马鞍山遗址发现灰烬层及烧石、红烧土块、烧骨、炭屑等，数量较多⑬，该遗址2009年的发掘中还发现了胶结坚硬的火塘遗迹（与发掘者交流获知）。云南富林遗址也发现应该为原地埋藏的用火遗迹⑭。新疆通天洞遗址则发现了灰堆遗迹，推测与用火相关⑮。

相比上述遗址，河北虎头梁遗址于20世纪70年代则发现了3处清晰的火塘遗迹⑯；

---

① 安志敏：《河南安阳小南海旧石器时代洞穴堆积的试掘》，《考古学报》1965年第1期。

② 刘士莪：《陕西韩城禹门口旧石器时代洞穴遗址》，《史前研究》1984年第1期。

③ 谢飞、高星、龙凤骧：《四方洞——河北第一处旧石器时代洞穴遗址》，《文物春秋》1992年第1期。

④ 陈哲英：《陵川塔水河的旧石器》，《文物季刊》1989年第2期。

⑤ 李超荣：《北京王府井东方广场旧石器时代遗址发掘简报》，《考古》2000年第9期。

⑥ 贾兰坡：《山西峙峪旧石器时代遗址发掘报告》，《考古学报》1972年第1期。

⑦ 王晓琨、魏坚、陈全家等：《内蒙古金斯太洞穴遗址发掘简报》，《人类学学报》2010年第1期。

⑧ 曹泽田：《猫猫洞旧石器之研究》，《古脊椎动物与古人类》1982年第2期；张森水：《马鞍山旧石器遗址试掘报告》，《人类学学报》1988年第1期；张森水：《穿洞史前遗址（1981年发掘）初步研究》，《人类学学报》1995年第2期；李炎贤、蔡回阳：《贵州普定白岩脚洞旧石器时代遗址》，《人类学学报》1986年第2期。

⑨ 白子麒：《老龙洞史前遗址初步研究》，《人类学学报》1998年第3期。

⑩ 柳州白莲洞洞穴科学博物馆、北京自然博物馆、广西民族学院历史系：《广西柳州白莲洞旧石器时代洞穴遗址发掘报告》，《南方民族考古》1981年第1期。

⑪ 陈子文、李建军、余生富：《福建三明船帆洞旧石器遗址》，《人类学学报》2001年第4期。

⑫ 郝思德、黄万波：《三亚落笔洞遗址》，海口：南方出版社，1998年，第1~164页。

⑬ 张森水：《马鞍山旧石器遗址试掘报告》。

⑭ 张森水：《富林文化》，《古脊椎动物与古人类》1977年第1期。

⑮ 于建军、何嘉宁：《新疆吉木乃通天洞遗址发掘获重要收获》，《中国文物报》2017年12月1日第8版。

⑯ 盖培、卫奇：《虎头梁旧石器时代晚期遗址的发现》，《古脊椎动物与古人类》1977年第4期。

河南织机洞、老奶奶庙遗址发现 17 处灰烬堆①，其中不乏界限清晰的火塘，可以依据火塘推测古人类的居址结构和空间利用模式；山西下川遗址富益河圪梁地点发现 3 处明确火塘，其中 2 处有砾石结构②；吉林抚松西山遗址发现了人类临时活动场所，石圈遗迹的中部存在垒石和灰烬，推测应该为人类临时使用的火塘③；黑龙江大兴安岭呼中北山洞遗址发现旧石器时代晚期的灶，具有结构形状及较厚的红烧土④；青海黑马河等地点也都发现了火塘遗迹及火烧砾石和火塘垒石⑤（图 1.2）；甘肃石峡口遗址发现结构性火塘，分布垒石和灰烬层⑥。云南富源大河遗址不同文化层都发现了保存完好的火塘及古人类生活面⑦。

值得一提的是，近年来开展了大规模系统调查、发掘的宁夏水洞沟、鸽子山和山西柿子滩旧石器时代遗址存在多种形式的火塘、密集的石器地点、丰富的文化遗物，这些遗迹遗物为进一步解读火塘所代表的人类行为提供了良好的研究素材。水洞沟遗址在 2002 年调查时于 2 号地点附近发现 7 处火塘遗迹，并在火塘旁发现木炭、灰烬、动物骨骼和石制品等⑧，并在 2003 年至 2007 年 4 次正式发掘中发现多处火塘遗迹及烧骨。12 号地点于 2007 年及 2010 年 2 次发掘中发现灰烬层、炭屑、烧骨、大量烧石等⑨。鸽子山遗址发现超过 20 处用火遗迹及炭屑密集区，大量的烧石散落于发掘区内，推测部分为结构性火塘⑩。这些遗迹遗物明确反映了古人类的用火行为。

---

① 张松林、刘彦峰：《织机洞旧石器时代遗址发掘报告》，《人类学学报》2003 年第 1 期；陈宥成、曲彤丽、汪松枝等：《郑州老奶奶庙遗址空间结构初步研》，《中原文物》2020 年第 3 期。

② 北京师范大学历史学院、山西省考古研究院：《山西沁水县下川遗址富益河圪梁地点 2014 年 T1 发掘简报》，《考古》2021 年第 4 期。

③ 陈全家、赵海龙、王春雪：《抚松新屯子西山旧石器遗址试掘简报》，《人类学学报》2009 年第 2 期。

④ 黑龙江省文物考古研究所、中国人民大学北方民族考古研究所：《黑龙江大兴安岭呼中北山洞遗址 2016 年发掘简报》，《北方文物》2020 年第 1 期。

⑤ 高星、周振宇、关莹：《青藏高原边缘地区晚更新世人类遗存与生存模式》，《第四纪研究》2008 年第 4 期。

⑥ 任进成、周静、李锋等：《甘肃石峡口旧石器遗址第 1 地点发掘报告》，《人类学学报》2017 年第 1 期。

⑦ 吉学平：《大河洞穴之魅——富源大河旧石器遗址揭秘》，《中国文化遗产》2008 年第 6 期。

⑧ 高星、李进增、Madsen DB 等：《水洞沟的新年代测定及相关问题讨论》，《人类学学报》2002 年第 3 期。

⑨ 高星、王惠民、刘德成等：《水洞沟第 12 地点古人类用火研究》，《人类学学报》2009 年第 4 期。

⑩ 彭菲、郭家龙、王惠民等：《宁夏鸽子山遗址再获重大发现》，《中国文物报》2017 年 2 月 10 日第 5 版。

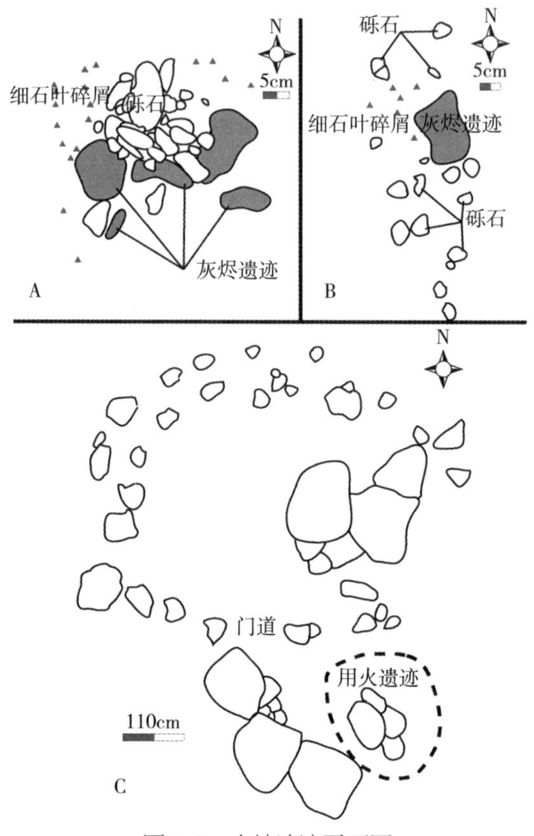

图 1.2　火塘遗迹平面图

A. 青海娄拉水库遗址　B. 青海沟后水库　C. 吉林西山遗址

山西吉县柿子滩遗址 S9 和 S14 地点发现火塘及灰烬、动物化石、石制品等。火塘遗迹保存完好，灰烬烧结成块状集中分布于直径 20 厘米的区域内，同时发现丰富的烧石、烧骨、炭屑、石制品、蚌片等，反映古人类在遗址内长期活动并存在用火行为①。

我国现已发现千余处旧石器地点，遗址类型多样，年代跨度大，旧石器考古研究的资源非常丰富。遗憾的是，至今仍未见遗址内存在确凿热处理行为的报道。导致这种情况有多种原因：首先，关于石制品热处理技术的研究在我国较少被提及，大多数学者并不了解该研究领域的进展和成果；其次，由于认识较少，研究者在发掘、整理过程中可能就忽视了对热处理标本的主动辨识；同时，国外石制品热处理

① 柿子滩考古队：《山西吉县柿子滩旧石器时代遗址 S14 地点》，《考古》2002 年第 4 期。

研究主要针对硅质岩石，特别是燧石，开展研究遗址的原料类型、颜色等比较单一，容易辨识热处理标本，而我国以燧石为主要原料的遗址较少，且大部分燧石颜色各异，这也对热处理石制品的发现带来了障碍；最后，热处理研究的深入与相关科学手段的进步密不可分，很长一段时期内，我国相应技术手段的落后也在一定程度上阻滞了国内热处理研究的发展。

总体上看，我国古人类从更新世早期就已经掌握了使用、控制、保存火的能力，到了更新世晚期，人类用火能力进一步提高，考古发现的火塘的数量、类型、包含物等都反映出当时人类不但“会”用火，而且“精于”用火。当然，不是存在用火行为就一定存在热处理行为，但是如此丰富的存在用火行为的遗址为我们开展热处理研究提供了前提，提高了发现热处理石制品的可能性。

第二章 研究对象与核心问题

第一节 研究对象及研究历史

本研究涉及的热处理石制品均出自宁夏水洞沟遗址，相关的模拟实验也均以该遗址出土材料为基础设计。水洞沟遗址位于宁夏灵武县城东北约 30 千米，地处鄂尔多斯地块的西缘，毛乌素沙地西南缘，西距黄河约 10 千米，地理坐标北纬 38°21′，东经 106°29′，海拔 1200 米。现代植被稀疏，雨水较少，属于半干旱荒漠草原环境。

水洞沟遗址群自 1923 年发现以来，已陆续发现 12 个地点，现分别命名为 SDG1～SDG12（图 2. 1），迄今为止 SDG1～SDG5、SDG7～SDG9、SDG12 号地点经过考古发掘。1 号地点是水洞沟地区最早发现并进行多次发掘的地点，2003 年以来，2、7、8、9、12 号等地点进行了系统发掘。详细的发掘资料在《水洞沟——1980 年发掘报告》、《水洞沟——2003～2007 年度考古发掘与研究报告》中已披露，另有多篇学术论文、学位论文围绕水洞沟遗址的文化、环境、年代等方面开展论述，为避免重复，本文仅简要总结。

水洞沟遗址诸地点的整体年代跨度从距今 4. 6 万～1 万年之间，具有西方风格的石叶、勒瓦娄哇技术存续于距今 4. 6 万～3. 3 万年之间，石核石片技术出现于距今 3. 3 万～2. 7 万年，而细石器技术则主要存在于距今 1. 2 万～1 万年之间①。

---

① LiF，Kuhn S，Peng F，et al. 2019. History，Chronology and Techno-Typology of the Upper Paleolithic Sequence in the Shuidonggou Area，Northern China. *Journal of World Prehistory*，32；Peng F，Lin S，Patania I，et al. 2020. A chronological model for the Late Paleolithic at Shuidonggou Locality 2，North China. *PLoS ONE*. 15.

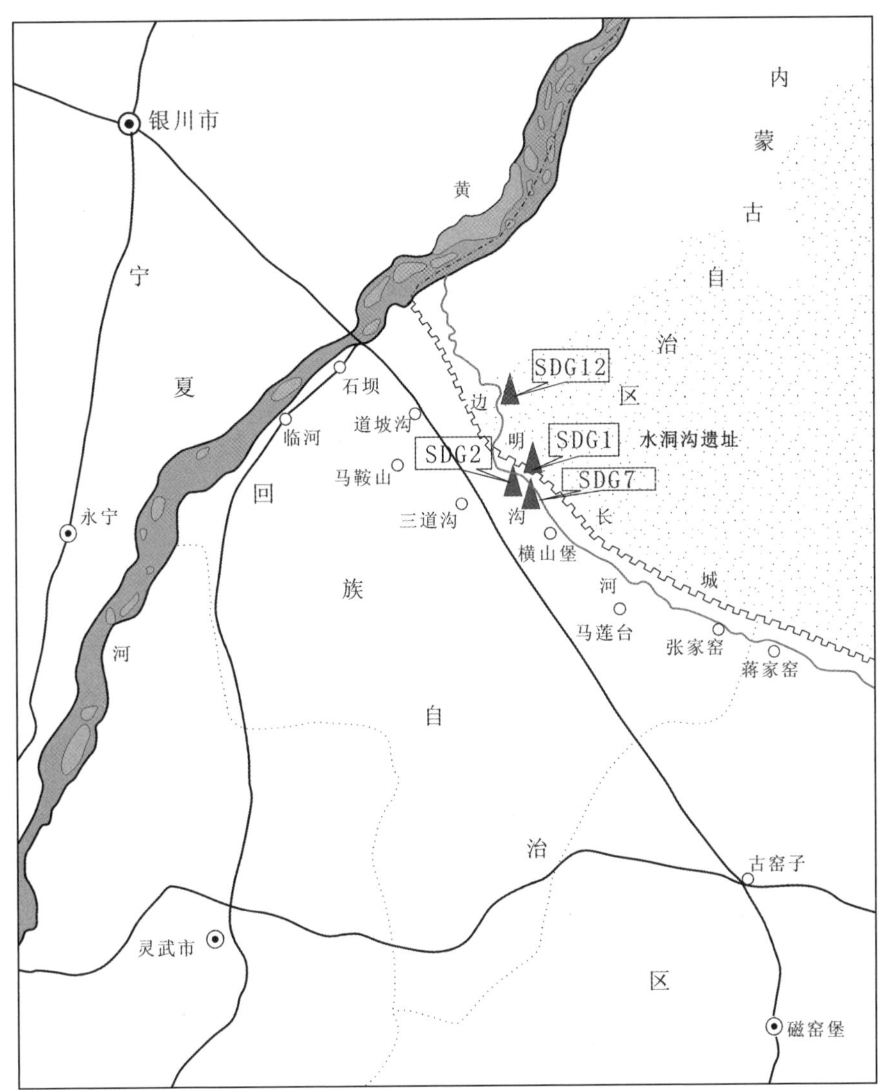

图 2.1　水洞沟遗址地理位置图①

史前人类的活动受到环境的影响与制约，重建水洞沟遗址的环境有助于我们理解石制品中蕴含的人类行为信息。目前，已有多位学者针对水洞沟遗址第四纪环境进行了孢粉、植硅体、脊椎动物化石以及地层堆积特点的分析与研究。

① 修改自刘德成、陈福友、张晓凌等：《水洞沟 12 号地点的古环境研究》，《人类学学报》2008 年第 27 卷第 4 期，第 296 页。

结果表明，水洞沟古人类生活的深海氧同位素第3阶段（MIS3）气候相对温暖湿润，动植物资源丰富：遗址周边既有喜温湿的榆、柳、栎等乔木，也生长着云杉、冷杉、松等喜冷树林，局部地区还发现了水生、湿生植物。同时MIS3阶段早期，水洞沟盆地开始形成，沼泽、洼地增多，并逐渐形成浅湖，创造了相对适宜的水热条件；遗址区周边的荒漠草原环境孕育了大量的野生动物，如野驴、羚羊、野牛、犀牛、野马、鬣狗、鸵鸟等。由于良好的资源环境，MIS3阶段晚期，人类在此活动达到鼎盛。MIS2阶段，环境逐渐恶化，人类迁徙出该区域①。MIS2阶段，水洞沟区域主要为稀树荒漠草原环境，再次为人类活动提供了相对适宜的条件②。

构造作用使水洞沟地区成为相对独立的地貌单元，由此形成适合人类生存的环境。MIS3阶段在相对暖湿的气候和良好的水热条件作用下，水洞沟地区的动植物资源丰富。遗址附近的阶地砾石层和冲沟中有大量适宜制作工具的石料，如硅质白云岩、石英砂岩、石英岩、燧石等。适宜的环境、丰富的原料吸引古人类到此生活、繁衍。距今3万年左右，水洞沟遗址主要为湖滨环境，古人类随着湖水的涨落迁徙，由此2号地点形成了多个文化层。

在距今1.8万年前后，全球进入了末次冰盛期，湖泊消亡，动植物资源减少，人类退出了该区域。在距今1.1万年左右，环境有所好转，一群掌握了细石叶制作技术的人群迁徙到这里，从而在12号地点形成了集中分布的文化层。

水洞沟遗址自20世纪20年代发现以来，由于其包含的石叶因素及丰富的文化内涵、大量的装饰品而一直备受学术界关注。早期对水洞沟的研究重点集中在遗址的文化性质，其独特的文化面貌使研究者将其与西方的旧石器文化相对比，认为其材料可以同欧洲、西亚和北非已经演变的莫斯特人类栖居地相提并论，并且部分石制品具有早期奥瑞纳文化的技术风格③。水洞沟发现的尖状器、刮削器等与欧洲莫斯特

---

① 高星、袁宝印、裴树文等：《水洞沟遗址沉积-地貌演化与古人类生存环境》；刘德成、陈福友、张晓凌等：《水洞沟12号地点的古环境研究》；刘德成、王旭龙、高星等：《水洞沟遗址地层划分和年代测定新进展》。

② 刘德成、陈福友、张晓凌等：《水洞沟12号地点的古环境研究》。

③ Teilhard de Chardin P，Licent E，1924. On the discovery of a Paleolithic industry in Northern China. *Bulletin of the Geological Society of China*，3；

文化的材料相比，加工方法和器形有着一定程度的相似。除此之外，水洞沟文化还包含了石叶遗存、修理台面的石片和穿孔鸵鸟蛋皮装饰品①。

随着后来多次发掘材料的积累及研究手段的丰富，年代学、环境考古学研究方法的介入使得水洞沟遗址群的研究不断深入。之前其文化性质被界定为长石片-细石器工业②，随着研究的深入，发现不同时段的水洞沟文化主流并不相同，同一个地点不同的文化层也指示了截然不同的文化类型。石叶技术、石片技术、细石叶技术交替出现③。水洞沟遗址为研究早期现代人扩散的北方路线提供了重要的资料，也为探讨旧石器时代东西方人群关系提供了珍贵信息。这里既出现过东西方人群的远距离迁徙，也存在华北延续百万年的小石片文化传统，更保存着旧、新石器时代过渡、狩猎-采集向农业转变，高流动模式趋于定居等人类演化史上的重大转折④。

第二节　研究问题

水洞沟遗址已经发现了极为丰富的石制品，在两万余年的时间跨度内，出现了包括细石叶技术、石叶技术在内的 3 种不同类型的石器工业，还有反映人类象征性意识的鸵鸟蛋皮装饰品；石制品原料较为多样，包括燧石、硅质白云岩、石英砂岩、石英岩、硅质灰岩等；除文化遗物外，遗址区内还发现了数量较多的火塘遗迹及相关用火遗物。近年来，随着更加规范科学的发掘规程的采用，获取的遗址信息也更加完整，废片分析、微痕分析、残留物分析、实验考古学等新手段也应用到遗址的研究中。目前，不论是文化遗物还是环境背景都积累了丰富的资

---

① 贾兰坡、盖培、李炎贤：《水洞沟旧石器时代遗址的新材料》，《古脊椎动物与古人类》1964 年第 1 期。

② 张森水：《管窥新中国旧石器考古学的重大发展》，《人类学学报》1999 年第 3 期。

③ 高星、王惠民、裴树文等：《水洞沟——2003~2007 年度考古发掘与研究报告》，北京：科学出版社，2013 年。

④ 高星：《水洞沟遗址与“水洞沟模式”》，《中国文物报》2020 年 11 月 13 日第 7 版；李锋：《水洞沟遗址与早期现代人扩散》，《中国文物报》2020 年 11 月 13 日第 7 版。

料，本研究使用水洞沟遗址的石料进行热处理实验，深入研究水洞沟遗址存在的热处理行为，在此基础上，结合上述的研究成果，进一步探讨水洞沟古人类的石料利用策略。

在水洞沟遗址海量石制品的整理研究工作过程中发现了数件疑似经过热处理的石制品，这些石制品的外部特征与目前所发表的各类热处理相关文章中所描述的热处理石制品特征一致。根据前文热处理研究历史的介绍可知，水洞沟古人类生活的时代，热处理技术已经比较成熟，在欧洲、非洲、中亚等地较为普及，且多用于提高石叶、细石叶的剥片效率。水洞沟遗址自发现之日起，就因为与西方旧石器文化类似而受到学术界的关注，石叶技术更是有别于中国北方旧石器主工业类型。水洞沟石器工业中的外来因素向西在中亚地区、向北在西伯利亚—蒙古高原一带都可以找到相似的文化遗存，而这些地区在旧石器时代晚期已经出现了成熟的热处理技术。根据水洞沟遗址所处的时代、文化背景、其自身独特的石器工业和遗址内大量的用火遗存，特别是已经初步辨认出的疑似热处理石制品，使我们有理由推测水洞沟遗址存在热处理行为产品。

为了明确水洞沟遗址是否存在热处理石制品，并深入探讨其蕴含的人类行为含义，我们需要解决以下几个方面的问题：

1. 如何准确辨认出哪些考古标本是由经过热处理的石料打制而成？我国的热处理研究尚处于空白阶段，辨识热处理标本是本文首先要讨论的问题。目前辨认热处理石制品主要依靠观察其内、外部特征。内部特征的判断主要依靠实验室检测手段，对出土标本逐个进行检测会耗费巨大的人力、物力，同时部分检测方法会损坏标本，因此对热处理石制品内部特征的观察只能小范围地、有选择地开展。热处理标本大部分外部特征的辨识可以通过肉眼进行，因此速度相对快、效率高，但这就对研究者的观察判断能力提出了较高的要求。我们知道，不同原料经过热处理后外部特征的改变具有各向异性，因此没有现成的方法可以套用于水洞沟石制品的观察。对水洞沟遗址石料进行全面的热处理实验就成了解决该问题的基础，也是本文的核心内容之一。

2. 古人类对石料进行热处理的目的。学术界对于热处理行为的意义已经有了一定了解，比如改变石料的颜色、提升石料的打制性能、劈裂原料等。但是尚不确定水洞沟遗址的石料经过热处理是否能够发生上述变化，因此通过实验探寻这种变化也是本文的主要内容。

3. 石料经过热处理后，其打制性能的变化对石制品制作能起到怎样的作用？提升石料打制性能是热处理最重要的目标，尽管我们已经知道热处理会改变石料的力学性能，但这种力学数据的变化怎样表现在石制品的打制上？这些变化是否对石器制作起到了积极作用？以下章节将会针对这个问题进行深入探讨。

4. 古人类进行热处理的技术手段。热处理并不是简单地将石头放在火里烧，不同的岩石在不同的温度下会呈现不同的反应，加热的方式以及速度对热处理的效果也存在影响。水洞沟遗址的石料在怎样的热处理方式下，其打制性能可以得到最大化的提升？遗址中热处理石制品经过了怎样的处理过程？这些问题都需要通过实验来回答。

5. 热处理行为对水洞沟古人类有什么意义？尽管热处理行为在旧石器时代晚期较为普遍，但并不是每个遗址都存在。这种特殊的行为是在某个特定背景下的产物。热处理对技术要求高、耗时长，只有当收益高于投入时才会被采用。热处理行为对水洞沟古人类的石器制作起到了怎样的作用？当时人类在怎样的背景下选择了热处理行为？这是本文研究的最终目的。

由于热处理研究在中国尚属首次，同类原料的实验无先例可循，因此，对实验过程的掌控和结果的分析应该注意以下问题：

1. 根据目前的考古发现以及实验结果，大部分热处理行为与微晶硅质岩类相关，粗晶硅质岩及其他岩类也发现有经过热处理的考古实例，但数量相对较少。造成这种现状的原因有二：一方面是因为微晶硅质岩经热处理后性能提高较大，另一方面是因为粗晶硅质岩及其他岩类经过热处理后外观改变不明显，我们对遗址中标本的判断不够正确①。因此我们要谨慎分析实验结果，不可因为已有研究结果就形成思维定式，忽视某些岩石的研究价值。

2. 岩石本身是由一种或通常两种以上矿物组成的矿物体，不同地区的同一种岩石，其矿物组成及形成过程都不一定完全相同，因此，我们在进行热处理研究时，切忌先入为主，直接将他人的研究结果与手中的材料对比，通过实验数据对比得出

---

① Domanski M，Webb J，A review of heat treatment research.

的研究结果更加可信。

3. 通过前文介绍的岩石经过热处理之后内外形态的改变特征，我们大体可以总结出鉴别考古遗址中经过热处理标本的一般规律。但是，目前还没有行之有效的鉴别方法，区分经过火烧的标本是古人类有意为之，还是无意掉落在火塘里，或者由自然野火使然，需要结合实验数据、标本的文化面貌及其他指标综合判定，不可一概而论。比如疑似热处理标本的数量、类型是否具有特殊性以及文化意义、其出土位置是否发生过燃烧事件等。因此，在条件允许的情况下应使用多种检测方法，以达到多方验证的目的。

4. 水洞沟的原料具有一定的特殊性，同种原料颜色并不一致，比如质地相同的白云岩，颜色并不一致，这对我们通过颜色初步判断其是否经过热处理造成了一定困难，因为有可能出现经过热处理的白云岩与另一块未经过热处理的颜色相同的情况。除此之外，实验原料准备工作时，没有找到遗址燧石的原产地，因此无法获取大块的可用于实验的原料，仅采集到小块的原料。由于后期实验室检测对样品的尺寸有一定要求，因此部分燧石的力学测试数据缺失，但外部特征等不受体积约束的观察项目可正常进行。

第三节　研究目标

本文旨在通过系统的热处理实验，全面了解水洞沟遗址石料经过热处理后内、外部特征的变化，并在此基础上探讨水洞沟古人类的热处理行为及其意义。

1. 确定水洞沟遗址热处理石制品的鉴定标准。通过实验掌握水洞沟热处理石料的肉眼可鉴定特征，同时通过实验室检测掌握其内部特征，以达到辨认遗址出土热处理石制品的目的。

2. 讨论热处理石料打制性能的变化。通过热处理实验、力学性能检测、打制实验相结合的手段，了解石料经过不同温度热处理后打制性能的变化，据此探讨热处理技术对古人类石器打制工艺的影响。

3. 明确热处理技术流程。在完成上述实验后，综合得出最优化的热处理技术流程，即热处理的适宜温度、加热方式等。

4. 探讨水洞沟古人类热处理行为的意义。在鉴别出遗址出土热处理石制品后，进行初步的热处理行为研究，探讨水洞沟古人类的热处理技术流程及热处理行为出现的背景和意义。

第三章　研究材料与方法

第一节　研究材料

本文的研究材料主要由两部分组成。

1. 水洞沟遗址出土的石制品

水洞沟遗址自20世纪发现以来，共历经8次大规模的系统发掘，积累了极为丰富的考古标本。本文热处理石制品涉及第2地点2003年、2004年、2005年和2007年发掘出土的标本，以及第12地点2007年发掘出土的标本。石制品原料主要是白云岩、燧石、石英岩、石英砂岩和硅质灰岩。石制品类型包括普通石核、石叶石核、细石叶石核、石片、石叶、细石叶、刮削器、尖状器、雕刻器、石锥和钻等。第12地点年代较晚，除上述类型之外，还包括琢锤、细石核、磨棒、磨制装饰品、磨制骨器、骨针、饼状器和细石叶工具等。

在热处理模拟实验的基础上，依据肉眼可鉴定特征逐一观察上述地点出土标本，挑选出热处理石制品作为本文的研究材料。由于水洞沟遗址群系统的发掘、整理工作自2003年开始持续至今，热处理研究的观察范围无法覆盖所有出土石制品。为使研究结果更加客观，研究对象的挑选过程中遵循按类别随机挑选的原则，即所有石制品类型均被观察，减少因人为因素对解读古人类热处理行为的干扰。

2. 水洞沟遗址区采集的石料

石料是本文最重要的研究材料，热处理行为的最终目的也是改变石料的打制性能，为了使热处理实验与遗址中存在的热处理行为尽可能的相似，实验原料应该尽量与遗址出土的石料相一致。

水洞沟地区北部一条近东西向的断层使得该地区形成一个相对独立于黄河的沉积体系，遗址周边共发育了6级阶地（图3.1），均发育有砾石层，遗址原料应来自于此，实验石料即采集自不同阶地的砾石层。T6阶地发育于遗址西部低山区，堆积物主要为厚层砾石层，砾石层厚度不均，一般厚约10米。砾石以石英砂岩为主，还有灰岩、含燧石灰岩和少量的白云岩，偶尔可见角闪岩类砾石。砾径大小不一，砾石磨圆为次棱角。T5阶地面比较平坦，表面有风化后残留的砾石层，砾石主要为灰岩、含燧石灰岩、少量红色砂岩、白云岩，还有极少量的浅色石英砂岩，砾石大小不一。T4~T1阶地都沿边沟河两岸广泛分布，T4阶地的顶部同样有经过风化剥蚀残留在地表的砾石，砾石的成分、大小和T5的相当。T3阶地底部为透镜体状砾石层。砾石主要为灰岩和石英砂岩，一般砾径在5~10厘米之间，偶见巨大砾石直径可达25厘米。砾石磨圆不等，大多次棱角-次圆状。T2阶地底部为砂砾石层，砾石主要为灰岩、红色砂岩。砾径在3~20厘米之间，次棱角状①。水洞沟遗址石制品的岩性主要为硅质白云岩和燧石。根据水洞沟地区的地质资料和相关地质调查的工作结果来看②，硅质白云岩和燧石在水洞沟周边地区并无出露。在对水洞沟遗址及其周边地区的多次调查后，我们发现遗址区各级阶地中都发育有厚薄不等的砾石层，砾石层比较松散，砾石磨圆度高，显示出远距离的搬运，表明其物源并不是近源分布。通过对砾石的采样分析，我们发现其岩性成分包括了水洞沟古人群使用的所有石料种类，因此我们有理由相信水洞沟遗址的原料来自于周边的阶地出露砾石层。

笔者于2008年10月调查了水洞沟遗址区附近的原料产地（见图3.1），对遗址区范围内所见的T6~T2级阶地砾石层出露较好的部位进行分组采样。采样原则为，采集砾石层1平方米内出露的所有直径大于5厘米的有效原料。共获取6组样本，其地理坐标分别为：

S1号，北纬38°17′24.9″，东经106°30′3.5″；

---

① 刘德成、陈福友、张晓凌等：《水洞沟12号地点的古环境研究》；高星、袁宝印、裴树文等：《水洞沟遗址沉积-地貌演化与古人类生存环境》。

② 郑昭昌、李玉珍：《贺兰山奥陶系研究的新进展》，《现代地质》1991年第2期；廖华瑞：《宁夏区域地质基本特征》，《中国区域地质》1989年第4期；刘德成、陈福友、张晓凌等：《水洞沟12号地点的古环境研究》。

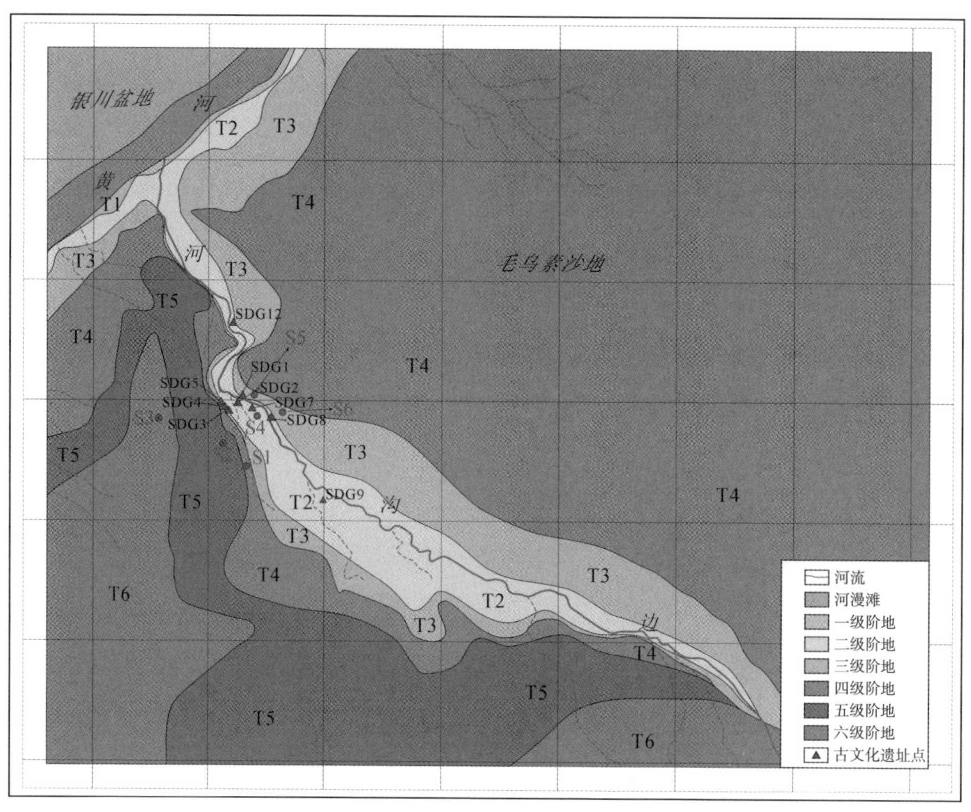

图 3.1　水洞沟地区地貌及原料采集点示意图①

S2 号，北纬 38°17′28″，东经 106°29′28.5″；

S3 号，北纬 38°17′20.2″，东经 106°28′10.9″；

S4 号，北纬 38°17′51.6″，东经 106°30′11.2″；

S5 号，北纬 38°18′4.8″，东经 106°30′8.4″；

S6 号，北纬 38°17′53.2″，东经 106°30′27.7″。

这 6 个地点的原料类型分布具有较强的规律性，都以石英岩、石英砂岩、白云岩和燧石为主，分布比例相当，6 级阶地之间的区别很小，原料类型分布情况与遗址出土石制品原料分布情况一致（表 3.1）；根据对遗址出土标本整理过程中的初步认识，本文涉及的出土石制品原型为砾石，这也与上述 6 个地点的情况一致；在地质

① 高星、王惠民、裴树文等：《水洞沟——2003～2007 年度考古发掘与研究报告》，北京：科学出版社，2013 年，彩版 3。

调查的过程中，遗址区范围内未发现原料类型分布具有特殊性的石料产地。因此我们可以初步认为，水洞沟古人类是就地取材选择石制品原料。

在通过地质调查对原料产地有了初步认识的情况下，笔者在第 2、7、12 地点附近的 2、3 级阶地出露较好的砾石层中采集石料约 500 件（见表 3.1），其中 205 件最后选用于热处理实验。

表 3.1　采集原料岩性统计表

地点名称＼标本数量＼岩性	石英岩 quartzite	白云岩 dolomite	燧石 chert	粉砂岩 siltstone	石英砂岩 quartz sandstone	灰岩 limestone
S1 号	18（26%）	22（32%）	11（16%）	3（4%）	15（22%）	0
S2 号	11（37%）	12（40%）	2（7%）	0	4（13%）	1（3%）
S3 号	7（32%）	8（36%）	0	1（5%）	6（27%）	0
S4 号	16（38%）	13（31%）	5（12%）	0	8（19%）	0
S5 号	12（25%）	16（33%）	9（19%）	2（4%）	9（19%）	0
S6 号	7（31%）	8（35%）	4（17%）	0	4（17%）	0

第二节　热处理模拟实验

虽然岩石经过热处理后表现出的特征整体上具有一定规律性，但是不同类型的岩石在颜色、光泽等方面仍存在差别；此外，不同温度下，岩石也可能显现出不同的特征。因此，模拟实验被认为是热处理研究的基础，只有实验设计合理、全面，才能更加完整地复原古人类的热处理行为。本文的研究材料主要为硅质含量较高的白云岩和燧石。目前还没有针对白云岩进行热处理研究的先例，因此模拟实验在本文研究中尤为重要。

热处理模拟实验主要在室内密封和户外露天两种实验环境下进行；加热速度分快速升温、冷却和慢速升温、冷却；实验品的主要观察指标包括实验前后颜色、光泽和重量等外部特征变化和结晶度、微结构、微裂隙等内部特征的变化。

一　室外实验

热处理室外实验主要目标是全方位模拟古人类构筑火塘、对石料进行热处理的过程。通过复原古代的加热条件，掌握热处理样品的变化特征，并将其用于与遗址出土标本的对比。同时，实验过程中记录火塘在热处理过程中能量的消耗、温度的变化等信息。为了使获取的数据尽可能地符合历史原貌，实验火塘的设计和构筑尽量依据考古发现和民族学研究的成果。

在旧石器时代，古人类根据对火的各类需求构建不同的火塘。大部分火塘结构简单，多在地面挖掘浅坑，然后放入燃料使用，或直接在地面架设火堆；同时也存在结构相对复杂、形制规整、用岩石或圆木构建的火塘，这种复杂的火塘在旧石器时代中期就已经出现①。旧石器时代晚期，距今3万年左右，甚至出现了用红黏土搭建的弧底形火塘②。在人类百万年的用火历史中出现了类型多样的火塘，它们形制各异，构建过程中随意性较强，如果按形状、深度、面积等物理特征划分火塘类型难免陷入类型繁多、无法真实反应古人类行为意图的窘境。因此，根据民族学田野调查实地观察狩猎采集人群用火过程的研究结果，结合古人类用火遗迹划分火塘类型，可以更加真实客观地反映人类用火行为。

旧石器时代的火塘大多具备多重功能，如烹制食物、处理石料、取暖以及驱逐野兽等，古人类的生计方式、流动性等因素决定了他们对火的需求，也决定了他们在构建火塘时投入人力物力的多少。根据建造火塘的投入，我们可以将火塘分为：低投入火塘，指在平地上直接燃烧或挖掘浅坑燃烧的火塘；高投入火塘，指除了低投入火塘之外的所有火塘，包括岩石垒砌火塘、原木垒砌火塘和烤箱型

---

① Toscano LV, Raposo L, Santonja M et al., 1994. Environments and settlements in the Middle Palaeolithic of the Iberian peninsula. In Roebrocks W, Gamble C (eds.), *The Middle Palaeolithic occupation of Europe*, Leiden: University of Leiden.

② Karkanas P, Sharhack-Gross R, Ayalon A, et al., 2007. Evidence for habitual use of fire at the end of the Lower Paleolithic: Site-formation processes at Qesem Cave, Israel. *Journal of Human Evolution*, 53; Karkanas P, Koumouzelis M, Kozlowski JK, et al., 2004. The earliest evidence for clay hearths: Aurignacian features in Klisoura Cave 1, South Greece. *Antiquity*, 78.

火塘等[①]。

低投入火塘是目前考古遗址中发现数量最多的火塘类型，也是最难以保存的火塘类型。它既有可能出现在遗址内，用以加工食物；也可能出现于旷野之中，满足古人类在狩猎采集过程中对火的临时需求。比如生活在纳米比亚北部的丛林人（Bushman）会在野外将狩猎到的豪猪用火预处理表皮，并加热吃掉内脏等容易变质的部分，仅将肉类带回营地。这种火塘没有固定的形制，如果不有意掩埋，暴露于地表的燃烧物将难以保存。但民族学研究表明，人类有时也会刻意掩埋火塘，比如丛林人在结束野外临时用火后会有意识地将火塘完全熄灭。考古遗址中，低投入火塘大多以小面积灰烬的形式出现，由于使用的地点及火塘用途的不同，遗留物也会不尽相同，营地内的低投入火塘一般含有烧骨、石制品、炭屑等。

高投入火塘是相对概念，这种类型的火塘大多位于遗址营地内，在平地上挖掘浅坑，周围以石块或原木垒砌，火塘俯视观多为圆形，一般配以通风口和烟道，提高燃料燃烧效率。如营口金牛山遗址[②]、洛南花石浪龙牙洞遗址[③]、吉县柿子滩[④]等旧石器遗址均发现该类型的火塘。石块垒砌的火塘在美国的 Page-Ladson 遗址[⑤]遗址也有发现，并且火塘中发现 30 余种可鉴定种属的植物，垒砌火塘的石块共发现 224 块，其中 51 块经过烧烤。由于垒砌火塘的石块一般不超过 10 块，这表明该洞穴中火塘的数量不止一处。

完全封闭的烤箱型也属高投入火塘的一种，民族学田野调查及发掘详细记录了吉尔伯特群岛（Gilbert Island）一处约 400 年前土著人使用烤箱型火塘的使用过程[⑥]。该

---

① Galanidou N，2000. Patterns in Caves：Foragers，Horticulturists，and the Use of Space. *Journal of Anthropological Archaeology*，19.

② 张森水、韩德芬、郑绍华：《金牛山（1978 年发掘）旧石器遗址综合研究》，《中国科学院古脊椎动物与古人类研究所集刊第 19 号》，北京：科学出版社，1993 年，第 1~297 页；顾玉才：《金牛山遗址发现的用火遗迹及相关的几个问题》，见韩国国立忠北大学先史文化研究所编：《东北亚旧石器文化》，1996 年。

③ 陕西省考古研究院、洛南县博物馆：《花石浪（Ⅱ）——洛南花石浪龙牙洞遗址发掘报告》，北京：科学出版社，2008 年，第 1~272 页。

④ 柿子滩考古队：《山西吉县柿子滩旧石器时代遗址 S14 地点》。

⑤ Muniz MP，Hemmings AC，2006. Hearths，In Webb SD（ed.），*First Floridians and Last Mastodons*：*The Page-Ladson Site in the Aucilla River*，Dordrecht：Springer.

⑥ Piazza AD，1998. Archaeobotanieal investigations of an earth oven in Kiribati，Gilbert Islands. *Vegetation History and Archaeobotony*，7.

火塘在沙土上挖掘深约20厘米、平面为直径50厘米的圆形弧底坑，底部铺垫干燥的椰子皮，之上覆盖椰子壳，椰子壳层中间留出空间铺满干燥的椰子穗叶作为燃料；燃料层上覆盖一层扁平砾石；然后引燃燃料，待无明火时，将食物置于砾石之上，之后用草席完全覆盖火塘，其效果类似于现代用烤箱烘烤食物，这种火塘的大小与加工食物的多少相关。以色列的OhaloII旧石器时代遗址也发现用岩石构建成的近似封闭的烤箱型火塘，推测可能与烤制植物种子相关①。烤箱型火塘能够长时间保持一定温度，但其温度与明火火塘相比偏低②。由于烤箱型火塘废弃后，石块与灰烬混杂，容易被误认为垒砌型火塘，因此在发掘中需要更加仔细地辨别。对此类火塘的深入研究对于重建古人类食谱，复原古人类行为有重要意义。

前文提到，火塘在长期的埋藏过程中会遗失大量信息，单纯依靠考古遗址中发现的火塘遗迹和相关遗物推测其功能，不可避免地会受到研究者主观意识的影响。因此，我们在探讨火塘的功能时，合理借助民族学田野调查取得的实证性资料，可以提高研究结果的可信度。

Mallol等人对坦桑尼亚土著居民的火塘使用过程进行了长期的跟踪观察。根据他的研究成果，火塘以功能为标准可分为以下几类③（表3.2）。

家庭营地火塘：主要用于烹饪食物，火塘长期保持燃烧，不一定有持续明火，但添入燃料即可复燃，持续时间与占据该营地时间相当，约为1~3个月，包含物丰富。

睡眠取暖火塘：主要用于睡眠时取暖和驱赶野兽，也会用作烹饪，长期保持燃烧，白天无明火，持续时间长，取暖所需温度较低，因此该类火塘尽量保持较低温度燃烧。

公用火塘：主要用于部落成员聚集时的公共用火活动，包括烹饪食物和加工工

---

① Piperno DR, Weiss E, Holst I, et al., 2004. Processing of wild cereal grains in the Upper Palaeolithic revealed by starch grain analysis. *Nature*, 430; Weiss E, Kislev ME, Simchoni O, et al., 2008. Plant-food preparation area on an Upper Paleolithic brush hut floor at Ohalo II, Israel. *Journal of Archaeological Science*, 35.

② Smith CS, Martin WS, 2001. Lilies and Prehistoric Foragers: Return Rates, Pit Ovens, and Carbohydrates. *Journal of Archaeological Science*, 28.

③ Mallol C, Marlowe FW, Wood BM, et al., 2007. Earth, wind, and fire: ethnoarchaeological signals of Hadza fires. *Journal of Archaeological Science*, 34.

表 3.2　火塘类型与功能、包含物关系表

类型	边缘界线	功能	包含物
低投入火塘	不清晰	临时处理食物火塘	炭屑、烧骨
		狩猎火塘	炭屑
		蹲守火塘	炭屑
		引火型火塘	炭屑
		劈裂原料火塘	炭屑、石制品、碎石、砾石
高投入火塘	清晰	家庭营地火塘	炭屑、烧骨、石制品
		睡眠取暖火塘	炭屑、烧骨、石制品
		公用火塘	炭屑、烧骨、石制品
		热处理火塘	炭屑、石制品、砾石、碎石

具以及聚会时取暖。此类火塘功能复杂，包含物丰富，使用时间不固定，不保持连续燃烧。

临时处理食物火塘：主要用于采集狩猎过程中临时加工食物，多位于营地外。此类火塘燃料类型多样，于狩猎处就地取材，使用时间短，结构简单，一般直接在平地上燃烧。包含物主要为烧骨、炭屑。

引火型火塘：主要用于火把等工具的临时引燃，此类火塘结构极为简单，草本类燃料占多数，使用时间短，引火结束即不再使用，有时难以与小规模自然野火区分。

蹲守火塘：主要用于野外埋伏狩猎时取暖御寒。野生动物为躲避肉食动物会选择夜晚到水源处饮水，狩猎者需在天黑前到水源附近遮蔽物如土堆后蹲守，长时间的蹲守需要引燃火堆取暖。此类火堆持续时间约数小时，不重复使用，且无明火，燃烧温度较低，燃烧不充分。

狩猎火塘：主要满足于野外采集狩猎中各种临时需要，比如清理出地面观察猎物足迹，驱赶毒蛇等。此类火塘与引火型火塘类似，也难以与小规模自然野火区分。

热处理火塘：主要用于对石料进行热处理，改善石料性能。一般将石料埋藏于火塘底部，长时间保持燃烧，对燃料需求较大。如位于美国德克萨斯州的古印第安文化 Gault 遗址，其中发现长时间热处理石制品的现象，崩断的原料碎块和炭屑混合物的堆积厚近 2 米。

劈裂原料火塘：主要用于加热大块岩石使其劈裂成适合打制的原料。有时直接在大型岩石上架设燃料燃烧，有时将大块岩石放入火堆当中，此类火塘较热，处理火塘随意性更强，使用时间较短。这两种火塘的共同点是堆积比较单一，主要为炭屑和热破裂碎片、碎块，在研究过程中易于辨认。

迄今为止，针对岩石进行的火塘实验较少，且实验大多设计简单，火塘能够达到设定温度即可，忽视了火塘本身在热处理实验中的重要作用①。模拟实验过程中尽量复原火塘的历史原貌，不仅可以使热处理实验结果更加客观，火塘本身信息的采集也能够帮助我们鉴别考古遗址中的热处理火塘。

通过前文对火塘的研究，我们知道热处理行为耗时长、对温度要求高，因此，相比来说，高投入火塘更能满足热处理的需要。密封型的高投入火塘对燃料和保持温度的技术经验要求较高，目前还难以实现，所以本文实验采用垒石、烟道结合的高投入火塘进行热处理实验。

二　室内实验

室内模拟史前热处理行为，其实验过程相比室外实验简单且可重复性高，室内实验仅需可以达到一定温度的加热设备即可。目前，学界多采用最高温度在1000℃左右的密封型电阻炉，实验过程中多用细沙覆盖石料，以降低升温和降温的速率，减少石料在热处理过程中的破损概率，同时最大化石料热处理后性能的提升。

通过上一节的介绍，我们发现，由于燃料在燃烧过程中温度变化较大且容易受到自然因素的干扰，因此火塘温度并不固定，难以稳定在实验的预设值。虽然室外实验能够最大限度地还原古人类对石料进行热处理的技术环境，但难以获取石料内、外部特征在不同温度下进行热处理的准确信息。室内实验可以通过电阻炉调节热处理的温度、时间，可重复性强，可以有效弥补室外实验的不足。

---

① Clemente-Conte I，Thermal alterations of flint implements and the conservation of microwear polish：preliminary experimental observations；Griffiths DR，Bergman CA，Clayton CJ，et al.，1987. Experimental investigation of the heat treatment of flint，In Sieveking GG，Newcomer MH（eds.），*The Human Uses of Flint and Chert*，Cambridge：Cambridge University Press；Backhouse PN，Johnson E，2007. Where were the hearths：an experimental investigation of the archaeological signature of prehistoric fire technology in the alluvial gravels of the Southern Plains. *Journal of Archaeological Science*，34.

三　打制实验

打制实验是指通过模拟古人类的打制技术和行为有目的地进行石制品打制的过程。利用实验数据，我们可以更好地理解出土石制品的性状和特征，从而解读古人类的打制技术与行为。本文通过打制实验，探索热处理对石制品打制的影响，总结热处理石料产出石制品的总体特征，及其与未经过热处理石料的打制实验标本相比有何异同，进而讨论分析古人类热处理行为的意义。

第三节　岩石力学试验

石器打制的过程，实际上就是人类通过外力改变石料形态的过程，除了人类在打制过程中的主观意识之外，岩石本身的力学特征决定了打制行为的成败，或者说掌握不同类型岩石的力学特征，施以不同的打制策略，会大大提高石器制作效率。提升石料的打制性能是旧石器时代人类热处理行为最重要的目的。判断打制性能是否改变、发生了怎样的改变最直接有效地手段就是检测石料的力学特征。下文将涉及岩石力学研究的原理和方法，因此简要介绍岩石力学的基础知识和本文涉及的试验手段的原理是十分必要的。

一　岩石力学特性概述

岩石是组成地壳的基本物质，它是由矿物或岩屑在地质作用下按一定规律凝聚而成的天然地质体。自然地质体的小块岩石称为岩块。我们平时所称的岩石，在一定程度上都是指岩块。岩石试件通常是不包含有显著弱面的、较均质的岩石块体，可看作连续介质及均质体。岩石可由单一矿物组成，例如，纯洁的大理石由方解石组成，而多数的岩石则是由两种以上的矿物组成，如花岗岩主要由石英、长石和云母三种矿物组成。按照成因，岩石可分为三大类：岩浆岩、沉积岩和变质岩。不同成因类型的岩石其物理力学性质是不同的。

岩石力学（Rock Mechanics）是研究岩石（或岩体）的力学性态的理论和应用的科学，具体而言，是研究岩石或岩体在外力作用下的应力状态、变形状态和破坏条件等力学性质的学科，它是解决所有岩石工程（即与岩石有关的工程）技术问题的理论基础。美国科学院岩石力学委员会1966年给岩石力学下的定义是："岩石力学是研究岩石力学性能的理论和应用的科学，是探讨岩石对其周围物理环境中力场的反映的力学分支。"岩石属于固体，岩石力学应属于固体力学的范畴。岩石是自然界中各种矿物的集合体，是天然地质作用的产物，一般而言，大部分新鲜岩石质地均较坚硬致密，孔隙小而少，抗水性强，透水性弱，力学强度高。岩石是构成岩体的基本组成单元。相对于岩体而言，岩石可看作是连续的、均质的、各向同性的介质。但岩石中存在一些如矿物解理、微裂隙、粒间孔隙、晶格缺陷、晶格边界等内部缺陷，统称为结构面①。因此，从微观上看，自然界中的岩石又是一种非均质、非连续的材料。

岩石（岩块）力学性质的含义主要包括两个方面：在外力作用下岩石的变形规律和岩石抵抗外部荷载使其破坏的能力。岩石的变形是指岩石在任何物理因素作用下形状和大小的变化。研究岩石力学变形性质的目的就是确定岩石的应力与应变之间的关系，即岩石的本构关系或物理方程，并确定相应的力学参数。岩石的强度是指岩石在荷载作用下开始破坏时的最大应力（强度极限）以及应力与破坏之间的关系，它反映了岩石抵抗破坏的能力和破坏规律②。

岩石中的微结构面是指存在于矿物颗粒内部或矿物颗粒集合体之间微小的弱面及空隙，它包括矿物的解理、晶格缺陷、晶粒边界、晶粒空隙、微裂隙等。岩石中的微结构面通常很小，微结构面的存在将大大降低岩石的强度，这是由于这些缺陷的存在，易造成裂隙末端的应力集中，从而导致裂隙沿末端继续扩展，使岩石的强度降低。

大量实验证明，影响岩石的抗压强度和变形特性的因素很多，如矿物成分、结

---

① 北京交通大学土木建筑工程学院：《岩石力学课程讲义》；陶振宇、潘别桐：《岩石力学原理与方法》，武汉：中国地质大学出版社，1990年，第1~189页。

② 陶振宇、潘别桐：《岩石力学原理与方法》。

晶程度、颗粒大小、颗粒联结及胶结情况、密度、层理和裂隙的特征和方向、风化程度和含水量等。不同矿物组成的岩石，具有不同的抗压强度，即使相同矿物组成的岩石，也受到颗粒大小、联结胶结情况、生成条件的影响，它们的抗压强度也可能相差很大；从结晶程度和颗粒大小来说，结晶岩石比非结晶岩石的强度高，细粒结晶的岩石比粗粒结晶的岩石强度高；从胶结情况来看，对沉积岩来说，胶结情况和胶结物对强度的影响很大，硅质胶结的岩石具有很高的强度；考虑生成条件的影响，在岩浆岩结构中，若其形成具有非结晶物质，就会大大地降低岩石的强度，埋藏在深部的岩石的强度比接近地表的岩石强度要高，这是由于埋藏越深，岩石受压越大，孔隙率越小，因而岩石强度增加；风化对岩石强度影响很大，风化作用破坏了岩石的粒间连接和晶粒本身，从而使强度降低；岩石密度也常是反映强度的因素，一般情况下，岩石的密度越大，其强度越大；水对岩石的抗压强度有显著的影响，当水侵入岩石时，水就顺着裂隙孔隙进入，渗入岩石全部自由面上的每个矿物质颗粒，由于水分子的侵入从而削弱了粒间联系，使强度降低，其降低程度取决于孔隙和裂隙的情况、组成岩石的矿物成分的亲水性和水分含量、水的物理化学性质等。另外，随着温度的增高，岩石的延性加大，屈服点降低，强度也相应降低①。但是在常温至100℃的范围内，这种变化并不十分明显。因为岩石温度过高时人类无法持握进行打制，因此本文不考虑高温下的岩石状态。

二　岩石力学试验原理

一直以来，考古学界关于岩石力学特征的描述或定义过于简单粗放，比如对岩石硬度的判断多依据简易的鉴定方法（表3.3）。通过上文介绍，我们了解到岩石的力学特征与多种因素相关，对其测试的方法、指标也有很多，比如岩石单轴抗压强度试验、压缩变形试验、抗拉强度试验、抗剪强度试验、三轴压缩及变形试验、刚

① 张永兴：《岩石力学》，北京：中国建筑工业出版社，2004年，第1~254页；叶金汉主编、水利水电科学研究院等合编：《岩石力学参数手册》，北京：水利电力出版社，1991年，第1~539页；王宝学、杨同、张磊：《岩石力学实验指导书》，北京科技大学土木与环境工程学院，2008年；岩石力学课程组编写：《岩石力学实验指导》，长江大学城市建设学院，2007年。

性试验、点荷载指数测定等。

表 3.3　矿物的硬度等级①

硬度等级	矿物名称	野外简易鉴定方法
1	滑石	用软铅笔划时留下条痕，用指甲容易刻划
2	石膏	用指甲可刻划
3	方解石	用黄铜板刻划可留下条痕，用小刀很容易刻划
4	萤石	小刀可刻划
5	磷灰石	用铅笔刀刻划时可留下明显划痕，不能刻划玻璃
6	正长石	小刀可勉强留下看得见的划痕，能刻划玻璃
7	石英	用小刀不能刻划
8	黄玉	能刻划玻璃，难于刻划石英
9	刚玉	能刻划石英
10	金刚石	能刻划石英

Domanski 和 Webb② 就热处理石制品的力学性能变化进行了对比研究，他们使用在澳大利亚 Victoria 地区采集的岩石，按类型分组进行不同温度下的热处理实验，然后对实验样品进行了弹性模量、抗压强度、断裂韧度和抗拉强度的测试，获取了不同温度热处理后的岩石力学性能参数。研究者认为，未经热处理和热处理岩石标本的断裂韧度具有相对客观规律性的变化，因此将断裂韧度作为检测热处理石制品力学性能的最优指标。但研究者忽视了一个岩石力学的基本概念，即上述四项检测指标都是岩石的力学性能参数，理想状态下，同一件样品，不同测试指标所反映的不同岩石力学特征应具有极强的相关性，某次测试不一致的情况，可能是由岩石本身是一种不连续的非均质的物质造成的。因此，简单的选择某次试验中具有规律性的指标作为检测标准，可能导致对岩石力学特征认识的偏差。

理论上，抗压强度越高，其抵抗裂纹扩展的能力增强，即断裂韧度越大。有学

---

① 北京交通大学：《岩石力学课程讲义》。

② Domanski M，Webb J，Boland J，Mechanical properties of stone artifact materials and the effect of heat treatment.

者针对大理岩、橄榄岩、混合岩等进行断裂韧度与抗压强度试验，发现二者存在良好的线性关系，实验结果与理论一致，其关系为：$K_{IC}=0.02656_{C}+0.0014$（相关系数 $R^2=0.94$），同时抗拉强度与断裂韧度也存在良好的线性关系①。而且我们知道，岩石的不连续性在任何一个尺度上都是存在的，只有当这种不连续性结构比所考察的岩体尺度很小时，可以认为该岩体是大致连续、均匀的。在研究的过程中，将断层或裂纹等不连续结构的周围介质作为大致均匀、连续来处理。由于岩石并非理想线弹性材料，应力与应变关系曲线通常为非线性曲线。因此要精确定义弹性模量和泊桑比等指标是比较困难的，他们都是随着应力（或应变）而变化的。同时，断裂韧度是试样断裂时的受力极值，仅反映了岩石在受力过程中某一点的状态。在本文中，为了降低上述潜在误差产生的概率，获取更加客观的测试结果，我们选择对原料进行单轴抗压强度试验，该试验不但可以获取试样的抗压强度，更重要的是能够得到石料的全应力-应变曲线，通过该曲线可以了解岩石在单轴压力下破损的全过程，分析石料破损过程并总结其破损规律和特点，相比直接获取数值更加符合古人类所用石料的特点。

应力-应变曲线实际上是反映材料在外力作用下力与位移之间关系的曲线图，是描述岩石力学性能的重要图形，记录了大量力学信息，这其中不仅包括岩石强度，还反映了试样弹性变形、塑性变形、脆性、延性等特征（图 3.2）。弹性变形是指材料在外力作用下产生变形，当外力取消后，材料变形即可消失并能完全恢复原来形状的性质，这种可恢复的变形称为弹性变形（elastic deformation）。塑性变形指是材料在一定的条件下，在外力的作用下产生形变，当施加的外力撤除或消失后该物体不能恢复原状的性质，这种不可回复的变形称为塑性变形（plastic deformation）。脆性是材料在外力作用下产生破裂的特性，延性是一种反映材料因受力而产生破坏之前的塑性变形能力的物理特性。

① Lakshmikantha MR，Prat PC，Ledesma A，2008. Relation between tensile strength and fracture toughness for soils and rocks，In Pereira，De Gennaro，Delage（eds.），*3rd international workshop of young doctors in Geomechanics*，75；李江腾、古德生、曹平等：《岩石断裂韧度与抗压强度的相关规律》，《中南大学学报（自然科学版）》2009 年第 6 期；Zhang ZX，2002. An empirical relation between model fracture toughness and the tensile strength of rock. *International Journal of Rock Mechanics and Mining Sciences*，39.

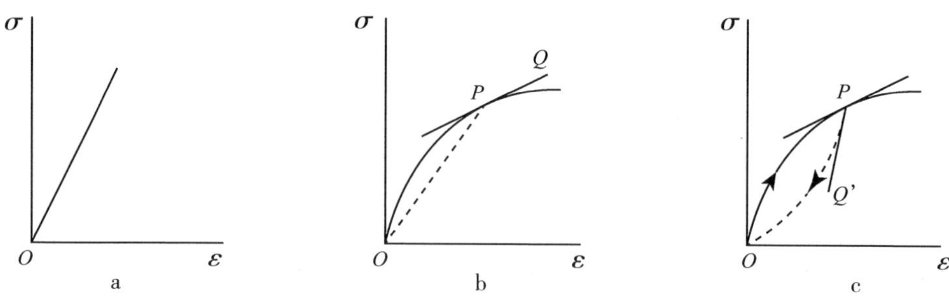

图 3.2　弹性介质应力-应变曲线

a. 线弹性材料　b. 非线性弹性材料　c. 有滞变的弹性材料

（李世愚、尹祥础：《岩石断裂力学》，第 4 页）

不同类型的岩石，其力学特征不同，因此应力应变曲线也不相同，理想状态下包括以下几种类型（图 3.3）[①]：

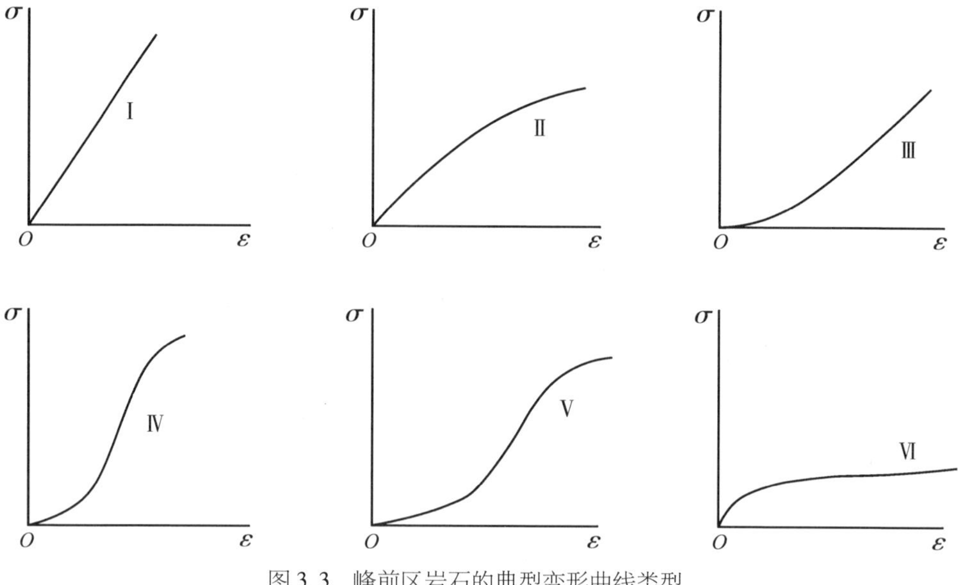

图 3.3　峰前区岩石的典型变形曲线类型

类型Ⅰ（弹脆性）：表现为近似于直线关系的变形特征，直到发生突发性破坏，且以弹性形变维护组，是玄武岩、石英岩、辉绿岩等坚硬、极坚硬岩类岩石的特征曲线。

类型Ⅱ（弹塑性）：开始为直线，至末端则出现非线性屈服段。较坚硬而少裂隙的岩石，如石灰岩、砂砾岩和凝灰岩等常呈现这种变形曲线。

---

① 李世愚、尹祥础：《岩石断裂力学》，北京：科学出版社，2006 年，第 33 页。

类型Ⅲ（塑弹性）：开始为上凹型曲线，随后变为直线，直到破坏，没有明显的屈服段。坚硬而有裂隙发育的岩石，如花岗岩、砂岩及平行片理加荷的片岩等常具这种曲线。

类型Ⅳ（塑弹塑性）：为中部很陡的“S”形曲线，是某些坚硬变质岩（如大理岩和片麻岩）常见的变形曲线。

类型Ⅴ（塑弹塑性）：为中部较缓的“S”形曲线，是某些压缩性较高的岩石，如垂直片理加荷的片岩常见的曲线类型。

类型Ⅵ（弹粘塑性）：开始为一很小的直线段，随后就出现不断增长的塑性变形和蠕变变形，是盐岩等蒸发岩、极软岩等的特征曲线。

显微观察表明，岩石的破坏不是立刻从原始状态就突然发生的，它要经历微裂纹的萌生、发育、成核等一系列演化过程。岩石破坏、变形的全部过程可以通过全应力-应变曲线表现出来。

岩石从开始变形、逐渐破坏，到最终失去承载能力的整个过程，在岩石全应力与应变关系曲线上可以分为6个阶段①（图3.4）：

OA段：应力缓慢增大，曲线朝上凹，这反映岩石试件内部原有裂隙逐渐被压缩闭合而产生非线性变形，不过，当荷载卸至零时，这部分变形仍会全部回复，岩石的结构和性质基本上是可逆的，所以这一阶段仍属于弹性变形阶段。

AB段：曲线基本上接近于直线，应力与应变呈现线性关系，试件结构无明显变化，属于弹性变形阶段。

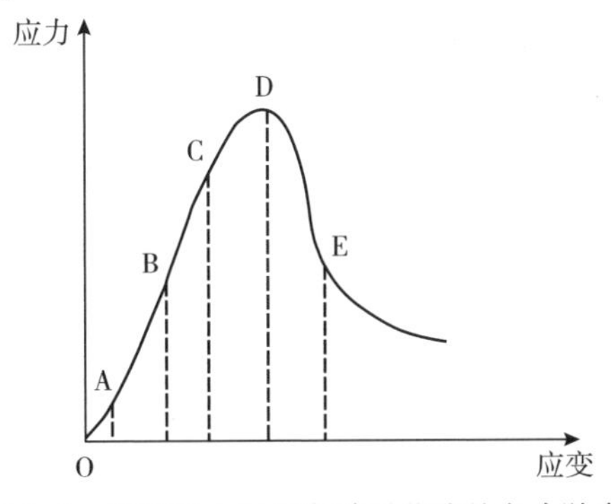

图3.4 岩石应力与应变关系曲线的各个阶段

① 北京交通大学：《岩石力学课程讲义》。

BC 段：曲线开始从直线偏离，出现较小的非线性变形。除去荷载时，这部分变形不能完全回复，即试件开始出现不可逆变形（或塑性变形）。实验证明，从 B 点开始，试件内开始出现一些孤立的、平行于最大主应力方向的微裂隙，随着应力的增大，微裂纹的数量逐渐增多，这说明岩石的破坏已经开始。这正是岩石产生不可逆非线性变形的原因所在。

CD 段：非线性变形继续增大，表明岩石内部裂纹形成速度加快，而且密度加大，C 点通常位于 D 点应力的三分之二处，在该段中岩石出现非弹性变形，应力应变的斜率随着应力的增加逐渐地减少到零，称之为“软化”。岩石表现为延性，它定义为材料能够维持永久变形而不失去其抵抗载荷能力。称 C 为屈服点，它定义为发生弹性到延性行为的过渡点。在 D 点应力出现峰值，达到岩石的最大承载能力。D 点所对应的应力是峰值应力，叫作岩石的强度或破坏应力。D 点将应力应变曲线分成两个部分，D 点以前称为破坏前区域，D 点以后称为破坏后区域。在破坏后区域，应力应变的斜率变为负。

DE 段：材料抵抗载荷的能力随变形的增加而减少，我们称这种行为为脆性。因此，D 点也成为延性向脆性的过渡点。DE 段的研究包括岩石破坏的稳定性，岩样变形的局部化，损伤破坏导致失稳等。随着变形的继续增大，岩石的承载能力开始降低，表现出应变软化的特征，在此阶段，岩石内部的微裂纹逐渐贯通，形成宏观裂纹，使岩石的强度逐渐降低。

最后阶段：岩石沿宏观破裂面开始滑动，因此强度不再降低，但变形不断增大，此时岩石的强度为残余强度①。

伺服系统能根据岩石破坏和变形情况控制变形速度，使变形速度保持为恒定值。伺服系统有一个反馈信号系统：检查当前施加的荷载是否保持事先确定的变形速度，否则会自动地调整施加的荷载，以保持变形速度的恒定。反馈信号响应的时间为 2~3μs，这个速度远大于裂隙传播速度，因而即使出现过量荷载，裂隙还未来得及传播，荷载就被减小了，岩石破坏得到有效控制。

通过以上介绍我们知道，岩石破损在人类的观察下是一个瞬时过程，但是伺服系统可以把这个瞬间放大成很多阶段，不同类型的岩石具有不同的曲线，也代表了

---

① 北京交通大学：《岩石力学课程讲义》。

不同的力学特性。Domanski 和 Webb① 测量断裂韧度仅仅是获取了一个峰值，忽视了岩石破损过程中其他阶段的信息。为了使本文的研究更加全面客观，本人选择经获取热处理石料的应力-应变曲线，全面了解热处理对岩石力学特征的改变。

目前国内考古学界还没有将岩石力学的研究方法引入考古研究的先例，同时大部分关于高温作用下岩石力学性质变化的研究多与岩石工程相关，因此相应的实验数据多为高温状态下实时采集，与本文中石料经过长时间自然冷却的实验状态差别较大，但获取岩石力学特征的实验方法大体相似，不同温度下力学性能的改变对本研究具有指导意义②。

第四节　X 射线衍射、X 射线荧光分析

热处理可以改变岩石的颜色，提升石料的打制性能，但是这些变化是如何产生的？目前仍没有定论。但我们可以肯定的是，经过高温加热，岩石的物质成分、晶体形态、物相结构会发生变化，通过 X 射线衍射粉末法和 X 射线荧光光谱分析我们可以探明到底产生了怎样的变化；同时这两种手段的分析结果可以帮助我们总结上述变化是否存在规律性，这种规律性可以帮助我们更确凿地判断遗址出土的石制品是否经过热处理。

X 射线衍射法（X Ray Diffraction，以下简称 XRD）和 X 射线荧光法（X Ray Fluorescence，以下简称 XRF）的工作原理决定了它们可以较为准确地检测物相结构、化合物晶体状态和物质成分。物质都是由原子组成，原子中间是由质子和中子组成的

① Domanski M，Webb J，Boland J，Mechanical properties of stone artifact materials and the effect of heat treatment.

② 徐小丽、高峰、高亚楠等：《高温后花岗岩岩石力学性质及结构效应研究》，《中国矿业大学学报》2008 年第 3 期；万志军、赵阳升、董付科等：《高温及三轴应力下花岗岩力学特性的实验研究》，《岩石力学与工程研究》2008 年第 1 期；张晶瑶：《加热温度变化对岩石强度的影响》，《金属矿山》1996 年第 12 期；孙瑞民、赵秀绍、汤凤林：《热力剥离破碎岩石试验》，《地质科技情报》2006 年第 4 期；李树荣、徐小丽、沈晓明等：《温度作用下岩石力学行为的研究进展》，《江苏省力学学会 2006 学术大会暨第二届苏港力学及其应用论坛论文集》，2006 年；郤保平、赵阳升、万志军等：《热力耦合作用下花岗岩流变模型的本构关系的研究》，《岩石力学与工程学报》2009 年第 5 期。

原子核，周围是绕原子核沿半径以一定的轨道转动的电子。而不同的原子其轨道半径、电子分布情况都不相同，即不同原子的轨道电子间的能量不同。当能量高于原子内层电子结合能的X射线与原子发生碰撞时，会驱逐一个内层电子而出现一个空穴，使整个原子体系处于不稳定的激发态，然后自发地由能量高的状态跃迁到能量低的状态。当较外层的电子跃迁到空穴时，所释放的能量随即在原子内部被吸收而逐出较外层的另一个次级光电子，称次级光电效应或无辐射效应。它的能量是特定的，与入射辐射的能量无关。当较外层的电子跃入内层空穴所释放的能量不在原子内被吸收，而是以辐射形式放出，便产生X射线荧光，其能量等于两能级之间的能量差。因此，X射线荧光的能量或波长是具有自身特征的，与元素有一一对应的关系，据此可以检测物质成分①。

X射线荧光光谱分析始于1920年，是一种成熟可靠的元素分析方法。它具有制样简单、分析速度快、测试准确可靠、一次可测定多个元素以及不破坏样品等优点。其技术成熟之后广泛应用于考古学中，但是大部分研究对象为古陶瓷、金银器、铜器、玻璃器、釉料、颜料、硬币、宝剑、弓箭、漆木器等，多用于年代、真伪、产地等的分析②，对于石质材料关注较少③。

X射线衍射又称X射线物相分析法，主要用于物质的物相结构及化合物晶体形态的分析。XRD的工作原理为，由于晶体的周期性结构，一方面，晶面间距与X射线波长属同一数量级，晶体可以作为X射线的衍射光栅；另一方面，周期性排列的原子在入射X射线作用下产生相干散射，所以X射线在晶体上可以产生衍射效应，但不是在所有方向上均能产生衍射线，只有当入射线波长、掠射角、晶体的面间距同时满足衍射方程才能产生衍射线。任何晶体都有其特定的化学组成和结构参数、

① 吉昂、陶光仪、卓尚军等：《X射线荧光光谱分析》，北京：科学出版社，2003年。

② 赵从苍：《科技考古学概论》，北京：高等教育出版社，2005年；李士：《科技考古学进展》，《中国科学基金》1992年第3期；毛振伟：《X射线荧光光谱分析在考古中的应用》，《光谱实验室》1991年第2期；王进玉：《X荧光与考古研究》，《光谱实验室》1997年第2期；李士、秦广雍：《现代实验技术在考古学中的应用》，北京：科学出版社，1991年，第1～364页；朱剑、毛振伟、张仕定：《X射线荧光光谱分析在考古中应用现状和展望》，《光谱学与光谱分析》2006年第12期。

③ 顾雯：《利用无损波长色散X射线荧光分析地中海地区考古黑曜石起源》，《文物保护与科技考古》2008年第4期，第40页。

独特的X射线衍射数据，根据各种晶体的衍射数据就可以对其进行物相鉴定、晶体结构分析等方面的研究①。

晶体的X射线衍射图像实质上是晶体微观结构的一种精细复杂的变换，每种晶体的结构与其X射线衍射图之间都有着一一对应的关系，其特征X射线衍射图谱不会因为他种物质混聚在一起而产生变化，这就是X射线衍射物相分析方法的依据。制备各种标准单相物质的衍射花样并使之规范化，将待分析物质的衍射花样与之对照，从而确定物质的组成相，就成为物相定性分析的基本方法。鉴定出各个相后，根据各相花样的强度正比于该组分存在的量（需要做吸收校正者除外），就可对各种组分进行定量分析。XRD物相分析在古陶瓷、冶金制品、古代釉料、颜料、玉器等文物研究中起到重要作用，但与XRF情形类似，XRD目前针对旧石器的研究较少②。本文将运用XRF和XRD对石器原料进行成分、物相和晶体结构方面的分析研究。

第五节　显微观察

经热处理的岩石可能出现一些肉眼无法观察的特征，因此需要通过显微观察以获取更多的信息，本文主要使用光性矿物学的研究方法，鉴定岩石的矿物类别和特征，通过扫描电子显微镜观察更大倍数下岩石晶体的特征与结构。

光性矿物学（Optical Mineral）是矿物学的一个分支，是运用晶体光学的原理和方法对透明矿物进行研究的一门学科，它的主要任务是研究透明矿物的光学性质，以鉴定和研究透明矿物。晶体光学又称光性结晶学，它研究光在晶体中的传播及各种有关现象，如折射、双折射、色散、干涉等。透明矿物种类繁多，几乎包括了除大部分自然元素、硫化物及部分氧化物以外的所有矿物，因此将矿物标本制成岩石薄片（thinned section）即可以进行镜下观察。偏光显微镜是其研究用的基本工具。透射偏光显微镜也称岩相显微镜，它与生物显微镜的主要差别在于增加了一对偏光镜及相应的附件，使

---

① 刘粤惠、刘平安：《X射线衍射分析原理与应用》，北京：化学工业出版社，2003年，第1~258页。

② 李士：《科技考古学进展》；吉晓洋、陈志学：《出土文物的X射线衍射研究》，《四川大学学报（自然科学版）》1997年第4期。

入射光变为偏振光而不再是自然光。在单偏光镜下可以观察矿物的形态、解理，测定解理角、折射率等。在正交偏光镜下可以测定双折射率、消光类型和消光角、延长符号等。在聚敛偏光下，可以观察干涉图，测定晶体的轴性、光性符号和光轴角等①。

扫描电子显微镜（Scanning Electron Microscope，以下简称 SEM）的工作原理，简要概括就是利用二次电子信号成像来观察样品的表面形态，即用极狭窄的电子束去扫描样品，通过电子束与样品的相互作用产生各种效应，其中主要是样品的二次电子发射。二次电子能够产生样品表面放大的形貌像，这个像是在样品被扫描时按时序建立起来的，使用逐点成像的方法获得放大像。除了显微观察外，SEM 利用电子和物质的相互作用，使用不同的信息检测器，可以获取被测样品本身的各种物理、化学性质的信息，如形貌、组成、晶体结构、电子结构和内部电场或磁场等。扫描电子显微镜由三大部分组成：真空系统、电子束系统以及成像系统。而扫描电镜具有分辨高、放大倍数大、景深大、立体感强、样品制备简单的优点，岩石经过多次强烈的区域变质作用后，其原岩的结构、构造均已改变，我们难以了解其原岩的状况，SEM 可以观察到矿物的微区变化。考古学界对于 SEM 的应用始于 20 世纪 60 年代，多用于对遗物的鉴定、分析，旧石器考古研究则使用 SEM 观察石器使用产生的光泽②。

第六节　石制品分类、观测项目与标准

本研究所涉及的石制品主要包括两大部分，一为水洞沟遗址出土的疑似热处理石制品，另一部分为打制实验获得的石制品。分类方法、观测项目与标准基本依照水洞沟各地点的整理办法，同时为凸显本文研究重点，在对实验制品测量时增加了

① 曾广策、朱云海、叶德隆：《晶体光学及光性矿物学》，武汉：中国地质大学出版社，2019 年，第 1~314 页；桑隆康、廖群安、邬金华：《岩石学实验指导书》，武汉：中国地质大学出版社，2005 年，第 1~107 页。

② 于丽芳、杨志军、周永章等：《扫描电镜和环境扫描电镜在地学领域的研究综述》，《中山大学研究生学刊（自然科学、医学版）》2008 年第 1 期；崔天兴、杨琴、郁金城等：《北京平谷上宅遗址骨柄石刃刀的微痕分析：来自环境扫描电镜观察的证据》，《中国科学：地球科学》2000 年第 6 期；侯亚梅：《考古标本微磨痕初步研究》，《人类学学报》1992 年第 11 期。

相应的观测项目与标准。

一　石制品分类

1. 石核

根据石核的台面数量和片疤数量将石核划分为七类①：

Ⅰ1 型石核：单台面，单片疤；Ⅰ2 型石核：单台面，双片疤；Ⅰ3 型石核：单台面，多片疤；

Ⅱ1 型石核：双台面，双片疤；Ⅱ2 型石核：双台面，多片疤；

Ⅲ型石核：多台面，多片疤；

Ⅳ型石核：两极石核。

2. 非工具类石片

根据其台面和背面所反映出的技术特征来进行划分②：

Ⅰ1-1 型石片：自然台面，自然背面；Ⅰ1-2 型石片：自然台面，部分人工背面和部分自然面；Ⅰ1-3 型石片：自然台面，人工背面；

Ⅰ2-1 型石片：人工台面，自然背面；Ⅰ2-2 型石片：人工台面，部分人工背面和部分自然面；Ⅰ2-3 型石片：人工台面，人工背面；

Ⅱ1-1 型石片：左裂片（腹面观）；Ⅱ1-2 型石片：右裂片（腹面观）；

Ⅱ2-1 型石片：近端断片；Ⅱ2-2 型石片：中间断片；Ⅱ2-3 型石片：远端断片；

Ⅱ3 型石片：无法归类的石片（主要包括可辨别的砸击石片等）；

Ⅱ4 型石片：剥片和工具修理过程中产生的碎屑。

一般石制品分类的基本要求是各类别间没有可重合的部分，但是本文打制实验研究中，主要考虑石片的有效性，比如有效刃缘等因素的统计分析，小于 10 毫米的

① 卫奇：《石制品观察格式探讨》，见邓涛、王原主编：《第八届古脊椎动物学术年会文集》，北京：海洋出版社，2001 年，第 209~218 页。

② 卫奇：《石制品观察格式探讨》；Toth N，1985. The Oldowan reassessed：a close look at early stone artifacts. *Journal of Archaeological Science*，12.

石片不具备有效性，为避免这类石片的统计数据干扰实验标本研究结果的准确性，因此打制实验标本中小于10毫米的石片归入微片，测量项目与石片类似，但不与石片一起统计分析。

3. 工具

本文涉及的热处理石制品中，工具数量较少，仅见刮削器和钻。

4. 断块

断块是指打制过程中产生的，没有人工特征或仅有部分人工特征的块状石制品。打制过程中沿节理面断裂的断块不具备人工特征，有的断块附着部分人工特征，但不足以进一步判断其类型。断块多呈不规则状，个体变异较大。在统计分析时很难将它们划归某种特定的石制品类型。虽然它们仅仅是石制品加工过程中出现的副产品，但是它们对研究石制品的加工技术以及分析人类行为有着重要的意义。

5. 石屑

石屑是指石器打制过程中产生的，不具备人工特征的细小碎屑，分为2~5毫米和小于2毫米两类。2~5毫米统计个数与重量，小于2毫米的石屑由于尺寸太小，无法手持肉眼观察，本研究仅统计整体重量（以克为单位）。

6. 砾石

表面没有人工打击痕迹的砾石，包括岩块、结核等。

二　石制品的观测项目与标准

1. 基本项目

原料　石制品岩性经鉴定主要有硅质白云岩、石英砂岩、石英岩、燧石、玉髓、硅质灰岩等。

石制品尺寸大小　根据其最大长度或宽度所在的变异范围，将其划分为5个级别①：微型（<20毫米），小型（≥20毫米，<50毫米），中型（≥50毫米，<100毫米），大型（≥100毫米，<200毫米），巨型（≥200毫米）。

重量　根据标本重量的变异区间可分为5个级别：很轻（<1克），较轻（≥1

① 卫奇：《石制品观察格式探讨》。

克，<25 克），中等（≥25 克，<100 克），偏重（≥100 克，<500 克），较重（≥500 克）。单位最小为0.1 克。

颜色　石制品毛坯表面所呈现出来的色彩，主要依据芒塞尔土色对照表（Munsell Soil Chart）来划分，颜色主要由3 个方面组成：色调（hue）、色值（value）、色度（chroma）。色调共分为8 级，GLEY1（0）、GLEY2（0）、5Y（1）、2.5Y（2）、10YR（3）、7.5YR（4）、5YR（5）、2.5YR（6）、10R（7），GLEY 主要指潜育土的颜色，颜色偏蓝绿。如10YR-6/1 色调为10YR，色值为6，色度为1。Y 为Yellow，R 为Red，本文在写作过程中为统计方便将GLEY1、GLEY2 定义为0，其余依次定为1~7。

石制品磨蚀程度①　根据石制品表面状态可划分为5 个级别：Ⅰ级为磨蚀轻微或几乎未经磨蚀；Ⅱ级为略有磨蚀；Ⅲ级为磨蚀中等；Ⅳ级为磨蚀较严重；Ⅴ级为磨蚀非常严重，但尚可辨别人工特征。

石制品风化程度②　根据石制品表面保存状态可划分为5 个级别：Ⅰ级为风化轻微或几乎未风化；Ⅱ级为略有风化痕迹；Ⅲ级为风化程度中等；Ⅳ级为风化较严重；Ⅴ级为风化非常严重，但尚可辨别人工特征。

石制品受热破损程度③　根据石制品受热后的外部状态可划分为4 个级别：Ⅰ级为石制品表面出现裂纹；Ⅱ级为石料沿节理面裂开，破裂面平直；Ⅲ级为石料破裂，破裂面无方向性，不平直；Ⅳ级为石料破裂成碎屑或粗颗粒状。

石制品光泽程度　岩石光泽度为岩石矿物表面对可见光的反射能力，一般以百分比计算。根据石制品光泽度的高低可划分为4 个级别：1 级为无光泽（实际上所有物质对可见光都存在反射能力，本文中无光泽特指肉眼无法观察到明显的反射光），2 级为低光泽，3 级为中光泽，4 级为高光泽。

石制品形态④　依据标本的长宽指数（宽度/长度×100）和宽厚指数（厚度/宽度×100）来对石制品整体形态进行界定，通过黄金分割的原理（黄金分割点为

---

① 卫奇：《石制品观察格式探讨》。

② 卫奇：《石制品观察格式探讨》。

③ 高星、王惠民、刘德成等：《水洞沟第12 地点古人类用火研究》。

④ 高星、王惠民、刘德成等：《水洞沟第12 地点古人类用火研究》。

0.618）将其划分为4个类型：Ⅰ型为宽厚型（长宽指数≥61.8，宽厚指数≥61.8），Ⅱ型为宽薄型（长宽指数≥61.8，宽厚指数<61.8），Ⅲ型为窄薄型（长宽指数<61.8，宽厚指数<61.8），Ⅳ型为窄厚型（长宽指数<61.8，宽厚指数≥61.8）。

2. 石核的定位与观测项目

在对石核进行观测前，首先需要对石核进行定位，由于第8地点内存在一件似楔形细石叶石核，故在本节中除普通石核外，也对其进行定位方式的描述。

（1）普通石核的定位与观测

锤击石核定位：台面朝上，剥片面朝前，面向观察者，观察者的左侧为石核的左侧，而观察者的右侧即为石核的右侧。

砸击石核定位：核体两端较尖的一端向上，核体两侧剥片面较平的一面向下，较凸的一面向上，且朝向观测者。

普通石核的观测项目主要包括以下方面：

初步分类的类型：可根据其具有的明显技术特征初步分为普通石核、两极石核、盘状石核等；

最大长度：石核左侧和右侧之间的最大距离；

最大宽度：石核的剥片面与其相对面之间的最大垂直距离；

最大高度：石核的台面与其相对面的最大垂直距离；

毛坯：石核所选用的坯材，包括砾石、石片、断块等；

台面性质：包括自然、人工和自然-人工台面；

台面数量：包括单台面、双台面、多台面；

台面关系：相邻，相对，相交，不确定；

台面角：古人类剥片选择的角度、台面与剥片面之间的夹角，单位为“°”（度）；

台面长：台面前缘至后缘的最大距离；

台面宽：台面左侧至右侧的最大距离；

台面周长：台面边缘的最大长度；

剥片面数量：用阿拉伯数字表示，如1、2、3等；

剥片面关系：相连，相对，不确定；

剥片面大小：剥片面最大长和最大宽相乘后的面积；

剥片方向：单向，对向，向心，垂直，多向等；

可见疤数：以剥片面为单位，记录有效石片疤的个数；

片疤大小：只测量保存完整且成功剥片的石片疤；

剥片程度：剥片疤在核体体积概念上的程度，分轻度、中度、重度三个等级；

剥片范围：剥片面占石核核体的百分比。

（2）细石叶石核的定位与观测

细石叶石核的定位比较特殊，以台面为上，楔状缘或底缘为下，剥片面侧面面向观测者，距观测者最近处为前，最远处为后，观测者的左侧为细石核的内侧面，右侧为细石核的外侧面。

细石叶石核的观测项目主要包括（图 3.5）：

长度：核体前缘与后缘之间的最大距离（AB）；

宽度：核体两侧面之间的垂直距离（AD）；

高度：台面距核体底缘最低点之间的最大距离（AE）；

台面长：台面前缘与后缘之间的最大距离（ad）；

台面宽：台面两侧缘最远点之间的垂直距离（ec）；

台面角：台面与剥片面之间的夹角，单位为“°”（度）；

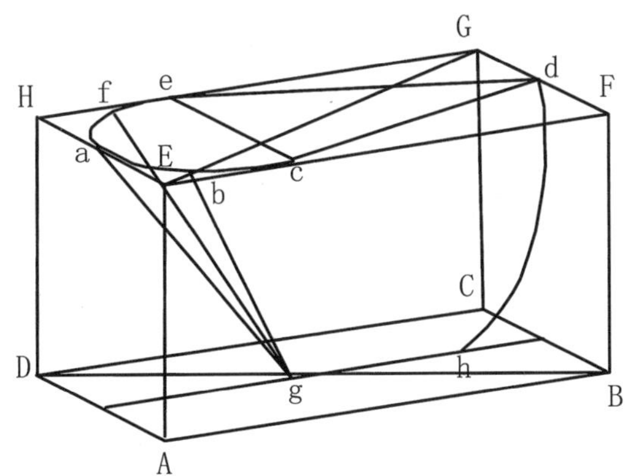

图 3.5　楔形细石叶石核几何测量分析图①

① 王春雪：《水洞沟遗址第八地点废片分析和实验研究》，中国科学院研究生院博士学位论文，2010 年，第 34 页；赵海龙：《石叶及细石叶剥制实验研究》，吉林大学硕士学位论文，2005 年，第 2 页；朱之勇：《虎头梁遗址石制品研究》，中国科学院研究生院博士学位论文，2006 年，第 17 页。

后缘角：内侧面与外侧面在核体后缘所夹的角；

底缘角：内侧面与外侧面在核体底缘所夹的角；

剥片面最大长度：石核台面前缘与剥片面最低点之间的距离（ag）；

剥片面最大宽度：剥片面左右两侧面之间的距离（bf）；

可见疤数：记录成功剥片后产生的细石叶剥片印痕数量；

片疤大小：只测量保存完整且成功剥片的细石叶疤。

（3）非工具类石片的定位与观测项目

将台面朝上作为近端，与其相对一端为远端，破裂面朝向观察者为正面，与其相对一面为背面。观察者的左侧就是石片的左侧，其右侧为石片的右侧。

非工具类石片的观测项目主要包括（图 3.6）：

1）石片大小

自然长：自然延展的最大长；

腹面长：打击点到石片远端最低点的距离；

自然宽：自然延展的最大宽；

四分之一处宽度：自打击点起向石片远端延伸至四分之一处的宽度；

中间轴向宽：自打击点起向石片远端延伸至二分之一处的宽度；

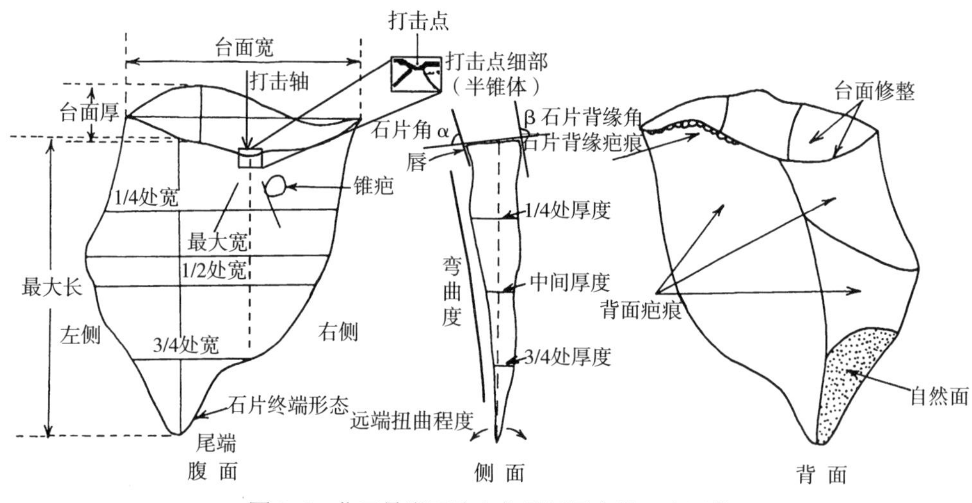

图 3.6　非工具类石片定位及测量参数示意图①

① 王春雪：《水洞沟遗址第八地点废片分析和实验研究》，第 36 页。

四分之三处宽度：自打击点起向石片远端延伸至四分之三处的宽度；

最大厚度：石片背、腹面最高点间的最大距离；

四分之一处厚度：自打击点起向石片远端延伸至四分之一处的厚度；

中间厚度：自打击点起向石片远端延伸至二分之一处的厚度；

四分之三处厚度：自打击点起向石片远端延伸至四分之三处的厚度；

中间点横断面形态：半圆形，椭圆形，三角形，梯形，不规则；

石片形状：椭圆形，半圆形，三角形，四边形，不规则等。

2）石片台面

台面性质：自然台面，素台面，线状台面，有脊台面，点状台面，刃状台面，有疤台面，修理台面；

台面形态：三角形，四边形，多边形，鳞状，椭圆，透镜形，弓形，不规则；

台面宽：台面两端的最远距离；

台面厚：台面与背腹面相交处之间的距离。

台面背缘长：台面与背面相交的长度。

3）腹面

打击点：有/无；

唇：突出，略微突出，无；

半锥体：有/无；

锥疤：有/无；

打击泡：微凸，散漫，较平，无；

波纹：有（单向/对向）/无；

放射线：有（单向/对向）/无；

延展：平直，不平直；

远端状态：羽翼状，阶梯状，卷边状，掏底状，不确定。

4）石片背面

背面性质：石皮，部分石皮，片疤；

背面自然面比：0，1 %~25 %，26 %~50 %，51 %~75 %，76 %~100 %；

背面疤数量：无，1 个，2 个，3 个及 3 个以上；

背面疤方向：同向，反向，对向，垂直，多向；

背缘微疤分布长度：背缘微疤一般出现在石核台面预制阶段以及剥片前的准备阶段。

5）侧边

两侧边关系：平行，扩展，汇聚，不确定；

侧缘形态：薄锐，厚钝，折断；

痕迹：存在零星疤痕，使用痕迹，自然破损；

石片横截面弯曲度：石片整体横向弯曲的角度；

石片纵截面弯曲度：石片整体纵向弯曲的角度；

有效刃缘：石片边缘可用来修理加工或直接使用的部分称为有效刃缘；

有效刃缘指数：有效刃缘的长度与石片重量的比值 mm/g，即每克石片产出有效刃缘的长度；

打击泡指数：石片二分之一处厚与打击泡厚的比值，用以量化打击泡的凸出程度；

平均长规整指数：石片腹面长与最大长的比值，值越趋近于 1 表明越规整；

平均宽规整指数：石片近端宽，四分之一处宽，中间宽，四分之三处宽，远端宽的变异系数，值越小表明越规整；

平均厚规整指数：石片近端厚，四分之一处厚，中间厚，四分之三处厚，远端厚的变异系数，值越小表明越规整；

平均相对厚度指数一：即（石片长+宽）/厚，用于量化石片的厚薄程度；

平均相对厚度指数二：即石片长/厚，用于量化石片的厚薄程度；

4. 工具的定位与观测项目

工具的定位主要视毛坯而定。片状毛坯工具定位主要分为以下两种情况：可以观察到工具毛坯台面的情况下，台面向下，毛坯远端向上，背面面向观察者，与其相对的腹面为反面；如果工具毛坯观察不到台面及正反面时，较尖的一端向上，与其相对的一端向下，工具较平的一侧面为反面，较为凸起的一侧为正面，面向观察者。观察者的左侧就是工具的左侧，其右侧为工具的右侧。

工具类的观测项目主要包括：

毛坯：制作石器前的母型，包括砾石、石片、石核、断块以及不确定等；

刃缘数量：单刃，双刃，复刃；

刃缘形态：平齐，准平齐，锯齿状和波纹状；

加工方法：锤击法（软锤和硬锤），砸击法；

加工方式：正向，反向，复向，交互，对向，错向，通体；

加工部位：毛坯远端，毛坯近端，左侧缘，右侧缘；

加工部位选择：有利（选择片状或块状毛坯最长、最薄锐、最方便利用的一边），随意（对加工部位没有明显的倾向性，没有做最有利的选择）；

刃口形态：平直，凸，凹，不规则；

修疤形态：鳞片状，阶梯状（叠鳞状），长而平行，长而准平行，不规则；

修疤间关系：连续，断续，叠压；

修疤层数：修疤的叠压情况；

修疤最大厚度：工具刃缘上修疤终止处的最大厚度；

最大疤长：修疤中的最大疤沿打击轴方向的长度；

刃角：刃缘部分内外侧面的夹角，同一刃缘如果刃角变化较大，则给出刃角范围；

加工长度：加工刃缘两个端点之间的距离；

有效边长（刃口边可利用长度）：一条刃缘上适合被加工成刃部分的长度；

加工深度：修疤在打击力传导方向上的延伸长度；

刃口边延展深度：刃口在加工方向上延展至最大厚度处的距离。

5. 断块的定位与观测项目

观察断块时，以其长轴方向上较平的一面为底面，相对较凸的一面为顶面，同时较宽一端为近端，较窄的一端为远端。观察者的左侧就是断块的左侧，其右侧为断块的右侧。

断块的观测项目相对较少，主要包括：

原型：砾石，岩块，不确定；

自然面比：0，1 %~25 %，26 %~50 %，51 %~75 %，76 %~100 %；

形状：四方体，柱状，多面体，漏斗状，不规则；

断块类型：普通断块，石核断块；

自然长：自然延展的最大长；

自然宽：自然延展的最大宽；

最大厚度：断块顶面、底面间的最大距离。

第四章　热处理实验

第一节　研究背景

模拟实验是开展热处理研究的前提与基础，它不仅可以提高我们对石料经过热处理后内外形态、结构变化的理性认识，可控的实验温度还可以使我们更精确地了解石料在热处理过程中的变化规律。

模拟实验一般分为室内密封和户外露天两种环境。加热速度分快速升温、冷却和慢速升温、冷却。样品的主要观察指标包括实验前后颜色、光泽和重量等外部特征变化，和结晶度、微结构、微裂隙等内部特征的变化。

温度控制是热处理实验过程中极为重要的一环，温度过低无法达到改变石料特性的目的，温度过高则容易破坏石料，如573℃是α石英转化为β石英的临界温度，又称石英倒转，一旦超过此温度，含石英的岩石会发生破碎、脱水和粉末化[①]。一般来说，颗粒细腻的燧石加热到250℃时其剥片性能会提高，颜色随之发生改变，而相对粗糙的燧石，颜色改变需加热到250～300℃，剥片性能的提高则需加热到350℃～400℃[②]。同种岩石由于颗粒大小、加热温度不同等因素，已经存在上述不同的变化，可见不同岩石间，变异范围更大。同时升温和降温的速度对于热处理的效果也有很大影响，除了利用温度剧烈变化劈裂大块石料之外，大部分热处理行为多以慢速升温和降温来改变石料的特性，因为这种温度变化方式更容易导致再结晶，而快速的

---

① Price TD，Chappell C，Ives DJ，Thermal alteration in Mesolithic assemblages.

② Domanski M，Webb J，A review of heat treatment research.

升温和降温容易使岩石产生微裂隙，造成茶壶盖状破裂等现象。热处理改变石料性能是不可逆的过程，各种数据皆来自反复的实验。因此，实验的设计与过程控制决定了整个研究客观性。

美国学者 Purdy 和 Brooks 以 Florida 的燧石为实验原料，分别以每小时提升 50℃和每 24 小时提升 50℃两种方式对石料进行热处理。实验结果表明，350℃到 400℃是这种燧石热处理的最佳温度，在这个温度范围内燧石表面光泽明显增加，同时颜色变红，剥片时破裂面更加平整；X 射线衍射检测结果则显示热处理和未经热处理原料峰值无明显变化①。同样在 350℃到 400℃发生显著改变的还有产自美国密苏里州东北部的燧石，实验者将原料置于铺有约 3 厘米细沙的铁质托盘内，使用电烤箱加热。实验结果显示，温度达到 350℃时能够对原料的性能有一定提升，使剥落石片数量增加，且薄而长。但当温度达到 400℃时，这些性能较前者有大幅度提升②。相似的实验结果也出现在 Domanski 和 Webb③ 针对波兰发现的燧石所进行的实验中，燧石在烤箱内分别以 25℃、100℃和 200℃每小时的频率升温至 400℃并维持 2 小时。然后关闭烤箱让其在烤箱封闭环境中慢速降温，实验过程中石料以细沙覆盖以减低原料破碎的概率。整体上看，硅质岩石石料经过热处理后颜色加深，石片表面光泽增加，也出现了破损和微裂隙。

也有学者使用均质石英岩进行过类似的实验，使用电烤箱作为加热环境，并铺垫细沙，以 50℃每小时的频率升温，分别至 200℃、450℃和 500℃加热 48 小时，然后自然冷却至室温。经过 200℃热处理的原料性能变化不大。经过 450℃及更高温度热处理的原料石片远端崩断的概率减小，剥片需要的力度也更小，石片更加大和长；通过显微观察发现，经 450℃以上的高温处理，石料光泽更加明显，但是其内部出现了颗粒状结构、微裂隙密集等不利于打制的特征④。

外部特征的改变是石料经过热处理后的附属结果。旧石器时代，古人类进行热处理最主要的目的是改善原料的力学性能，岩石力学性能测试主要考察以下几个指

① Purdy BA, Brooks HK, Thermal alteration of silica minerals: An archaeological approach.

② Bleed P, Maier M, An objective test of the effects of heat treatment of flakeable stone.

③ Domanski M, Webb J, 2000. Flaking properties, petrology and use of Polish flint. *Antiquity*, 74.

④ Flenniken JJ, Garrison EG, 1975. Thermally altered novaculite and stone tool manufacturing techniques. *Journal of Field Archaeology*, 2.

标：弹性常数（elastic constant）、压缩强度（compressive strength）、拉伸强度（tensile strength）和断裂韧度（fracture toughness）。石器打制过程实际上是对石料施以外力使其破裂的过程，因此断裂韧度是检测原料性能最有效的指标。实验发现，经过热处理的燧石的断裂韧度大幅下降，比如，颗粒细腻的燧石断裂韧度较高，但经过热处理后其断裂韧度与颗粒粗糙的燧石相当；同时热处理过程中，经慢速升温（比如每小时升 25℃）加热的石料其断裂韧度降低更多，原因可能是加热速度慢，受热更加彻底，再结晶过程更加充分；除此之外，质地细腻的原料经热处理后性能的改变更加迅速①。通过 X 射线衍射和电镜扫描分析发现，断裂韧度的降低是由燧石内部硅质颗粒再结晶引起的②。实验表明，大部分原料通过慢速升温、降温的热处理方式能够达到改善石料性能的目的，但不同原料间，热处理的理想温度并不相同，热处理后外观特征的改变也存在较大差异。

除了加热温度之外，也有学者提出，原料的体积也可能影响热处理的结果。Mercieca 和 Hiscock 通过室内热处理实验，探究原料种类和体积大小与热处理效果的关系。实验原料产自澳大利亚，实验者将其切割成 $1m^3$、$4m^3$、$8m^3$、$32m^3$、$64m^3$ 等体积不等的正方体，使用电炉加热，实验温度从 500℃至 1000℃（1000℃被认为是以木质材料作为燃烧物所能产生的最高温度，同时也超过了一般认为的导致石料破碎的最高温度）。加热过程中不使用任何砂土之类的隔离物，一次加热一个标本，快速升温，温度达到 1000℃即迅速取出标本，在室温下自然冷却。实验结果显示，样品体积越大，其破裂的临界温度越低。不同原料之间，硅质岩的临界温度要高于泥岩③。

实验研究还发现，高温加热除了会造成石料破碎外，还有可能出现热析出（thermal extraction）现象，即经过加热的石料崩裂出少量的形状近球形或椭圆形的碎

---

① Mandeville MD, 1973. A consideration of the thermal pretreatment of chert. *Plains Anthropologist*, 18; Eriksen BV, 1997. Implications of thermal pre-treatment of stone, In Schild R, Sulgostowska Z (eds.), *Man and Flint*, Poland: Warsaw; Ahler SA, 1983. Heat treatment of knife river flint. *Lithic Technology*, 11; Rick JW, Chappell D, Thermal alteration of silica materials in technological and functional perspective; Domanski M, Webb J, Boland J, Mechanical properties of stone artifact materials and the effect of heat treatment.

② Domanski M, Webb J, A review of heat treatment research.

③ Mercieca A, Hisccock P, 2008. Experimental insights into alternative strategies of lithic heat treatment. *Journal of Archaeological Science*, 35.

块，大多数出现这种情况的石片与土壤直接接触。另外，裂纹和光泽也能在显微镜下被观察到，一般加热到300℃即可出现光泽。同时“石锈（patina）”也在有的实验中出现，比如在燧石在被加热至400~500℃时，表面会产生一种半透明的覆盖物。对于经过使用且留下使用光泽的石器，加热到该温度时，则仅在无光泽处发现石锈，650℃时也出现同样情况，当温度达到800℃时，石锈开始影响到存在使用光泽的部位，并同时出现裂纹等现象。放置在火坑中央部位的石料产生石锈的比例更高，可能与中心部位温度更高有关①。

综上所述，虽然大部分实验结果存在一定共性，但其中的差异仍不可忽视，比如大部分硅质岩特别是燧石经热处理后颜色都会加深，趋于变红，但是这种变化并不一致，当热处理温度提升速度较快时，颜色变化不明显，因此如果石料在热处理的过程中经历快速升温，就可能难以通过颜色加以辨别，如果原料产地不同，其变化的各向异性则更加明显。这种情况同样出现在对原料的力学性能的研究中。除了石料个体差异外，人为因素同样会影响我们对实验结果的判读，比如，针对热处理石料进行打制实验时，打制者的技术水平、疲劳程度、瞬间判断差异和对实验原料的预判都可能影响到最终结论。正是因为热处理过程，及其产品存在较大的变异范围，因此在研究古人类热处理行为之前，应该针对遗址的原料进行全面的模拟实验，了解石料热处理前后的异同。

第二节　实验目的与设计

一　实验目的

从热处理的研究历史中我们了解到，不同石料热处理后内外部特征的改变不尽相同，因此盲目使用他人的研究结果可能导致错误结论。水洞沟遗址从20世纪初发现以来，出土了10余万件石制品，本文研究所涉及的石制品也多达数万件，从如此

① Flenniken JJ, Garrison EG, Thermally altered novaculite and stone tool manufacturing techniques.

庞大数量的标本中准确辨认出热处理石制品仅仅依靠他人的研究结果是远远不够的；水洞沟遗址石制品石料种类较多，同种类石料颜色光泽等外部特征变化复杂；水洞沟遗址乃至整个中国都没有热处理研究的先例。在这种情况下，进行全面的热处理实验是本文研究必不可少的部分，甚至可以认为是核心环节。围绕水洞沟石料进行热处理实验主要有以下几个目的：

1. 掌握热处理后岩石外部特征变化的一般规律，并建立以水洞沟遗址区石料为基础的热处理石制品判断标准。

2. 获取实验室检测的样品。XRD、XRF、岩石力学等实验都需要岩石标本制作样品，热处理实验即为上述检测获取足够的原料。同时热处理实验还为我们后续进行打制实验提供所需的原料。

3. 解释古人类的用火行为。古人类对原料进行热处理，火塘是重要的行为实施载体，不同类型的火塘进行热处理的效果不尽相同。热处理实验过程中实时监测火塘温度等信息，能够获取热处理过程中火塘的一手资料，借此可以帮助我们解释古人类的用火行为。

4. 通过热处理实验建立热处理石制品与无意识被加热石制品之间的区分标准，通过模拟石制品落入火塘经过加热的过程可以得到无意识被加热的试验品，将其与热处理石制品对比可以掌握区分标准。

二　实验设计

模拟实验是研究者在对出土标本有一定了解的前提下，按照自己的理解重现古人类行为的研究方式。因此所有的模拟实验在设计之初，不可避免的带有一定主观性。但只要实验设计符合逻辑，能够满足研究目的，模拟实验仍可以对我们的研究提供较大的帮助。相比文化遗物所保留的支离破碎的信息，实验能够模拟完整的行为过程。这些信息的客观与否，能否最大程度地还原古人类行为，实验设计至关重要：首先，必须保证实验的可重复性，经得起验证才有说服力；实验条件尽量与遗址实际相符；减少实验环节中的不确定因素，比如室外实验时尽量在稳定的天气条件下进行；最后要全面考虑古人类采用类似行为的各种可能性，假定不同的条件反复进行实验。

本文针对旧石器热处理研究的模拟实验分为室外实验和室内实验两个部分。

根据室外实验的目的，实验设计为：构建两种热处理环境，低投入火塘和高投入火塘；不同热处理环境下分别使用快速降温、慢速降温两种形式；热处理原料使用砾石和石片两种形式，加热方式分为直接放在火中加热和细沙覆盖间接加热两种；为使对比客观，石片一般取自同时进行热处理的砾石。这样，我们可以由室外实验获取不同热处理环境下、不同降温形式下、不同原料类型和不同加热方式下的热处理样本。这些信息可以帮助我们理解古人类进行热处理行为时的技术特点。

室内实验是室外实验的有益补充和扩展，现代条件可以量化实验结果，因此更加客观，同时室内实验的重复性也很强。实验设计为：使用快速增温、降温和慢速增温、降温两种加热方式；热处理原料使用砾石和石片两种形式；精确控制加热温度和时间，温度从 300℃到 550℃不等，加热时间从 3 小时到 10 小时不等，冷却时间从 3 小时到 14 小时不等；为使实验结果客观可信，对比标本均来自同一块砾石。通过室内实验我们能获取不同升降温形式、不同温度、不同热处理时长下的岩石样本，室外实验中难以精确控制的温度、升降温时间、速度都可以在室内实验中实现。

第三节　室外实验

一　实验原料准备

原料是热处理实验的关键因素，其质地、颜色、大小等条件应与遗址原料一致，实验结果才更有说服力，同时岩石内明显的裂隙、解理容易导致破裂，无法获取有效实验数据。基于上述因素，我们从 2010 年水洞沟遗址区域地质调查采集的 200 余件砾石中挑选 67 件符合上述条件的用于室外实验，并从这些实验标本上剥取 24 件石片用于无意识加热模拟实验（图 4. 1）。为了对比热处理前后岩石颜色、光泽、质地的变化，每件砾石进行实验前，均打落一块作为原始样本保存。同时，实验前纪录每块原料的物理特征，特别是依照芒塞尔土色对照表纪录岩石的原始颜色。

图 4.1　部分用于室外实验的砾石

67 件实验样品原型全部为砾石，通体自然面，总重约 100 千克。平均长 103 毫米，宽 78 毫米，厚 54 毫米；最大长 230 毫米，宽 160 毫米，厚 100 毫米；最小长 30 毫米，宽 20 毫米，厚 20 毫米。其中白云岩最多，25 件，多为硅质含量较高的微晶白云岩，平均长 122 毫米，宽 90 毫米，厚 66 毫米。燧石 22 件，体积较小，多为燧石条带风化剥落后流水搬运磨圆成砾石，内部解理裂隙较多，平均长 56 毫米，宽 43 毫米，厚 35 毫米。石英砂岩 12 件，全部为粗晶岩类，平均长 135 毫米，宽 110 毫米，厚 60 毫米。石英岩 8 件，平均长 125 毫米，宽 94 毫米，厚 63 毫米。以上 67 件砾石分别用于 5 次室外热处理模拟实验，每次实验中不同岩性原料按比例搭配使用，以保证获取不同类型的岩石在不同实验条件下的样本。

二　实验自然条件

燃烧是可燃物与助燃物发生的剧烈的发热发光的氧化反应，一般植物性材料的燃烧需要氧气作为助燃剂，因此，在户外构建火塘进行热处理实验时，需要考虑到天气情况对燃烧的影响。为了保证实验结果的一致性，所有实验选在天气条件相近的时候进行。实验共进行 4 天，燃烧过程全部发生在白天，天气晴，平均温度 19.6℃，大气压在 885～890hpa 之间，平均相对湿度 30%，无降水，风力低于 3 级。

冷却过程大多在夜间，燃烧状态主要为表面燃烧或阴燃，平均温度 13.5℃，大气压在 882～888hpa 之间，平均相对湿度 45%，无降水，风力低于 2.5 级。

三　实验工具

采集原料和选择实验地点使用 Garmin GPS 定位；构建火塘使用地质锤、手铲、钢卷尺；实验过程中使用 TM902C 测温仪进行测温，该测温仪配备 K 型热电偶探头，温度测量范围：-50℃～1300℃±（0.75%+1℃），探头长度 80 毫米，便于插入火塘探测各个部位的温度。样品颜色的观察使用芒塞尔土色表，使用游标卡尺测量样品尺寸。

燃料分为两部分，一部分为野生干燥的灌木，用于引火或增强火势，在实验点附近采集；另一部分为水洞沟遗址公园管理处存放的木料，全部为本地所产木材。按照前文所述的模拟实验原则，应尽量采集野生树木作为燃料，但是目前的生态环境在遗址区内难以找到合适的大型野生木材，考虑到环保生态因素，砍伐林木用于实验也不现实；从燃烧效果考虑，使用木料作为燃料不会对实验结果造成产生影响。

四　实验过程

实验地点选择在 8 号地点西南方约 1000 米的一处沟壑内的平整台地，该地点处于水洞沟遗址公园管理处与 8 号地点直线距离的正中间，由于沟坎避风、沙，一方面利于我们对火塘燃烧过程的控制，另外也符合古人类选取临时栖息之所的条件，同时该地点土质为干燥的细砂，利于提高燃烧效率，也与水洞沟遗址 2 号地点发现火塘的地层类似（图 4.2）。地点坐标值：北纬 38°17′22.4″，东经 106°30′31.7″。

热处理模拟实验使用两种火塘：高投入火塘，圆形弧底，深 20 厘米，顶面直径 60 厘米，底面直径 35 厘米，烟道 20 厘米×20 厘米，通风口宽 25 厘米，火塘周围以直径 10 厘米以上的大型砾石垒砌成挡风墙，同时也能减慢木材燃烧释放的能量扩散，通风口和烟道均可用扁平砾石封盖以调节氧气的输入，类似于煤炉的工作原理；低投入火塘，圆形浅弧底，深 10 厘米，顶面直径 60 厘米，底面直径 40 厘米，无高投入火塘的辅助调节功能（图 4.3）。

图4.2　实验过程图

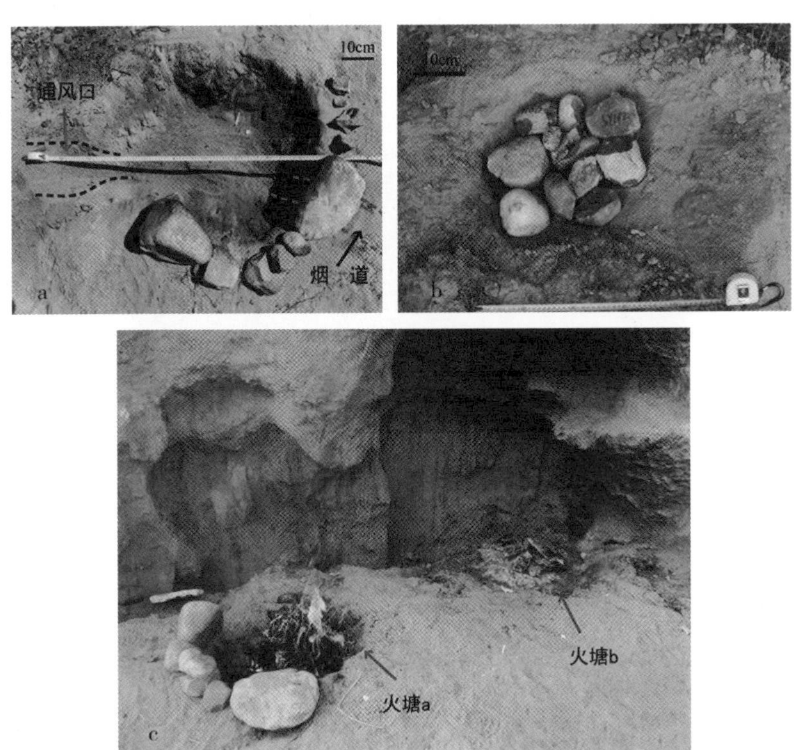

图4.3　实验火塘

a. 高投入火塘　b. 低投入火塘　c. 实验中的火塘

两种类型的火塘在实验过程中共经历 5 次完整的热处理事件，以 H（hearth）为代号，分别为 H1、H2、H3、H4 和 H5，其中 H1 和 H2 在低投入火塘完成热处理，H3、H4、H5 在高投入火塘完成热处理（见图 4.3）。

固体燃烧的类型较多，热处理一般持续十几个小时，其间不同的燃烧形式会交替出现：最开始引燃，木材先是受热蒸发掉水分，析出二氧化碳等不燃气体，然后外层开始分解出可燃的气态产物，同时放出热量，开始剧烈氧化，直到出现火焰。此时木材开始进行分解燃烧，这是指在燃烧过程中可燃物首先遇热分解，分解产物和氧反应产生燃烧，如木材、煤、纸等固体可燃物的燃烧。经历着火燃烧过程后，如果不持续放入新鲜木料，可能转入表面燃烧，这是指燃烧在空气和固体表面接触部位进行。例如，木材燃烧，最后分解不出可燃气体，只剩下固体炭，燃烧在空气和固体炭表面接触部分进行，它能产生红热的表面，不产生火焰。为了使火塘慢速降温，可能在表面燃烧结束前，将火塘以沙土覆盖，此时剩余燃料以阴燃形式继续燃烧，阴燃是指一些固体可燃物在空气不流通，加热温度低或可燃物含水多等条件下发生的只冒烟无火焰的燃烧。实验燃烧大体经历了以上过程，慢速降温多以阴燃的方式实现。实验过程中，每隔 5～10 分钟测量一次温度。燃料的投放以维持火塘明火为原则，在保持火焰的情况下尽可能维持燃烧温度的稳定。以下具体介绍每个火塘的实验过程。

H1（低投入火塘）：将 16 件砾石标本放入火塘底部，以细沙覆盖避免与燃烧物直接接触，实验标本含白云岩 7 件、燧石 5 件、石英砂岩 3 件和 1 件石英岩。火塘内放置干燥易燃灌木，其上架设木材后点燃。初始温度 80℃，最高温度 580℃。燃烧开始 27 分钟后火塘中心温度达到 400℃，此时放入从 16 件砾石标本上剥落的石片。实验过程中，火塘燃烧进行约 1 小时 30 分钟时温度达到最高，明火燃烧持续 2 小时 7 分钟，温度为 440℃时用干燥沙土覆盖，明火熄灭，然后以阴燃形式慢速降温冷却，5 分钟后测量火塘中心温度为 365℃，持续 12 小时 40 分钟，标本取出时温度为 33℃，露天置于沙地上 10 分钟后标本温度降为 18℃，与此时户外温度一致。白云岩降温升温速率较石英砂岩快。热处理原料完整，无破裂和裂纹。

H2（低投入火塘）：将 19 件砾石标本放入火塘底部，以细沙覆盖避免与燃烧物直接接触，标本含白云岩 7 件、燧石 6 件、石英砂岩 5 件和 1 件石英岩。火塘内放置干燥易燃灌木，其上架设干燥木材，然后点燃。初始温度 75℃，石料最高温度 300℃（550℃①）。燃烧 34 分钟后火塘中心温度达到 280℃，此时放入从 19 件砾石标本上剥落的石片。实验过程中，燃烧进行约 4 小时 30 分钟时温度达到最高，明火燃烧 7 小时 45 分钟，温度为 210℃（550℃）时停止投入燃料，30 分钟后，温度为 210℃（400℃）时覆盖干燥沙土，明火熄灭，然后以阴燃形式慢速降温冷却，持续 15 小时 27 分钟（图 4.4）。标本取出时温度为 65℃，原料完整，无破裂和裂纹。

H3（高投入火塘）：将 14 件砾石标本放入火塘底部，以细沙覆盖避免与燃烧物直接接触，标本含白云岩 3 件、燧石 5 件、石英砂岩 4 件和 2 件石英岩。火塘内放置干燥易燃灌木，其上架设干燥木材，然后点燃。初始温度 80℃（260℃），石料最高温度 260℃（510℃）。实验过程中，2 小时 10 分钟时温度达到最高，明火燃烧持续 3 小时 10 分钟，温度为 250℃（460℃）时覆盖干燥沙土，明火熄灭，然后以阴燃形式慢速降温冷却，持续 14 小时 7 分钟。标本取出时温度 30℃，原料完整，无破裂和裂纹。

H4（高投入火塘）：将 7 件砾石标本放入火塘底部，以细沙覆盖避免与燃烧物直接接触，标本含白云岩 5 件、石英岩 2 件。火塘内放置干燥易燃灌木，其上架设干燥木材，然后点燃。初始温度 80℃（360℃），石料最高温度 325℃（650℃）。实验过程中，约 1 小时 30 分钟时温度达到最高，明火燃烧持续 7 小时 30 分钟，温度为 316℃（640℃）时覆盖干燥沙土，明火熄灭，然后以阴燃形式慢速降温冷却，持续 15 小时 18 分钟（见图 4.4）。标本取出时温度 50℃，原料完整，无破裂和裂纹。

H5（高投入火塘）：将 11 件砾石标本放入火塘底部，以细沙覆盖避免与燃烧物直接接触，标本含白云岩 4 件、燧石 6 件、石英岩 1 件。火塘内放置干燥易燃灌木，其上架设干燥木材，然后点燃。初始温度 130℃（360℃），石料最高温度 380℃（650℃）。实验过程中，约 6 小时 10 分钟时温度达到最高，明火燃烧持续 6 小时 40 分钟，温度为 470℃（350℃）时停止投入燃料，明火熄灭，以表面燃烧的形式直至自然熄灭，阴燃 7 小时 50 分钟后内部温度降至 133℃，6 小时 50 分钟后降至常温

① 括号内为燃料中心温度，下同。

16℃，持续 14 小时 40 分钟（见图 4.4）。原料完整，无破裂和裂纹。

H1～H5 热处理火塘实验完毕后，为了获取更多火塘燃烧温度、升降温速率等信息，于水洞沟遗址 2 号点对面的空旷沙地上构建低投入火塘 H6。

H6：投入燃料 2 小时候后最高温度 240℃（640℃），大部分燃料炭化之后覆盖沙土，1 小时后温度降为 300℃，3 小时 20 分钟后内部温度降至 150℃，较 H5 自然降温速度更快，5 小时 30 后内部温度由 150℃降至 65℃，此阶段温度降速较 H5 自然降温速度慢。13 小时后降至 22℃。

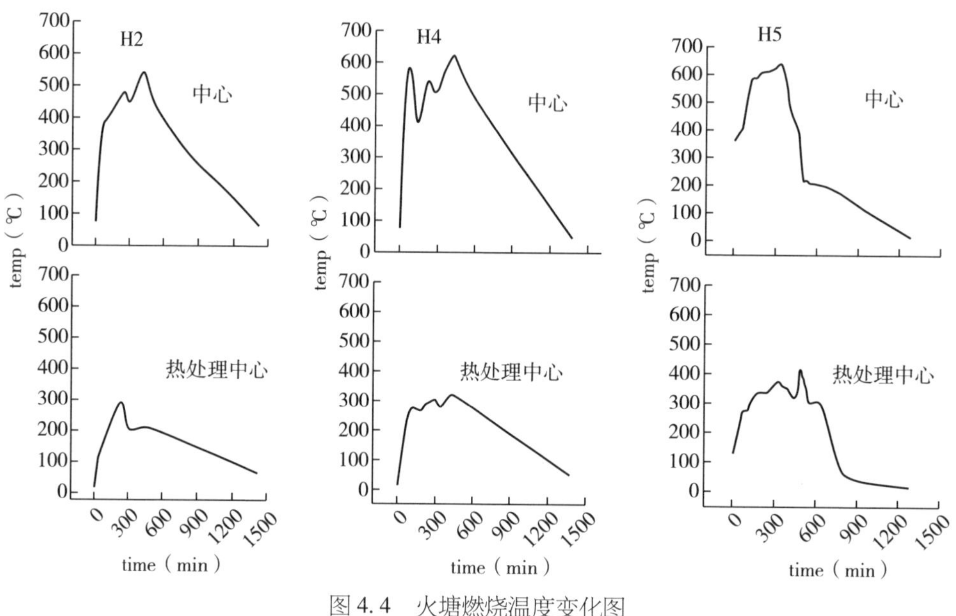

图 4.4　火塘燃烧温度变化图

五　实验结果

石制品热处理后肉眼可鉴定特征主要包括：颜色、光泽、破损。67 件原料样品中 55%的石料经过热处理后颜色趋于变红，部分石料肉眼即可观察到颜色改变，19%的石料颜色变化较小或趋于变淡，另有 26%的石料原始颜色和热处理后颜色都不属于红色系，多为深灰、灰白等色，颜色变化趋于变淡。所有原料当中，70%的白云岩颜色趋于变红，余下的 30%颜色趋于变淡。23%的燧石颜色趋于变红，剩余的 77%颜色趋于变淡，这种比例与大多燧石颜色为黑灰色，热处理后颜色趋于灰白或不变有关。

图 4.5（彩版一）　无意识加热石片

左：热处理后　右：热处理前

直接置于火塘中的 36 件石片，13 件经过热处理后颜色趋于变红，占 36%；7 件过度氧化颜色呈灰白色，占 20%；剩余的 16 件颜色趋于变淡或不明显。18 件经过火烧后表面呈现炭黑色，占 50%；10 件表面出现光泽，占 28%，其中 2 件石英岩、石英砂岩光泽为炭黑状态下石英颗粒闪耀光泽，剩余 8 件白云岩和燧石表面为油脂状光泽。6 件经过热处理后石片断裂或出现裂纹，占 17%，实验中曾观察到一件石片，直接投入燃烧温度为 400℃的火塘 1 分钟，即出现裂纹，同时 027 号石片经加热后，不但出现了破裂，其形态扭曲变形，断片无法拼合（图 4.5）。

整体上，未发现热处理石制品外部特征的变化与火塘的类型有关，高投入火塘与低投入火塘在热处理过程中，更多的区别是体现在燃烧的温度与对燃料燃烧能量的利用率上。高投入火塘在使用同样燃料的情况下，火塘中心和热处理石料中心温度更高，高温度持续的时间更长，这种特性是否对热处理的效果有所提升需要借助室内实验判断石料热处理的适宜温度后判定。火塘使用后，火塘壁土质坚硬，高投入火塘较低投入火塘相比尤为坚硬，这应该因其燃烧温度更高导致。

通过室外热处理实验，我们发现，水洞沟石料热处理后，颜色的改变与其他研究类似①，即颜色整体趋于变红，特别在白云岩上体现明显；而一些研究表示，燧石经过热处理，油脂性光泽出现概率较高②。本实验中，这种特性在直接投入火塘中的石片上体现较为明显，但覆盖沙土进行热处理的石料并未观察到明显的油脂性光泽；同时，热处理过程中出现较多的茶壶盖状破损在本次室外实验中未出现，破碎主要发生在直接置于火塘中的石片上，覆盖沙土进行热处理的石料没有一件破损。因此我们认为，只要将石料与燃烧隔离得当，匀速升、降温可以有效地避免的热处理过程中石料的破损（附表1）。

除此之外，室外热处理实验结果能够帮助我们有效地区分人为热处理石制品和无意识加热的石制品。实验中直接投入火塘中的石片可以被视作古人类无意识掉落火塘中的石制品，这些石片的加热过程与人类有意识的热处理存在较大不同：它们加热的初始温度较高，一般在300℃以上；同时加热过程中火焰温度较高，一般在500℃以上，本次实验中最高可达650℃，据高星等关于12号地点烧石的实验，使用炉灶加热温度可达800℃；而且这种加热方式石制品直接与燃料接触。综合这些特点，无意识加热石制品尽管会发生颜色的改变，同时出现油脂状光泽，但会伴随裂纹、破损，破裂程度从1级到4级不等，同时部分石制品表面呈炭黑色③。这些特征在有意识热处理石料中极少出现。这种特征可以帮助我们区分热处理石制品和无意识加热石制品。

---

① Ahler SA, Heat treatment of knife river flint; Price TD, Chappell C, Ives DJ, Thermal alteration in Mesolithic assemblages; Purdy BA, 1974. Investigations concerning the thermal alternation of silica minerals: an archaeological approach. *Tebiwa*, 17; Rick JW, *Heat altered cherts of the Lower Illinois Valley: An Experimental Study in Prehistoric Technology*.

② Mandeville MD, A consideration of the thermal pretreatment of chert; Ahler SA, Heat treatment of knife river flint; Rick JW, Chappell D, Thermal alteration of silica materials in technological and functional perspective; Price TD, Chappell C, Ives DJ, Thermal alteration in Mesolithic assemblages; Purdy BA, Clark DE, Weathering of inorganic materials: Dating and other applications; Luedtke BE, *An Archaeologist's Guide to Chert and Flint-Archaeological research tools*: 7; Gryba EM, The case of the use of heat treated lithics in the production of fluted points by Folsom knappers; Domanski M, Webb J, A review of heat treatment research.

③ 高星、王惠民、刘德成等：《水洞沟第12地点古人类用火研究》。

第四节 室内实验

一 样品制备

实验原料同样来自2010年水洞沟遗址地质调查采集的砾石（图4.6）。挑选出质地与前文所述水洞沟室外实验砾石相当的原料共44件，其中7件为燧石、玉髓石片，其余37件为通体自然面的砾石，采集过程中打落部分石皮。37件砾石石料平均长123毫米，宽96毫米，厚63毫米；最大长210毫米，宽150毫米，厚120毫米；最小长30毫米，宽25毫米，厚20毫米。其中白云岩最多，27件，多为硅质含量较高的微晶白云岩，平均长126毫米，宽97毫米，厚63毫米。燧石2件，体积较小，多为燧石条带风化剥落后流水搬运磨圆成砾石，内部解理裂隙较多，平均长35毫米，宽27.5毫米，厚2.25毫米。石英砂岩4件，全部为粗晶岩类，平均长143毫米，宽123毫米，厚70毫米。石英岩4件，平均长123毫米，宽100毫米，厚76毫米。

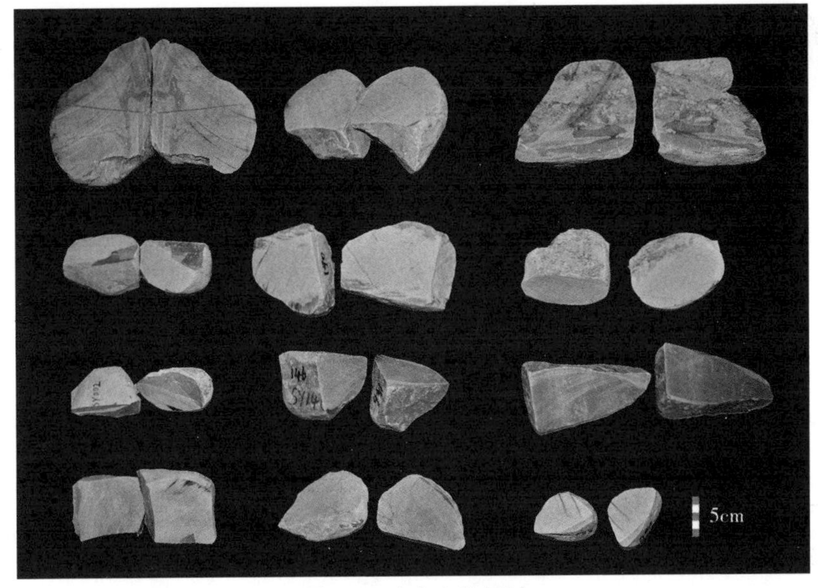

图4.6 室内实验原料

室内实验的首要目的是获取石料在不同温度、不同加热方式下进行热处理后，内、外部特征的变化信息。为了保证实验结果的准确客观，所有的原料在加热前被切割成几部分，其中1块留作原始样本，其余的进行不同温度的热处理。这种实验方式可以保证不同温度下的实验数据全部来自同一块砾石，可以大大降低砾石各向异性给对实验结果造成的影响。

二　实验设备

加热设备使用中国科学院大学人文学院考古学与人类学系的GW-300C箱式电阻炉。设计最高温度1200℃，加热到设定温度后自动停止，进入保温状态，温度低于设定时自动加热，此过程中存在约10℃左右的误差。

切割设备使用中国科学院古脊椎动物与古人类研究所技术室的CONRAD WOCO TOP500 A1-X自动切割机和CONRAD半自动切割机。该仪器使用金刚砂锯片，锯片宽约1毫米，切割过程中使用水冷降温。

样品颜色判定依据芒塞尔土色表，使用游标卡尺测量样品尺寸。

三　实验过程

实验以加热方式不同分为快速降温和慢速降温两种。在室外实验过程中我们发现，燃料点燃后温度很快能上升到200℃以上，因此室内实验在加热过程中，初始温度一般为100℃或200℃，之后以50℃每小时匀速提高温度，达到实验预设温度后一般保持2小时，这种加热方式符合古人类使用火塘进行热处理的实际情况。降温过程则采取快速和慢速两种形式。以下具体介绍不同温度的实验过程。

550℃慢速降温实验。实验样品177、149、088、055、037、193、160、190、191、153、173、146、160、150、079、053、192、048、002、013、189，由室温开始加热，至100℃时保持1小时，然后加热至200℃保持1小时，此后以50℃/小时的增温速度加热至550℃保持2小时，然后关闭电阻炉电源，标本留在电阻炉内，缓慢降温，冷却10小时，取出时温度150℃~170℃。

550℃快速降温实验。实验样品193、192，耗时1小时由常温直接升温至550℃，然后持续加热2小时，之后取出在室温下快速冷却。

500℃快速降温实验。实验样品001、073，由室温开始加热，至200℃保持1小时，然后加热至300℃，保持1小时，以此速率直至500℃，保持2小时，然后从电阻炉中取出，在室温下自然冷却。最高温度可以达到527℃。石片在40分钟内降至室温。样品岩块则需要数小时，石片为白云岩加热过程中劈裂，但不见其他研究所描述的壶盖状裂片，断面为解理面。

500℃慢速降温实验。实验样品196、200，由室温开始加热，至100℃时保持1小时，然后加热至200℃保持1小时，此后以50℃/小时的速度加热至500℃保持2小时，然后关闭电阻炉电源，标本留在电阻炉内，缓慢降温，冷却时间14小时，取出温度90℃。

450℃慢速降温实验1号。实验样品023、198，由室温开始加热，至100℃时保持1小时，然后加热至200℃保持1小时，此后以50℃/小时的速度加热至450℃保持2小时，然后关闭电阻炉电源，标本留在电阻炉内，缓慢降温，冷却时间15小时，标本取出时温度90℃。

450℃慢速降温实验2号。实验样品160、073、193、202、150、079，由室温开始加热，至100℃时保持1小时，然后加热至200℃保持1小时，此后以50℃/小时的速度加热至450℃保持2小时，然后关闭电阻炉电源，标本留在电阻炉内，缓慢降温，冷却时间15小时，取出时标本温度50℃。

450℃慢速降温实验3号。实验样品129、100、105、106、107、113-1燧石石片，139、石片1、石片2，由室温开始加热，至100℃时保持1小时，此后以50℃/小时的速度加热至450℃保持2小时，然后关闭电阻炉电源，标本留在电阻炉内，缓慢降温，冷却时间15小时，取出时标本温度50℃。

450℃快速降温实验。实验样品202、193，耗时1小时由常温直接升温至450℃，然后持续加热2小时，之后取出在室温下快速冷却。

400℃慢速降温实验1号。实验样品199、202，由室温开始加热，至100℃时保持1小时，然后加热至200℃保持1小时，此后以50℃/小时的速度加热至400℃保持2小时，然后关闭电阻炉电源，标本留在电阻炉内，缓慢降温，耗时17小时，冷却至室温取出。

400℃慢速降温实验 2 号。实验样品 050 打制实验石核、077 白云岩、197 白云岩，由室温开始加热，至 100℃时保持 1 小时，此后以 50℃/小时的速度加热至 400℃保持 2 小时，然后关闭电阻炉电源，标本留在电阻炉内，缓慢降温，冷却时间 15 小时，取出时标本温度 50℃。

350℃慢速降温实验 1 号。050 白云岩、197 白云岩，由室温开始加热，至 100℃时保持 1 小时，此后以 50℃/小时的速度加热至 350℃保持 2 小时，然后关闭电阻炉电源，标本留在电阻炉内，缓慢降温，冷却时间 15 小时，取出时标本温度 50℃。

350℃慢速降温实验 2 号。077 白云岩，由室温开始加热，至 100℃时保持 1 小时，此后以 50℃/小时的速度加热至 350℃保持 2 小时，然后关闭电阻炉电源，标本留在电阻炉内，缓慢降温，冷却时间 15 小时，取出时标本温度 30℃。

350℃慢速降温实验 3 号。202 打制实验石核，由室温开始加热，至 100℃时保持 1 小时，此后以 50℃/小时的速度加热至 350℃保持 2 小时，然后关闭电阻炉电源，标本留在电阻炉内，缓慢降温，冷却时间 15 小时，取出时标本温度 60℃。

300℃慢速降温实验。实验样品 141 燧石、201 白云岩，由室温开始加热，至 100℃时保持 1 小时，此后以 50℃/小时的速度加热至 300℃保持 2 小时，然后关闭电阻炉电源，标本留在电阻炉内，缓慢降温，冷却时间 15 小时，取出时标本温度 35℃。

四　实验结果

经过热处理的实验样品 59 件，颜色趋于变红 38 件，占 64%。经 550℃慢速热处理的岩石共 24 件，其中颜色趋于变红的 14 件，占 58%；白云岩 16 件，颜色趋于变红 12 件，占 75%；石英砂岩 4 件，颜色变化较小；石英岩 4 件，颜色趋于变红 2 件。① 经 500℃热处理的岩石 2 件全部为白云岩，颜色都趋于变红；经 450℃热处理岩石 13 件，其中颜色趋于变红者 6 件，占 46%；白云岩 5 件，4 件趋于变红，占 80%；燧石 7 件，1 件趋于变红；玉髓 1 件，颜色趋于变红。经过 400℃热处理 5 件，3 件颜色趋于变红，占 60%，全部为白云岩。经 350℃热处理岩石 4 件，全部为白云岩，颜

① 实验中为提升成功率，将个别岩块分为多块，因此总件数大于原料编号数。

色全部趋于变红。经 300℃热处理岩石 3 件，颜色全部趋于变红，其中白云岩 1 件，燧石 1 件。快速降温热处理岩石共 6 件，全部为白云岩，热处理温度 450℃～550℃不等，颜色都趋于变红（图 4.7～4.9）。

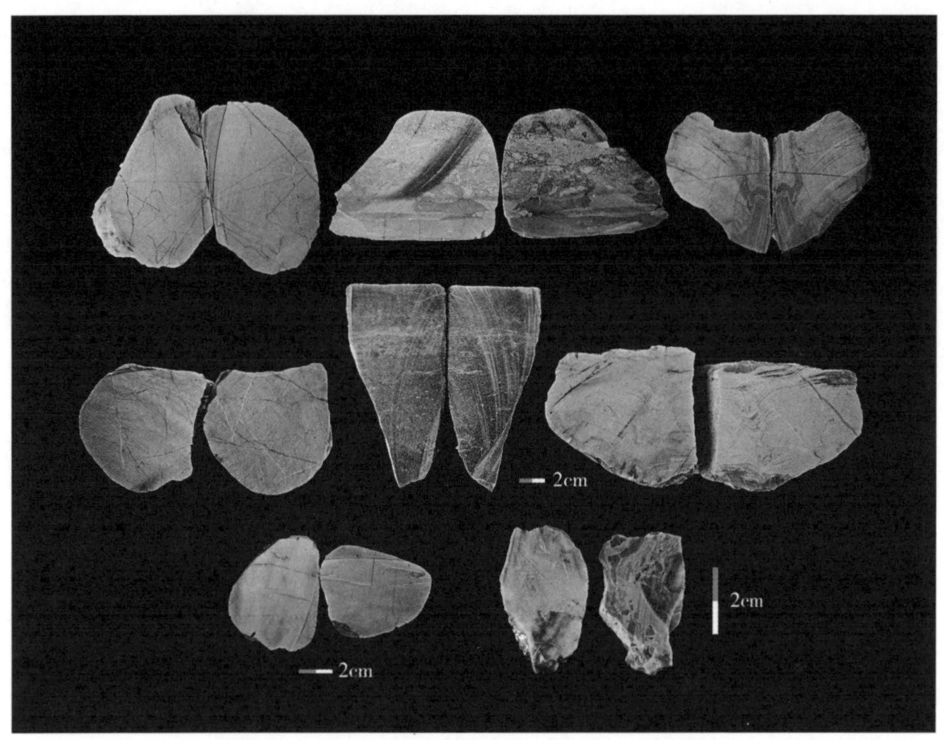

图 4.7（彩版一）　室内实验标本热处理前后对比

左：热处理后　右：热处理前

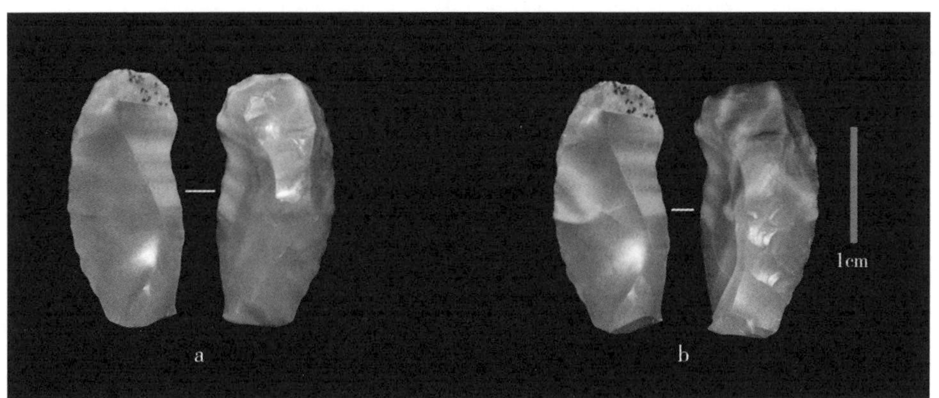

图 4.8（彩版二）　室内实验燧石标本热处理前后对比

a. 热处理前　b. 热处理后

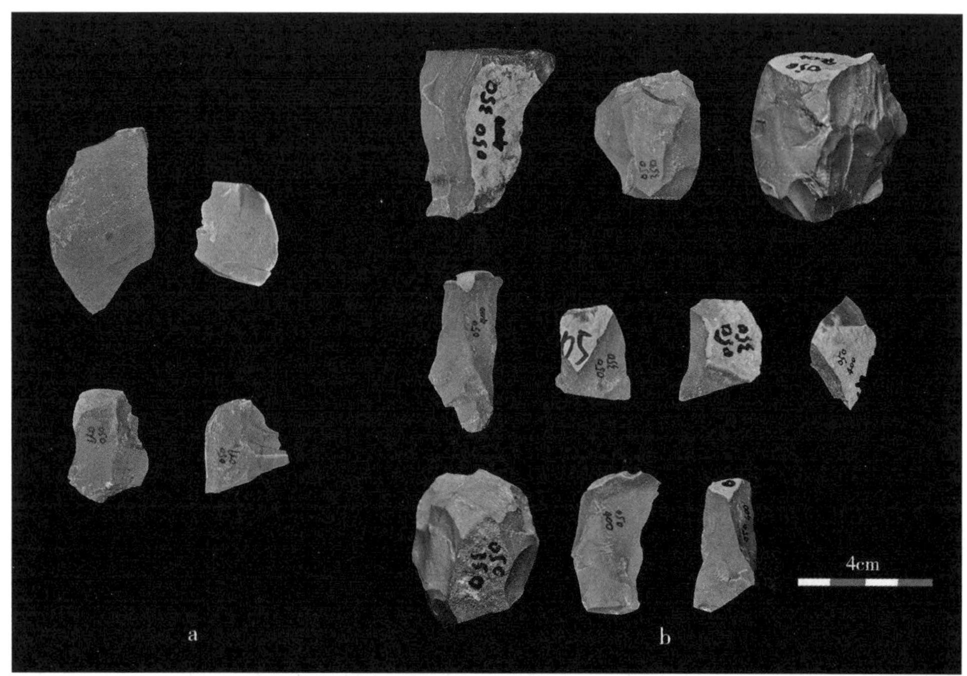

图4.9（彩版二）　室内实验白云岩标本热处理前后对比
a. 白云岩热处理前　b. 白云岩热处理后

通过实验结果我们发现，六成以上的热处理石料颜色发生了改变，总体上趋于变红（附表2）。整体上看，不同温度下热处理石料颜色改变的区别不大，虽然经过300℃~400℃热处理的石料颜色全部趋于变红，但是由于标本统计基数比较小，目前仅初步认为在这个温度区域内，热处理对石料颜色的改变较大。尽管并不是全部标本经过热处理后颜色都趋于变红，但是在没有其他外部特征鉴别热处理石制品时，颜色的变化可以作为一项精确度较低的判断标准。需要说明的是，本次热处理实验使用的燧石原料大多为燧石条带崩裂后，在搬运过程中磨圆的小型个体，含杂质、裂隙较多，与水洞沟遗址出土石制品所使用的燧石有一定的区别，因此有关燧石热处理的结论仍有待讨论。150号标本定为硅质含量较高的白云岩，实际上该标本含有非常纯净、裂隙较少的燧石条带，经450℃热处理后，该部分燧石颜色变红非常明显。

59件经过热处理的实验样品，仅有4件发生了破裂，其中1件出现茶壶盖状裂片，比例仅为6%，因此我们认为，只要在热处理过程中控制温度匀速改变，避免标本与明火直接接触可以有效地避免破损事故。当遗址中出现较多因受热破裂的石制品，更可能是由无意识的加热行为造成。

第五章　热处理实验石料测试分析

通过实验，我们发现热处理会改变石料的外部特征，而内部结构的改变需要通过一系列实验室检测工作来鉴别。我们将使用 X 射线荧光（XRF）和 X 射线衍射（XRD）分析法来判断热处理前后岩石的物质成分、物相、晶体结构是否发生变化；通过单轴抗压强度试验检测石料力学性能的变化；最后结合显微观察进一步探索这些变化的特征和原因。

第一节　X 射线荧光分析

一　样品制备

由于 XRF 是一种无损测量物质成分的方法，因此只要样品体积不超过仪器样品室的容纳空间，理论上就可以用来测试。为了保证测试结果的准确，测试前需对标本进行清理，清洗掉样品表面污垢之后，将样品置于酒精中经超声波清洗干净，烘干后即可作为待测样品。测试时，将待测样品置于仪器的样品室中，选取表面曲率小的平面作为被测平面，水平向下放置，根据 CCD 图像调整好待测点位置。关闭样品室，抽真空，加 X 光管电压、电流。本次测试针对 13 组热处理标本，共计 33 个岩石粉末样品进行了 XRF 分析，其中白云岩 5 组、燧石 6 组、玉髓 1 组、石英砂岩 1 组。

二　实验设备

样品成分的测试工作在中国文化遗产研究院进行，仪器为日本岛津公司生产的800HS型能量色散X射线荧光光谱仪。仪器基本配置为：侧窗铑（Rh）靶、50W小功率X光管、下照射式、可调光斑1~10毫米、Si（Li）探测器、样品室大小为300毫米×150毫米。

考虑到样品的大小不一，为便于比较，本研究测试条件统一采用1毫米直径的光斑，真空光路，气压小于30Pa，X光管的管流/管压设置为50kV/800mA，收谱时间100s，死时间为25%。

三　实验结果

根据实验结果我们发现，水洞沟遗址区的白云岩主要物质成分为CaO和SiO_2，并包含少量的MgO、Fe_2O_3；燧石主要成分为SiO_2，并包含少量CaO和Fe_2O_3；石英岩和石英砂岩的主要成分为SiO_2和CaO，并包含少量的MgO、Fe_2O_3（附表3）。6组岩石样品热处理后，物质成分发生了明显改变，其中5组为白云岩样品，1组为燧石，其余的岩石物质成分变化较小。通过数据我们发现，热处理只会造成物质成分比例的变化，没有造成组成物质种类的变化，且发生变化的样品具有一定的规律性：即白云岩在加热到350℃~400℃之间时SiO_2比例明显提高，加热到450℃以上时CaO比例明显提高。石器打制过程中，石料硅质含量越高越利于打制，如燧石、玉髓等，因此白云岩在以450℃~350℃进行热处理时效果最好。石料热处理后颜色趋于变红可能与Fe_2O_3随温度升高颜色变为深红有关。由于XRF分析的结果精度较低，物质成分未发生明显改变的样品不代表其内部结构也没发生改变，因此需要结合精度更高的XRD分析结果进一步解释。而且XRF分析一般结合XRD结果进行讨论。

第二节　X射线衍射分析

一　样品制备

根据衍射仪的工作原理，我们采用精度较高的X射线粉末衍射法。该方法使用平板试样，试验过程中，试样表面始终与聚焦圆相切，即聚焦圆圆心永远位于试样表面的法线上，即当试样表面与入射线成θ角时，计数器正好处于2θ角的方位，衍射仪所探测的始终是与试样表面平行的那些衍射面。粉末衍射技术要求样品是十分细小的粉末颗粒，细粉末有利于抑制择优取向，粒度粗大的衍射强度低，峰形不好，分辨率低。一般要求磨成320目的粒度，约40微米，当没有320目的筛子时以手摸无颗粒感为宜。磨好的粉末均匀洒入带有毛面制样框的载玻片，压实抹平。粉末样品要求在3克左右。使试样在受X射线照射的区域有足够多数目的晶粒，粉末衍射要求样品表面是尽可能平整的平面，制样过程中，样品应尽可能地与样品板参考面平齐，不平整的试样面会引起衍射线的宽化、位移以及使强度产生复杂的变化。样品的厚度不均匀会引起衍射峰的位移和不对称的宽化，因此厚度尽量控制在1.5~2毫米。本次测试共制备岩石粉末样品48个。

二　实验设备

XRD测定仪器为中国文化遗产研究院的理学Rigaku D/max2200型X射线衍射仪。工作管压和管流分别为40kV和40mA，Cu靶。发散狭缝、防散射狭缝和接收狭缝分别为1°、1°和0.15毫米。制样工具为玛瑙研钵、铁砧、筛子、地质锤。

三　实验结果

由衍射仪获得的被测样品的原始衍射数据，是由一组按固定角度间隔顺序采集的强度数据。强度单位为计数（counts）或每秒计数（cps），相邻两个强度数据的角度间隔即“采数步宽”。实验数据使用 XRD 专业分析软件 MDI Jade5.0 进行解析，可以绘制出以 X 轴为衍射角度轴、Y 轴为强度轴的衍射图谱，将其与国际粉末衍射标准联合会（Joint Committee on Powder Diffraction Standards，缩写 JCPDS）负责编辑出版的粉末衍射卡片（PDF 卡片）对比，完成被测样品的定性分析工作；通过测量该衍射图谱的特定衍射峰面积，进行各组成物相之间的相对含量的定量测定。

水洞沟遗址区的白云岩主要成分为 CaO 和 SiO_2，物相为石英和白云石（图 5.1~5.4）；石英岩、石英砂岩和燧石的主要成分为 SiO_2，物相为石英（图 5.5~5.12）。通过上节 XRF 的检测结果和 XRD 测试我们发现，热处理并不会改变石料的物质成分，而是通过改变晶体的结构提升石料的性能。

X 射线衍射图谱显示，热处理对石制品的物质结构产生了影响，如图所示，一组原始样品与两组热处理样品的衍射峰位置完美重合，但强度发生了较大改变（图 5.13）。物相的衍射峰强度与该物相在样品中百分比含量成正比①，SiO_2 衍射峰强度的增加表明石料硅质程度增强、含量增高（图 5.14~5.17），这种改变能够提升石料的打制性能。

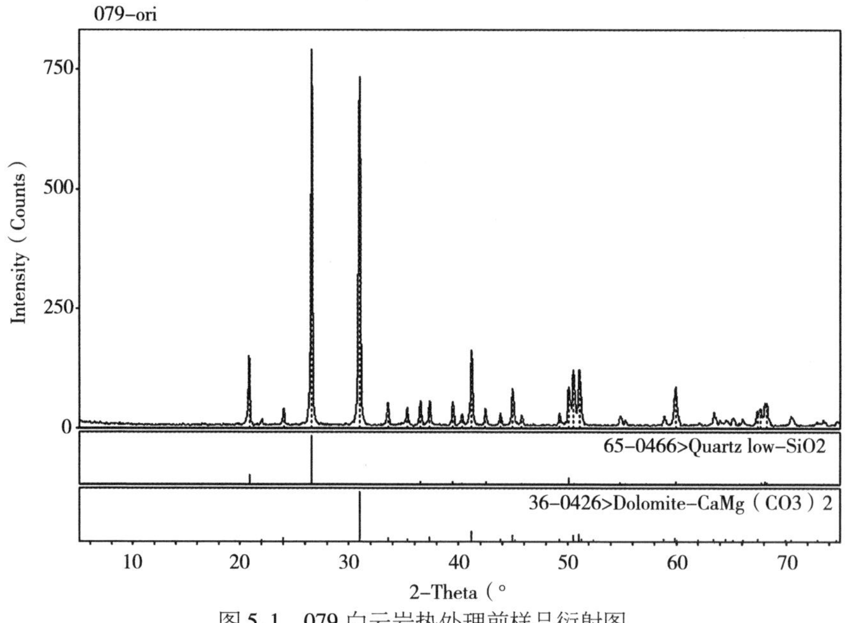

图 5.1　079 白云岩热处理前样品衍射图

① 周健、王河锦：《X 射线衍射峰五基本要素的物理学意义与应用》，《矿物学报》2002 年第 2 期。

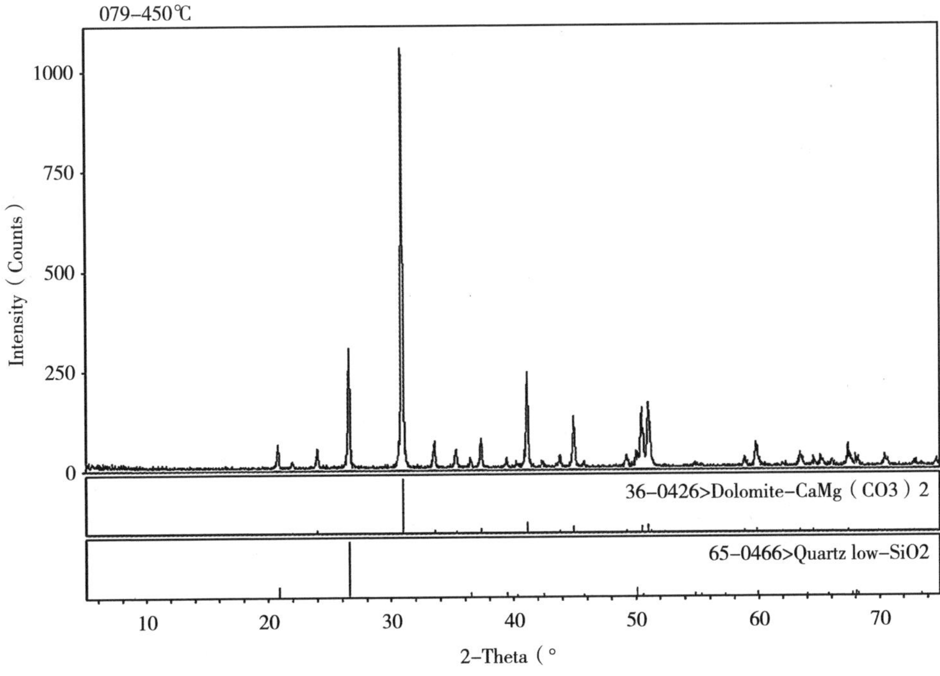

图 5.2 079 白云岩 450℃热处理样品衍射图

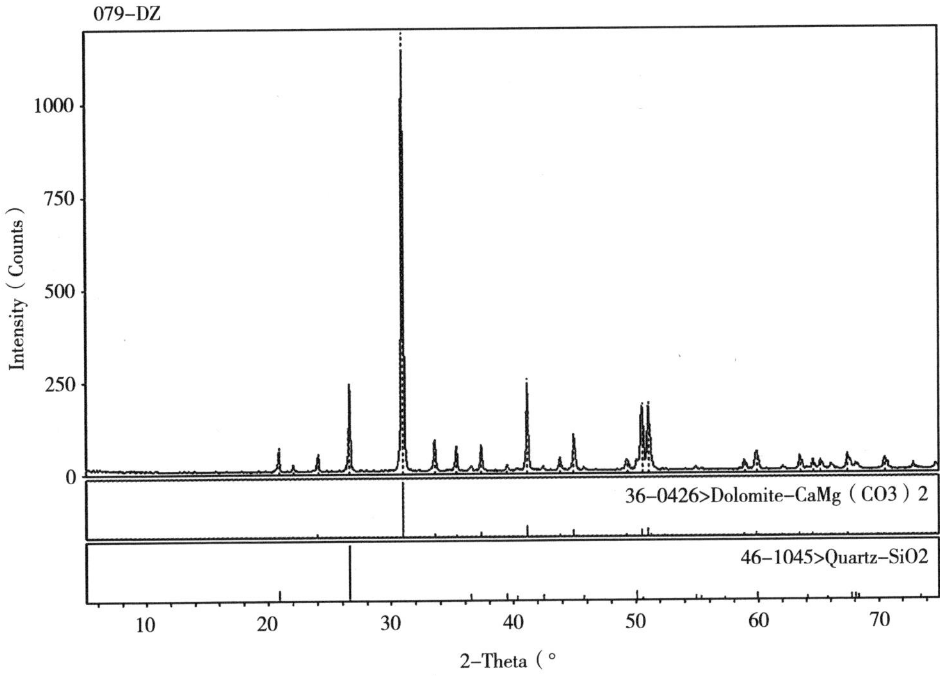

图 5.3 079 白云岩 550℃热处理样品衍射图

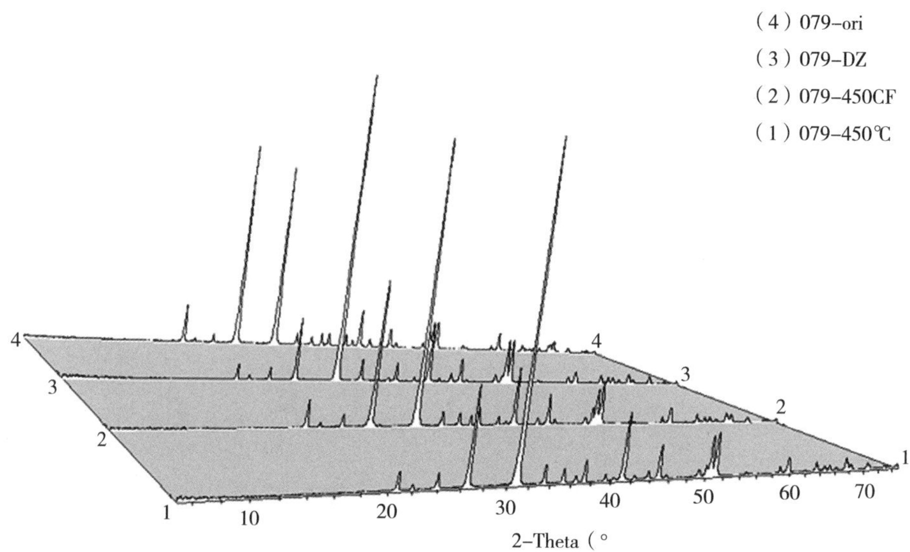

图 5.4　079 白云岩热处理前后衍射峰对比

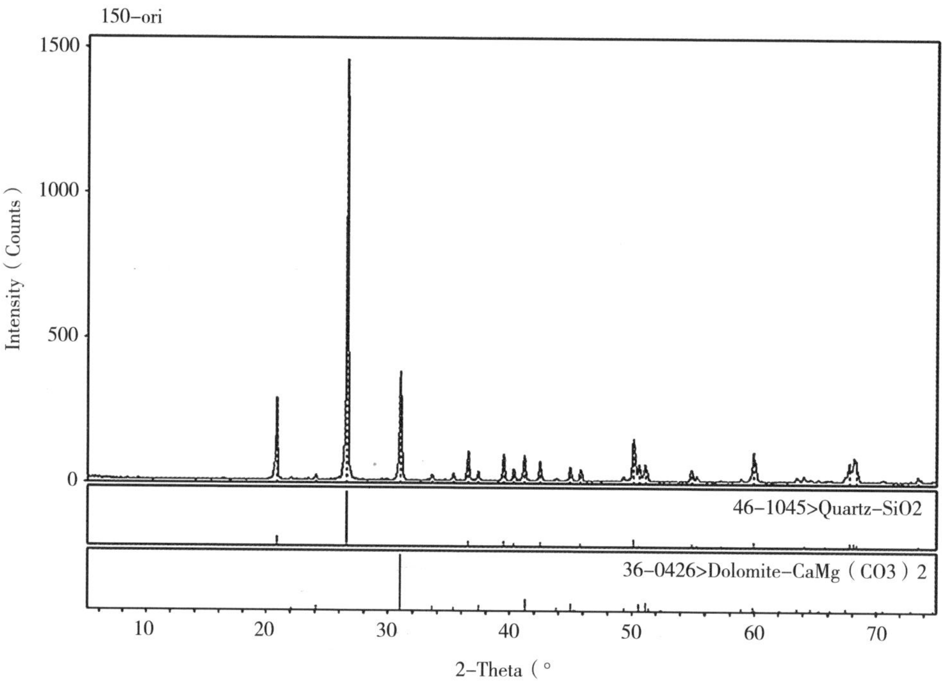

图 5.5　150 白云岩、燧石热处理前样品衍射图

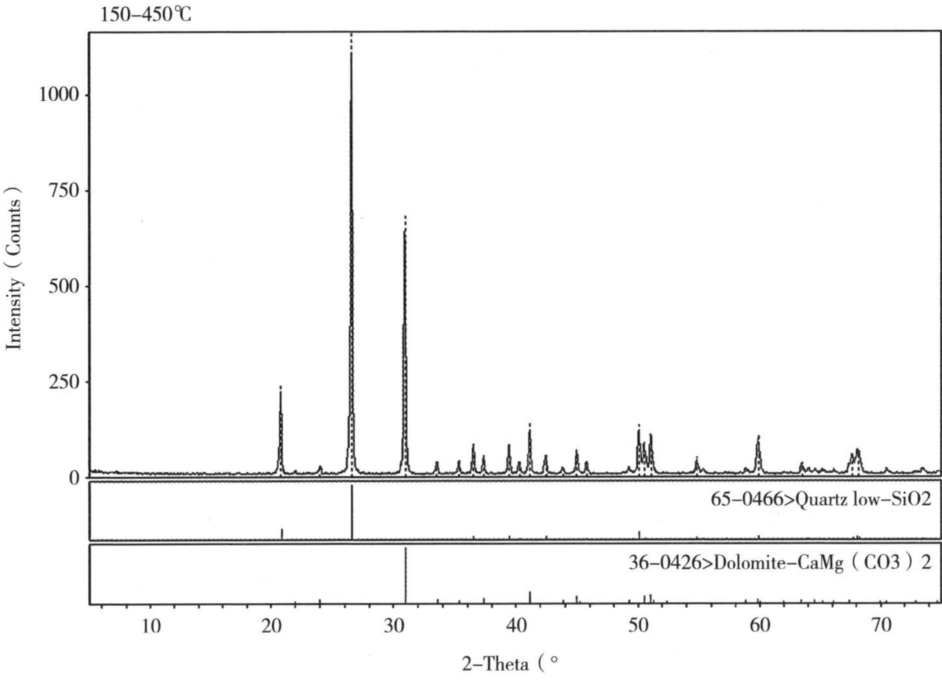

图 5.6　150 白云岩、燧石 450℃热处理样品衍射图

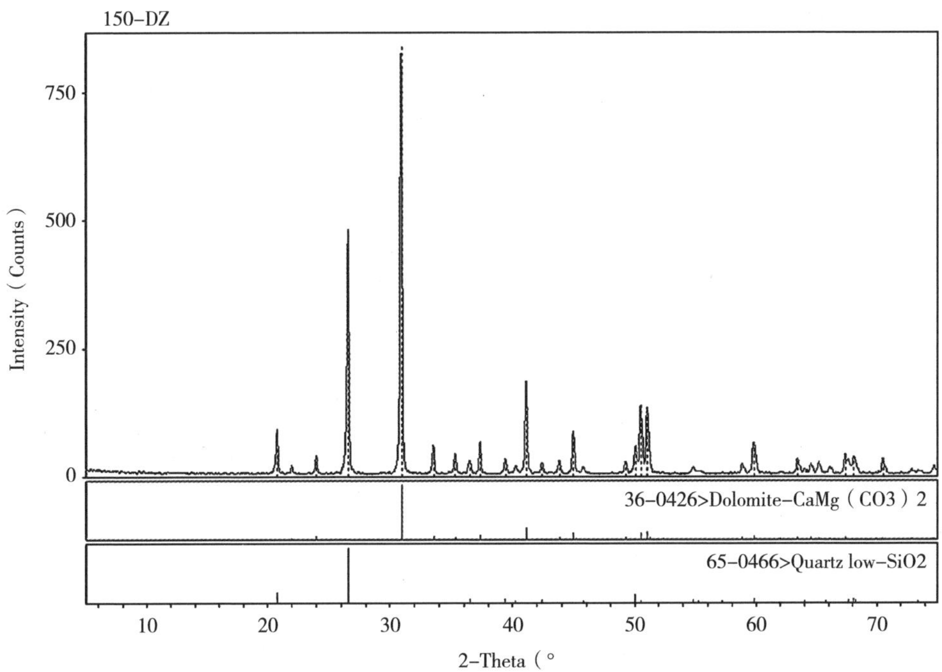

图 5.7　150 白云岩、燧石 550℃热处理样品衍射图

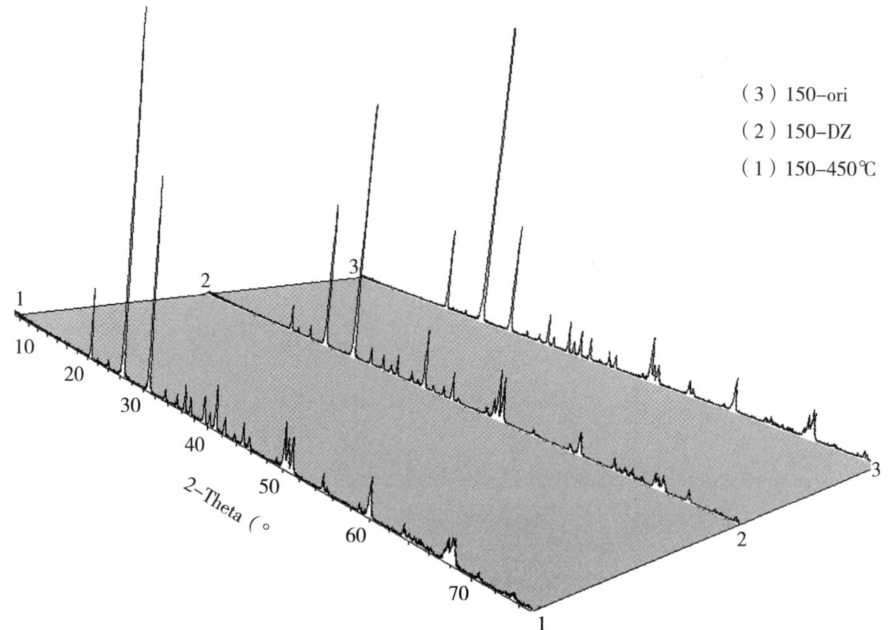

图 5.8　150 白云岩、燧石热处理前后衍射峰对比图

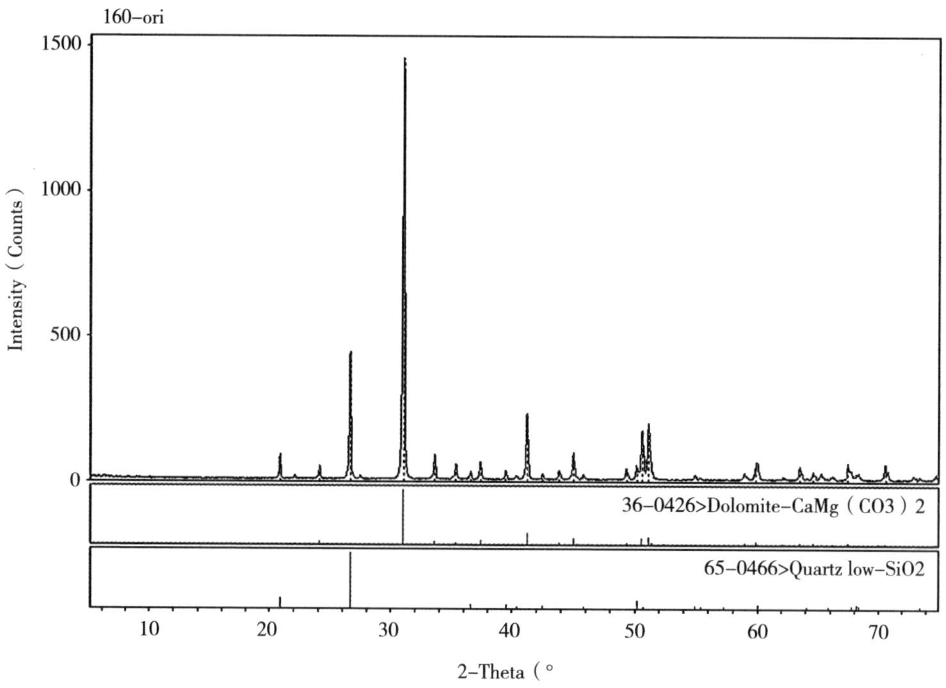

图 5.9　160 石英岩热处理前样品衍射图

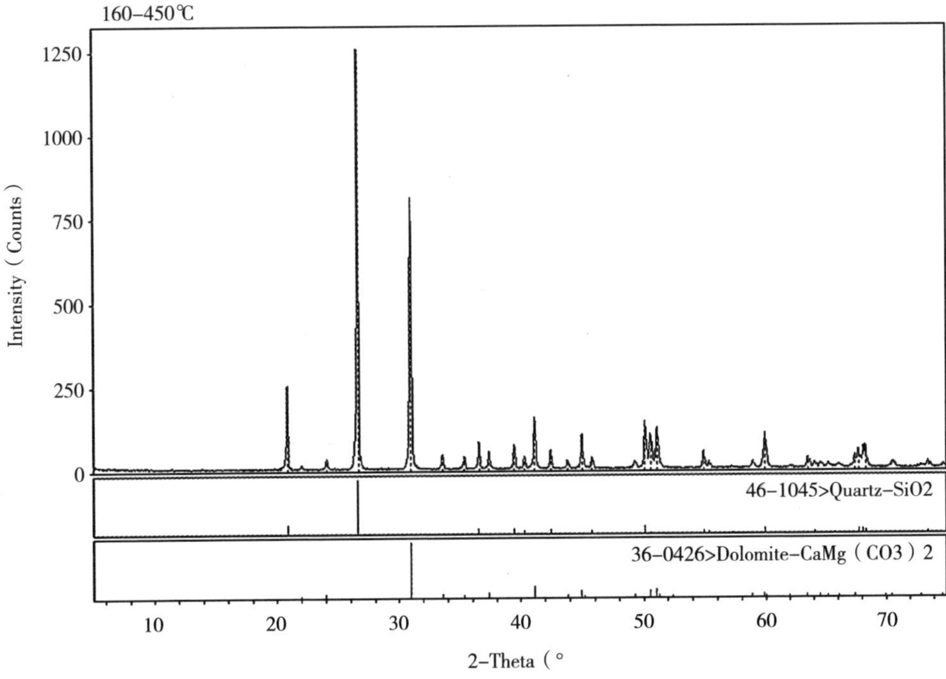

图 5.10　160 石英岩 450℃热处理样品衍射图

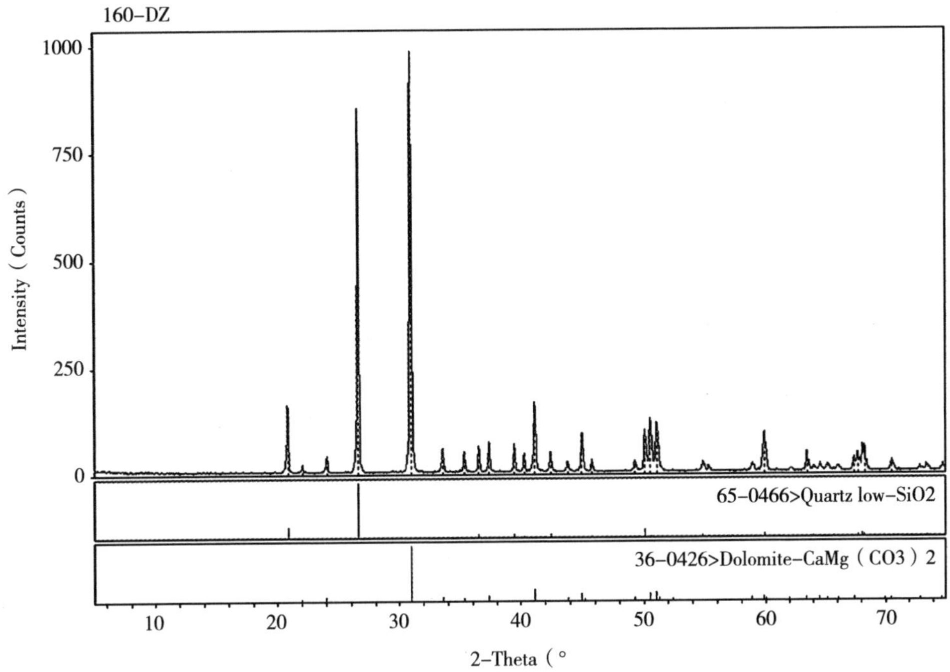

图 5.11　160 石英岩 550℃热处理样品衍射图

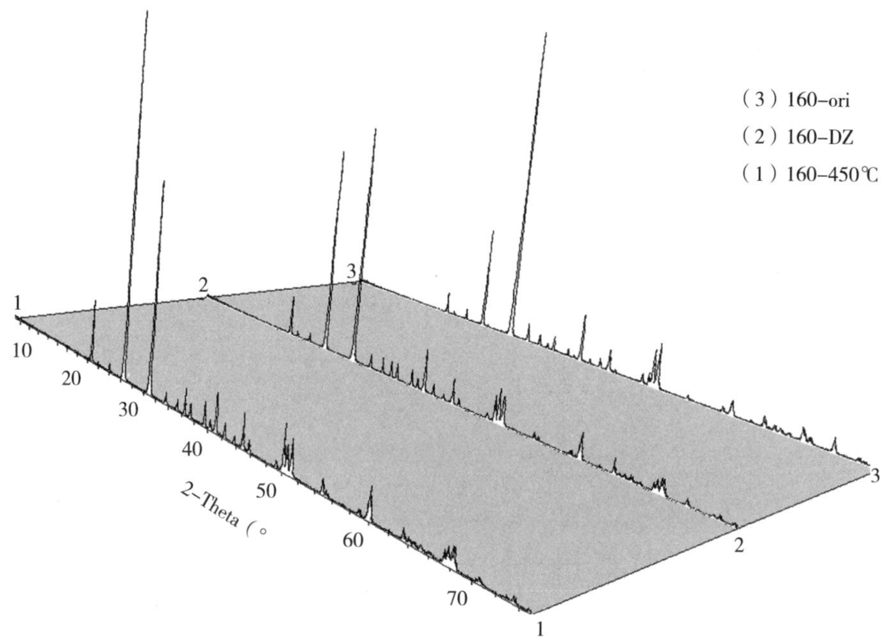

图 5.12　160 石英岩热处理前后衍射图对比

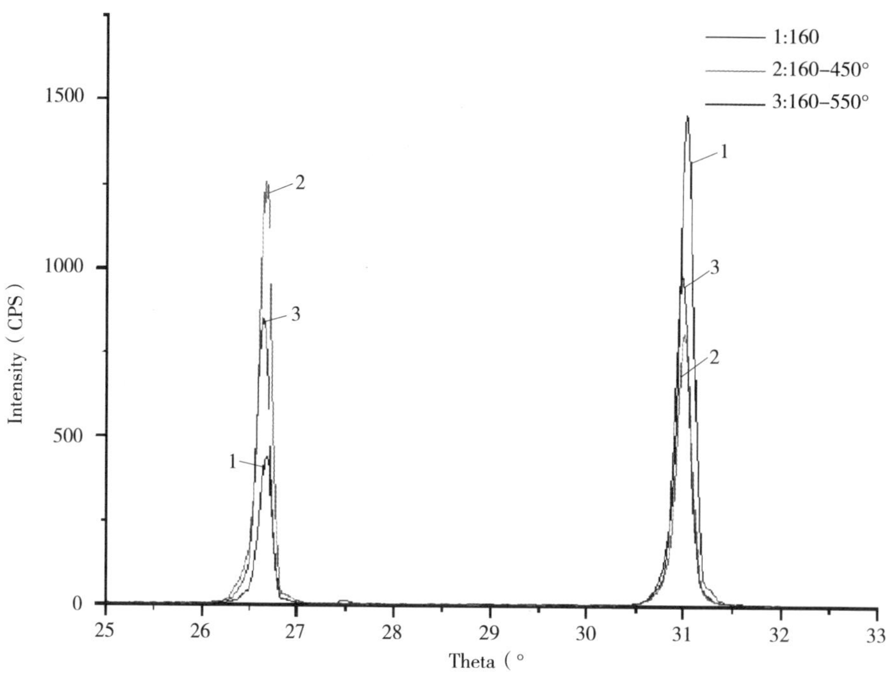

图 5.13　160 石英岩热处理前后样品衍射峰细节对比

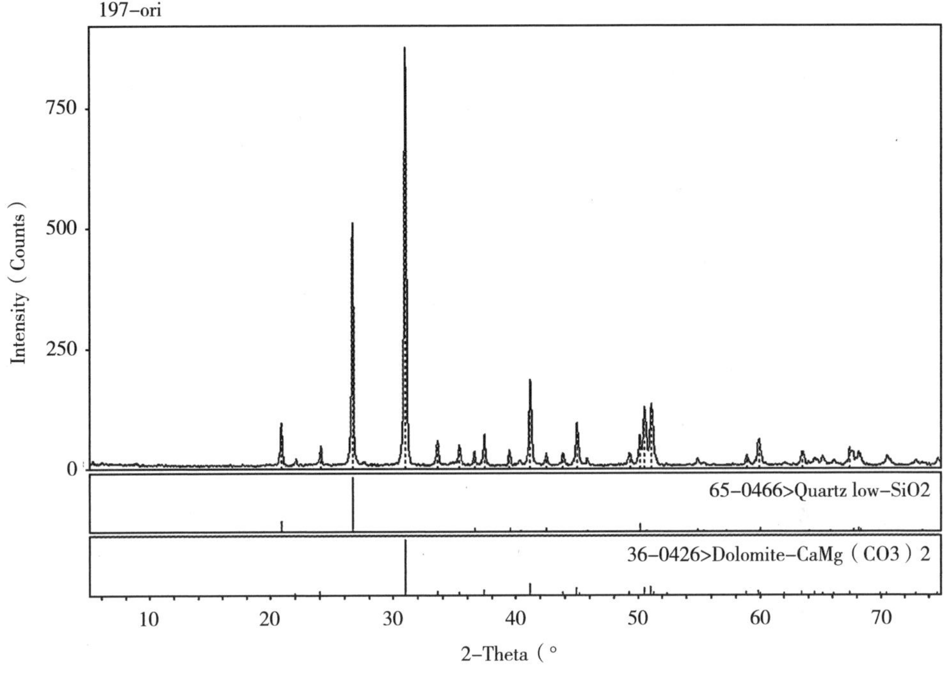

图 5.14　197 白云岩热处理前样品衍射图

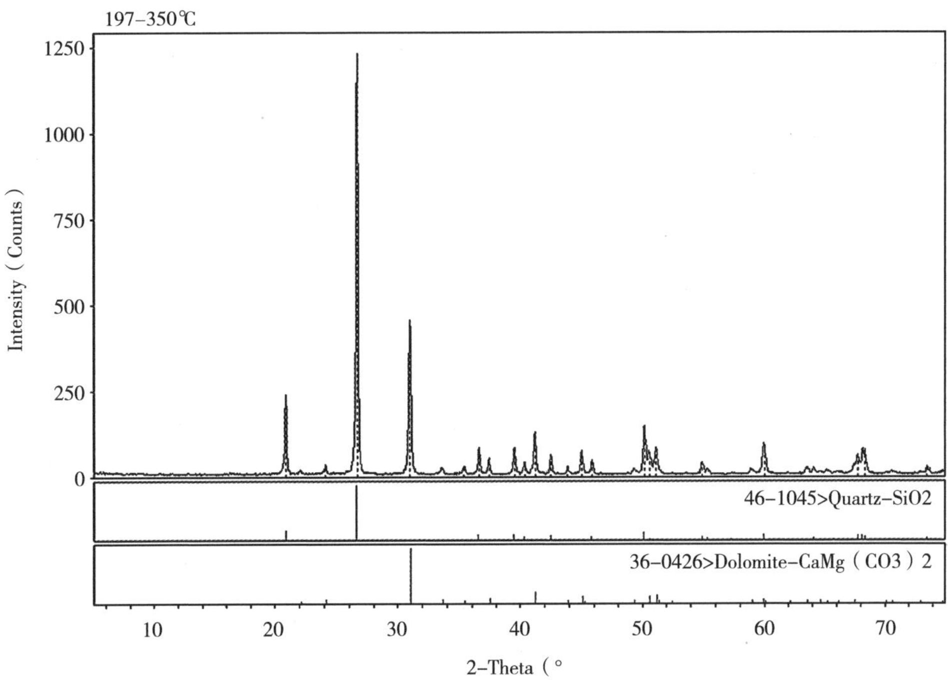

图 5.15　197 白云岩 350℃热处理样品衍射图

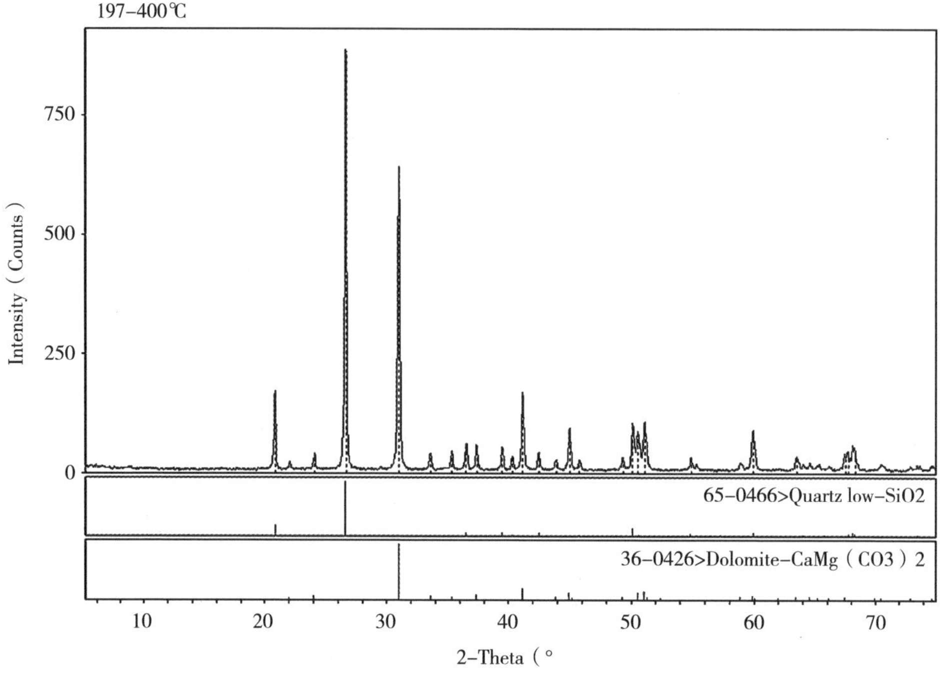

图 5.16　197 白云岩 400℃热处理样品衍射图

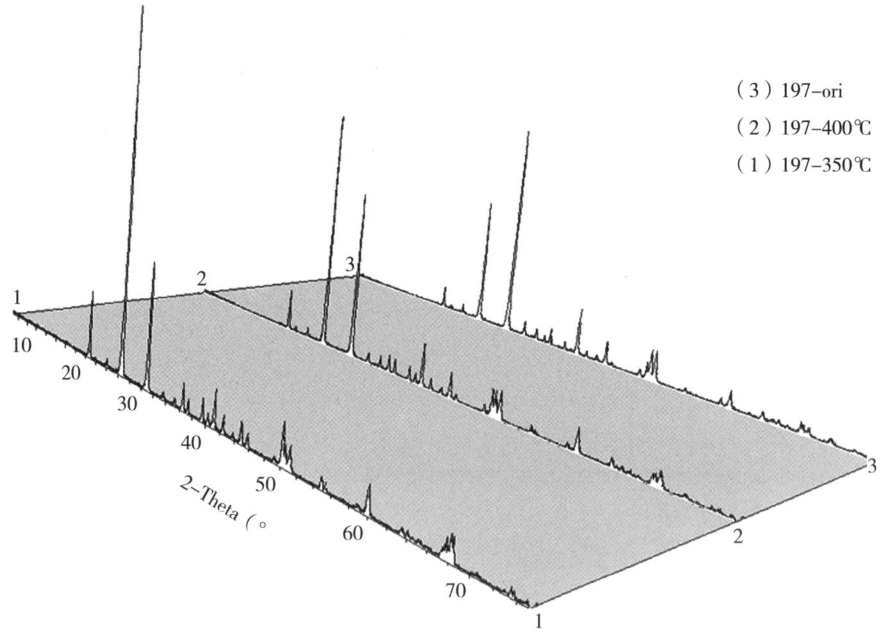

图 5.17　197 白云岩热处理前后衍射图对比

Domanski 等研究认为，峰形的变化指示了岩石结晶度的改变①。结晶度是 X 射线谱图中存在结晶部分和无定型部分时，结晶部分积分强度与（结晶部分+无定型部分）积分强度的比值，是一个相对值，有的时候可以指示样品的有序度，因此结晶度的变化指示了晶体是否均一有序②。结晶度越高表明试样晶粒较大，内部质点排列比较规则，衍射线强、尖锐且对称；结晶度差的晶体，往往晶粒过于细小，晶体中有位错等缺陷，结晶度越差，衍射峰越宽。一般来说，岩石的破裂实际是岩石晶体分离的过程，力的传导一般沿晶体的边缘发展，未经热处理的岩石晶体大小不一，力在传导过程中难以沿规律的方向行进，因此打制难度加大，打制过程中容易发生崩断事故；热处理后岩石结晶度变高，晶体的融合更好，晶体大小更均一，有利于力的传导，因此热处理的岩石强度降低，延性提高③。

本文通过 MDI Jade5. 0 软件计算样品的结晶度，石英衍射峰约为 26. 6°，白云石衍射峰约为 31°，计算公式：

$$结晶度 = \frac{衍射峰强度}{总强度} \times 100\%$$

28 件热处理样品中，17 件结晶度较原始样品提高，占 61%，结晶度提升最高达 456%，最低 3%，平均提升 68%；另有 11 件热处理后结晶度降低，降低最高 49%，最低 5%，平均降低 21%（附表 4）。结晶度降低的 11 件试样中，2 件来自石英岩、石英砂岩，5 件来自燧石，4 件为白云岩。室内热处理实验的 20 件样品中，14 件结晶度提高，占 70%；室外热处理实验的 8 件样品中，结晶度提高的仅 3 件，室外实验温度难以控制，高温维持时间较短可能是导致这种现象的主要原因。整体上看，大部分石料经过热处理后石英结晶度显著提高，白云石结晶度变化不大，无明显规律性。结晶度的提高表明晶体颗粒增大④。如前文所述，晶体颗粒与抗压强度呈反比，颗粒越大表明强度越低，从而降低了石料的打制难度。

XRD 检测结果与上节 XRF 结果一致，水洞沟遗址区的白云岩主要成分为 CaO 和

---

① Domanski M，Webb J，A review of heat treatment research.

② Brindley GW，1980. Order-disorder in clay mineral structures，In Brindley GW，Brown G（eds.），*Crystal Structure of Clay Minerals and Their X-ray Identification*，London：Mineralogical Society.

③ Domanski M，Webb J，A review of heat treatment research.

④ Domanski M，Webb J，A review of heat treatment research.

SiO_2，物相为石英和白云石；石英岩、石英砂岩和燧石的主要成分为 SiO_2，物相为石英。热处理通过提高石英衍射峰强度和结晶度来改变石料的打制性能，热处理后物质成分种类没有改变，组成比例以 SiO_2 含量增加发生有规律的变化。热处理温度在350℃~400℃之间时，上述变化最为明显。

第三节　岩石力学分析

一　样品制备

样品的尺寸从原则上应该遵从以下条件：应包括足够的能代表其物理性质的颗粒，同时避免包含可能影响测试结果的不连续结构。研究岩石力学性质的最普通方法是，采用长度为其直径的2~3倍的圆柱的轴向压缩，其尺寸和形状已有统一规定，被称为标准样品。岩石类样品或取样尺寸小于标准尺寸者，允许采用非标准试样，但高径比必须保持2∶1~2.5∶1。在岩石断裂力学实验中，常采用板状、块状样品，这种样品的尺寸和形状由研究内容而定，目前还没有统一规定。

试样数量视所要求的受力方向或含水状态而定，一般情况下必须制备3个，由于岩石为非均质、连续的材料，因此本研究中同一原料制备4个试样。

试样制备的精度，在试样整个高度上，直径误差不得超过0.3毫米。两端面的不平行度最大不超过0.05毫米。端面应垂直于试样轴线，最大偏差不超过0.25°。

在进行测试前需要测量试样的基本物理特征，应包括以下内容：

岩石名称、颜色、结构、矿物成分、颗粒大小、胶结物性质等特征；节理裂隙的发育程度及其分布，并记录受载方向与层理、片理及节理裂隙之间的关系。

试验前需要测量试样尺寸，除长、宽、高之外，还应计算试样的上、中、下横截面面积。并记录试样加工过程中的缺陷。

本次实验共制备125个长方体试样，分属31个岩石样本。为获取更加丰富多样的实验数据，样品还包括产自我国贵州、北京、湖北、甘肃与日本等地不同类型的石料。

二　实验设备

压力测试仪器使用较为普遍的压力试验机。压力机应满足下列要求：有足够的吨位，即能在总吨位的10%~90%之间进行试验，并能连续加载且无冲击；承压板面平整光滑且有足够的刚度，其中之一需具有球形座；承压板直径不小于试样直径，且也不宜大于试样直径的两倍；如大于两倍以上时需在试样上下端加辅助承压板，辅助承压板的刚度和平整光滑度应满足压力机承压板的要求，压力机的校正与检验应符合国家计量标准的规定。

本研究抗压测试仪器为美国MTS公司生产的型号MTS 810液压伺服材料实验机，工作环境温度为15℃，测试工作在中国科学院力学研究所非线性力学国家重点实验室完成。样品制作切割设备使用中国科学院古脊椎动物与古人类研究所技术室的CONRAD WOCO TOP500 A1-X自动切割机和CONRAD半自动切割机，该仪器使用金刚砂锯片，锯片宽约1毫米，切割过程中使用水冷降温。样品磨平使用岩石磨片机。

MTS810电液伺服材料试验机采用液压驱动作用轴运动，通过作用轴的位移而实现对试样的加载。作用轴位移通过电感式位移传感器LVDT（Linear Variable Displacement Transducer）测量，载荷通过应变式载荷传感器测量。其结构简图如图5.18所示。采用位移控制（即LVDT控制）方式进行测试。数据采样时间间隔为0.1秒。为回避机架变形对岩石变形测量的影响，采用应变式位移传感器COD（Crack Open Displacement）对上下压盘之间的位移进行直接测量（图5.19），并认为其测量值即为岩石变形量。

MTS 810液压伺服材料实验机采用美国MTS公司研发的软件平台实施数字控制，可跟踪记录实验情况和反馈信息，该试验机采用液压驱动，最大轴向载荷能力100kN位移行程150mm，最大拉伸速率250mm/s。可对材料或结构件施加单调载荷或循环载荷，进行单调拉伸、压缩、弯曲以及疲劳、断裂韧性等测试。配合环境温度箱和高温炉，可在不同温度下进行材料力学性能实验。配合远距离测量系统可进行在位观察实验。

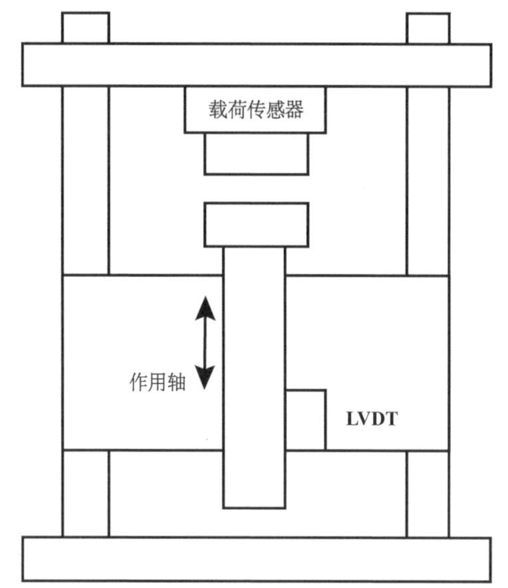

图 5.18　MTS810 电液伺服材料试验机结构简图

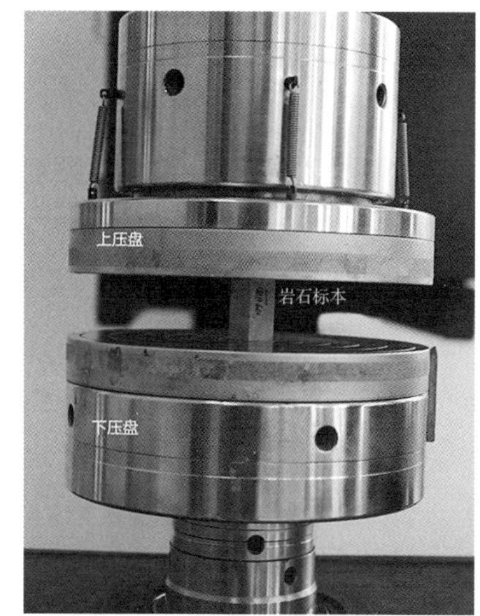

图 5.19　岩石压缩实验结构布置

样品颜色的观察使用芒塞尔土色表，样品尺寸的测量使用电子游标卡尺。

三　实验结果

单轴抗压试验主要用于测量岩石的应力与应变关系曲线和单轴抗压强度及残余强度，了解岩石的变形特性和强度大小，确定岩石的弹性变形参数（弹性模量，泊桑比）。单轴抗压实验是为研究岩石在单向压应力作用下的变形和破坏规律所进行的试验，试验过程中试件内部的应力状态始终保持为均匀的单向压应力状态，显然这是最简单的应力状态，因而该试验是最基本的岩石力学性质试验，也是测量岩石材料强度和变形特征最简单、最常用的方法。

岩石的单轴抗压强度是指岩石在无侧限条件下，受轴向压应力作用破坏时单位面积上所承受的极限荷载。当无侧限岩石试样在纵向压力作用下出现压缩破坏时，单位面积上所承受的载荷称为岩石的单轴抗压强度，即试样破坏时的最大载荷与垂直于加载方向的截面积之比。

本文按下式计算岩石单轴抗压强度：

$$\sigma_c = \frac{P}{A}$$

式中："σ_c"是岩石单轴抗压强度（MPa）；"P"是最大破坏载荷（N）；"A"是垂直于加载方向的试样横截面积（mm^2）。

125件样品全部进行单轴抗压试验，123件获取有效数据，2件试验失败。其中96份实验数据来自热处理实验原料，另外27份则来自甘肃李家城遗址的脉石英、花岗岩，贵州打儿窝和观音洞遗址的燧石，北京周口店和湖北丹江口北泰山庙遗址的脉石英及日本北海道的黑曜石。

1. 应力-应变曲线（stress-strain curve）分析

通过对数据的整理、制图分析，我们发现所有样品的全应力-应变曲线均出现了较明显的非线性变形，这主要是在初期加载过程中，岩石试样原有的张开性结构面或内部裂隙在压力作用下逐渐闭合，岩石被压密，形成非线性变形。随着荷载增加，样品被进一步压密，曲线近似直线，此时微裂隙破裂稳定发展，样品结构无明显变化。当荷载达到一定程度时，曲线开始从直线偏离，出现较小的非线性变形，由于破裂发展，此时的变形已不可逆。当曲线接近顶峰时，样品的可视破坏已经开始，外观上可见岩样表面裂隙逐步扩展，内部逐渐出现一些孤立的、平行于最大主应力方向的微裂隙，随着应力的增大，微裂纹的数量逐渐增多，此时样品在压力作用下已进入非弹性变形阶段，此阶段在大部分样品上持续的时间较短。随着荷载的进一步增大，压力达到样品所能承受的极限，即岩石的强度值，样品迅速破裂，部分样品在破裂时由于能量迅速释放，发出清晰的破碎声。由于试验机开启安全保护模式，样品破碎发生大尺度位移后，压头自动锁定，因此大部分样品破坏后曲线不完整，但根据快速破裂的现象我们可以假想，此时曲线应呈快速直线下降的状态。

应力-应变曲线所反映的强度、延性、脆性在石器打制中有其特殊含义。

强度指打击力使原料破碎的最大应力。

延性是一种反映材料因受力而产生破坏之前的塑性变形能力的物理特性，延性越好的石料，破坏前塑性变形能力越强，即在破坏前，内部不会因小于强度的应力导致微结构破坏或微裂隙、裂纹出现。这种特性在石器打制中则反映了原料的可控性，延性越好的石料，可控性越强，能更好地按制作者的施力大小与方向破裂。

脆性是材料在外力作用下产生破裂的特性，脆性越好的石料在受到大于强度的外力作用时，更加容易破裂，破裂面更加平整。

整体上看，所有岩石样品的破碎过程类似，但由于岩石类型不同，其曲线也存在一定区别。

073 白云岩曲线破坏前区域表现为弹脆性，无明显屈服段，延性差、脆性好、强度高，内部裂隙发育，加载初期即出现微裂纹，个体变异范围大；经 450℃ 热处理样品，强度明显降低，延性提高，脆性较好，变异范围缩小；经 500℃ 快速降温热处理后，强度降低，但延性差、脆性好（图 5.20）。

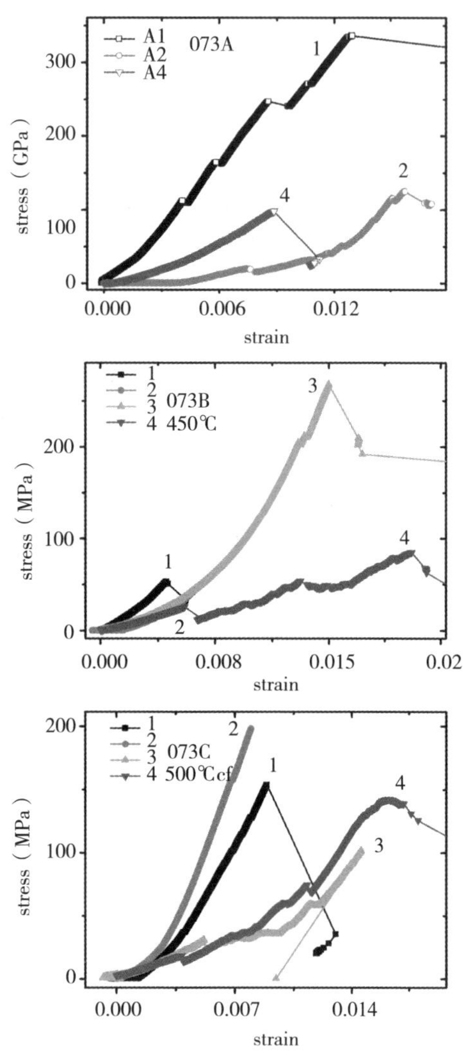

图 5.20 073 白云岩应力-应变曲线

079 白云岩，曲线破坏前区域呈现塑弹性，压缩性较强，屈服段不明显，延性较差，内部裂隙较为发育，同一砾石个体内力学性质存在变异；经 450℃ 热处理后，由于内部裂隙压缩性仍然较强，但强度明显降低，延性提高，脆性较好，变异范围缩小；经 550℃ 热处理后，强度变化不明显，延性提高，但是破坏后区域曲线显示脆性较差，变异范围也缩小（图 5.21）。

150 含燧石条带白云岩，曲线破坏前区域呈现塑弹性，压缩性较强，屈服段不明显，延性较差，脆性好，内部裂隙较为发育，个体变异范围大；经 450℃ 热处理后，强度明显降低，延性提高，脆性好，变异范围显著缩小，但加载过程中不断出现微裂纹；经 550℃ 热处理后，强度降低，延性未见变化，脆性较好，变异范围缩小（图 5.22）。

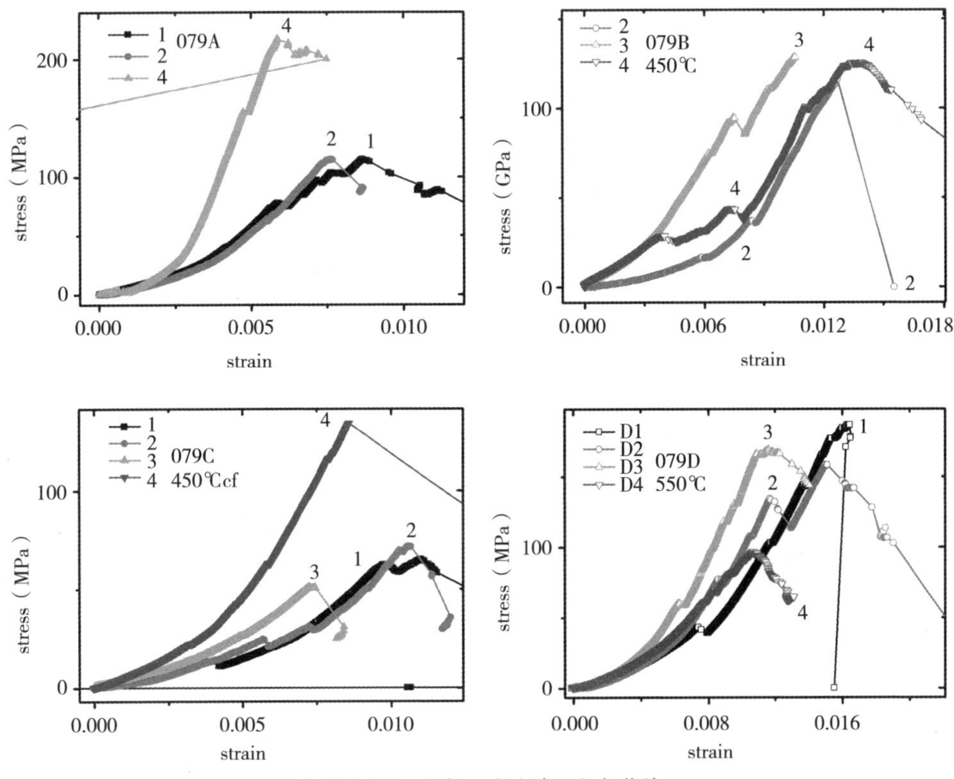

图 5.21　079 白云岩应力-应变曲线

160 石英岩，曲线破坏前区域呈现塑弹性，微裂隙较少，压缩性差，屈服段不明显，延性较差，脆性一般，内部裂隙较为发育，加载过程中不断发生微破裂，个体变异范围较大；经 450℃热处理后，强度明显提高，延性提高，脆性较好，变异范围显著缩小，加载过程中未出现微裂纹；经 550℃热处理后，强度提高，延性提高，脆性较好，变异范围缩小，加载过程中偶尔出现微裂纹（图 5.23）。

173 石英砂岩，曲线破坏前区域呈现塑弹塑性，压缩性好，屈服段不明显，延性较差，脆性一般，内部裂隙较为发育，加载过程中不断发生微破裂，个体变异范围较大；经 550℃热处理后，力学特征变化不明显（图 5.24）。

197 白云岩，曲线破坏前区域呈现塑弹性，微裂隙较少，压缩性差，屈服段不明显，延性较差，脆性较好，内部有裂隙，加载过程中偶尔发生微破裂，个体变异范围较小；经 350℃热处理后，强度略微降低，延性明显提高，脆性较好，变异范围缩小，加载过程中未出现微裂纹；经 400℃热处理后，强度提高，延性明显提高，脆性

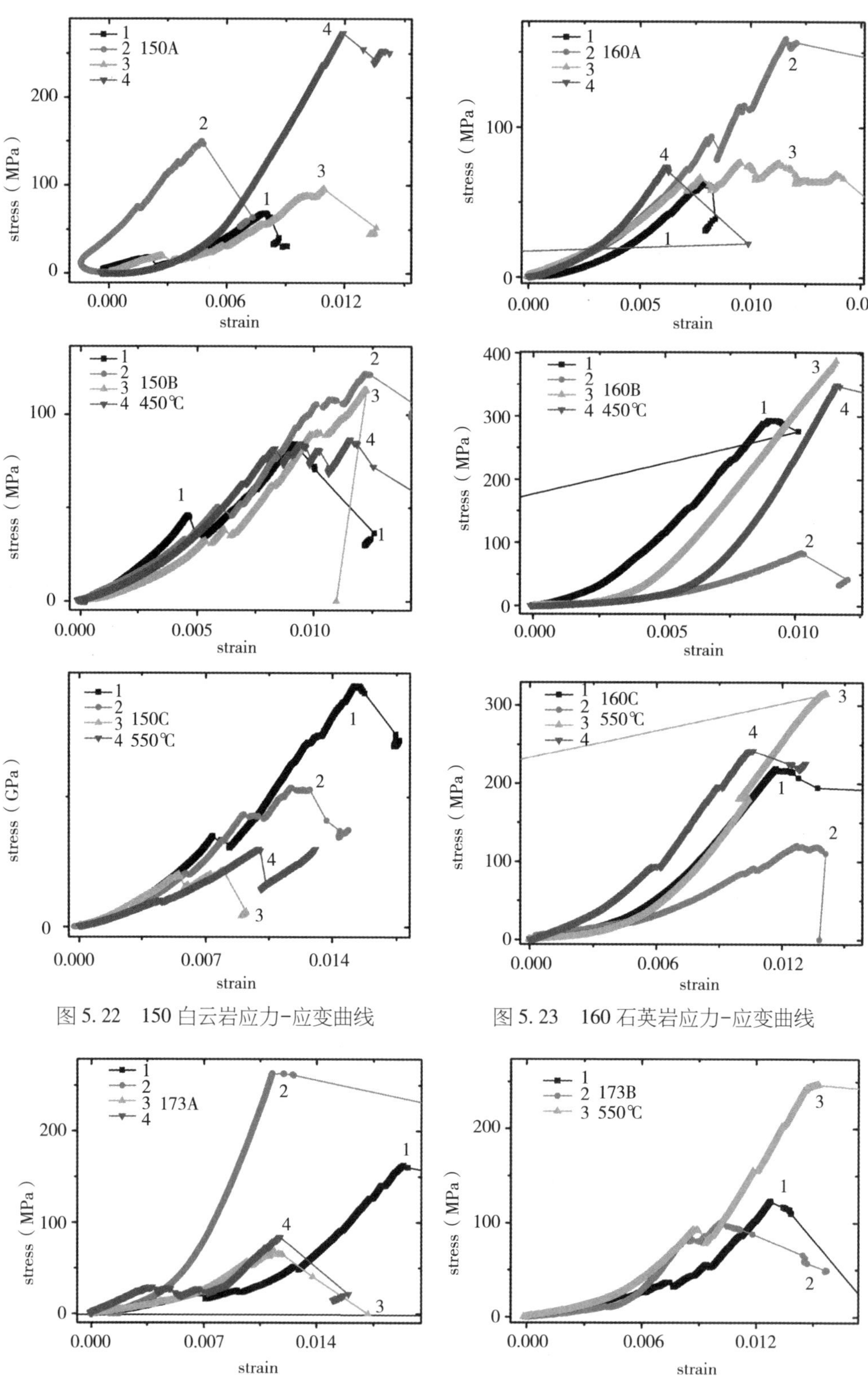

图 5.22　150 白云岩应力-应变曲线

图 5.23　160 石英岩应力-应变曲线

图 5.24　173 石英砂岩应力-应变曲线

较好，变异范围缩小，加载过程中未出现微裂纹（图 5.25）。

200 白云岩，曲线破坏前区域呈现塑弹性，压缩性较差，屈服段不明显，延性较差，脆性较好，内部裂隙较为发育，加载过程中不断发生微破裂，个体变异范围较大；经 550℃热处理后，曲线呈塑弹塑性，强度变化不明显，延性明显提高，脆性较好，加载过程中未发生微破裂，变异范围明显缩小（图 5.26）。

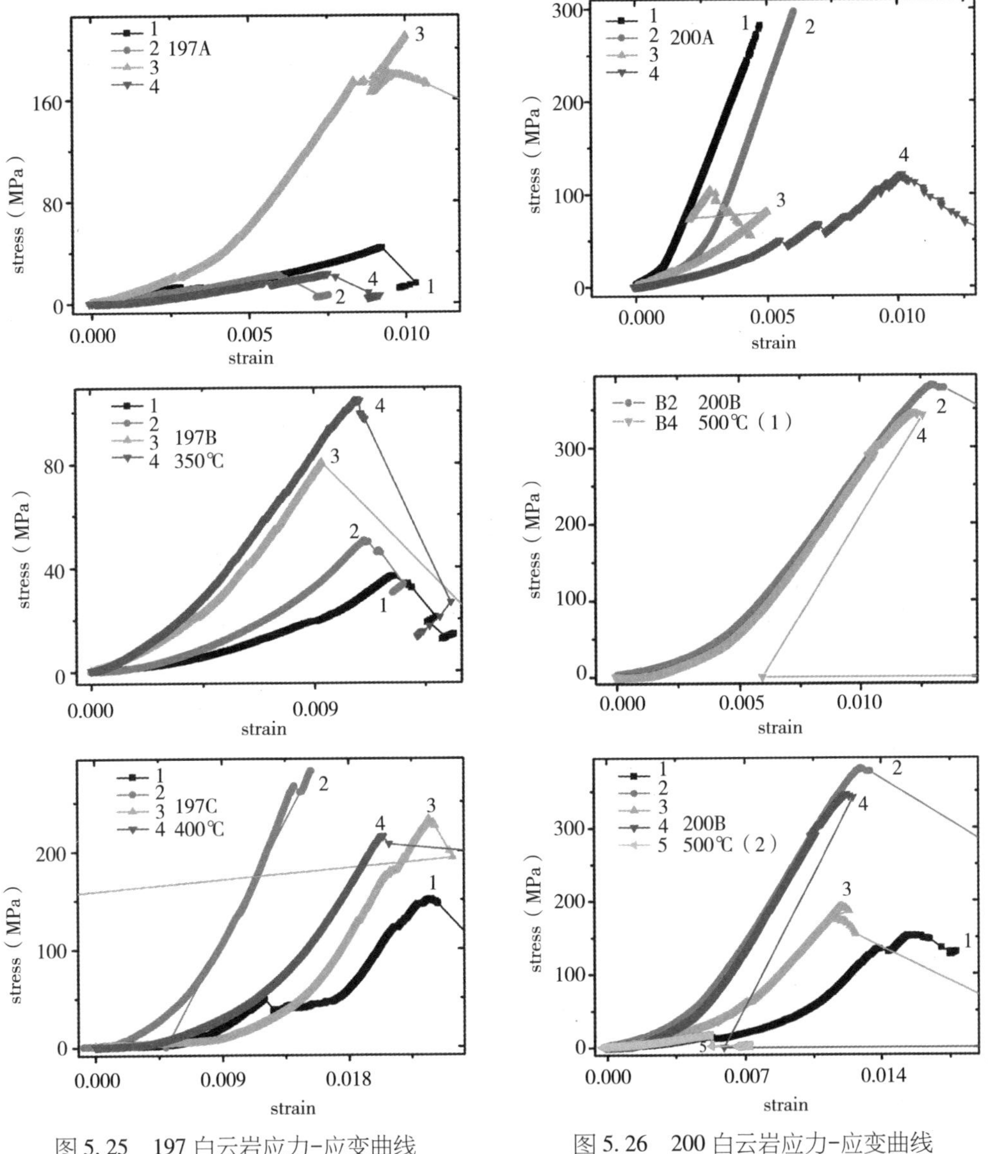

图 5.25　197 白云岩应力-应变曲线

图 5.26　200 白云岩应力-应变曲线

202 白云岩，曲线破坏前区域呈现塑弹性，压缩性一般，屈服段不明显，延性较差，脆性较好，加载过程中偶尔发生微破裂，个体变异范围较小；经 400℃ 热处理后，强度明显降低，延性提高，脆性较好，加载过程中偶尔发生微破裂，变异范围较小；经 450℃ 热处理后，强度明显降低，延性提高，脆性较好，但是加载过程中经常发生微破裂，变异范围增大（图 5. 27）。

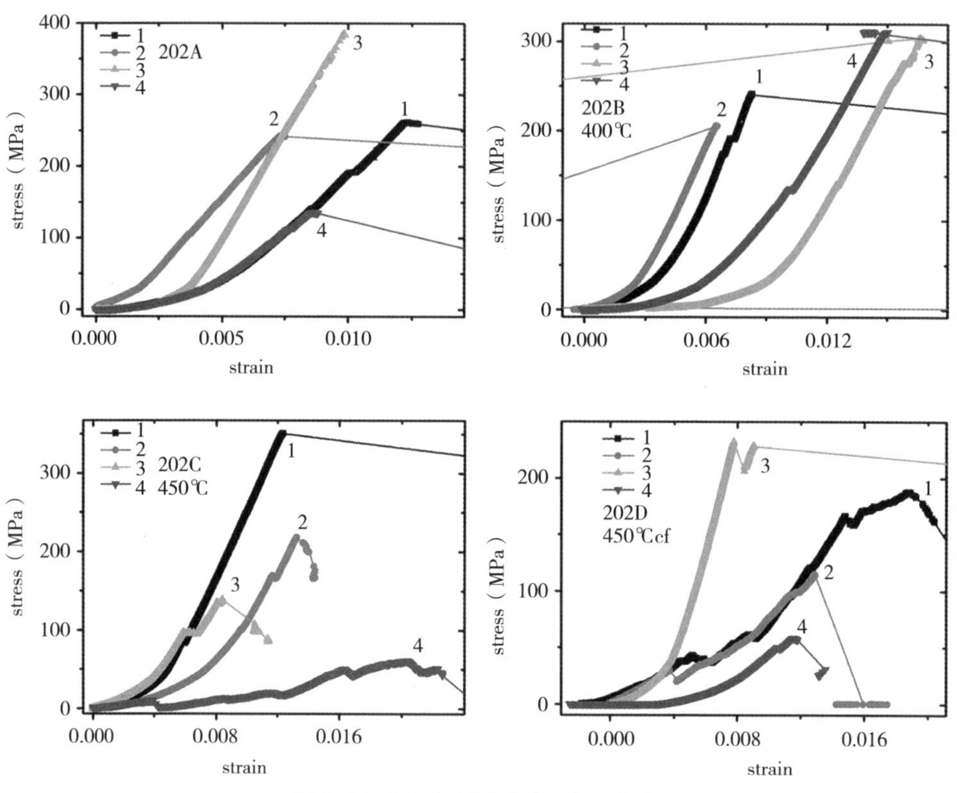

图 5. 27　202 白云岩应力-应变曲线

贵州打儿窝遗址燧石（DEW），曲线破坏前区域呈现塑弹性，强度较小，压缩性一般，屈服段不明显，延性一般，脆性较好，加载过程中偶尔发生微破裂，个体变异范围较小（图 5. 28：1）。

贵州观音洞遗址燧石（GYD），曲线破坏前区域呈现塑弹性，强度较小，压缩性一般，屈服段不明显，延性一般，脆性较好，加载过程中偶尔发生微破裂，个体变异范围较大（图 5. 28：6）。

日本北海道黑曜石（RB），曲线破坏前区域呈现塑弹塑性，强度较大，压缩性

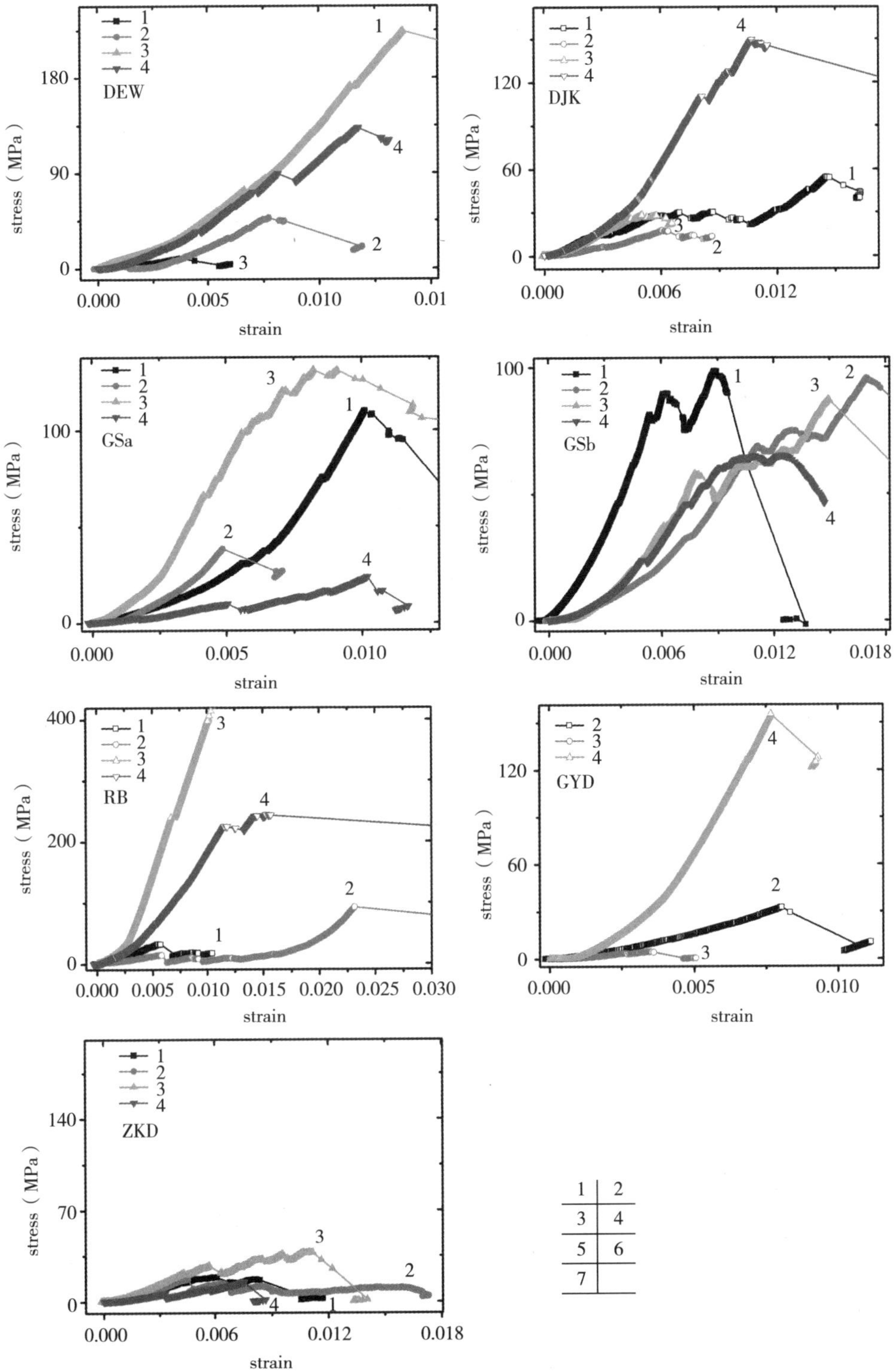

图 5.28　不同地点石料应力-应变曲线

一般，屈服段不明显，延性和脆性好，加载过程中偶尔发生微破裂，个体变异范围较大（图5.28：5）。

北京周口店遗址脉石英（ZKD），曲线破坏前区域呈现塑弹性，强度很小，压缩性、延性和脆性都较差，加载过程中不断发生微破裂和宏观破裂，个体变异范围较小（图5.28：7）。

湖北丹江口北泰山庙脉石英（DJK），曲线破坏前区域呈现塑弹塑性，强度较小，压缩性一般，屈服段不明显，延性一般，脆性较好，加载过程中发生微破裂及宏观破裂，个体变异范围较大（图5.28：2）。

甘肃李家城脉石英（GSa），曲线破坏前区域呈现塑弹性，强度较小，压缩性一般，屈服段不明显，延性一般，脆性较好，加载过程中偶尔发生微破裂，个体变异范围较大（图5.28：3）。

甘肃李家城花岗岩（GSb），曲线破坏前区域呈现塑弹性，强度较小，压缩性较差，屈服段不明显，延性、脆性一般，加载过程中偶尔发生微破裂，个体变异范围较小，强度极值附近区域曲线不稳定（图5.28：4）。

总体上，热处理对石料力学性能的改变主要表现在降低强度、提高延性和脆性，并在一定程度上提高石料的质地均匀度。热处理温度以400℃左右为宜，石料以此温度处理后力学性能明显改善，温度高于450℃时，各种特征改善不明显或改变的程度不利于打制，比如脆性降低，微裂隙增多。相比白云岩和燧石力学性能的提高，水洞沟遗址区的石英岩被证明不适宜进行热处理，加热后其强度反而大幅提升，延性、脆性并未明显提高，这种现象可能是因为高温导致较粗石英颗粒重结晶，晶体间连接更加紧密造成。几乎所有样品都显示出个体间变异，这反映出水洞沟遗址石料整体上不够细腻、均质，内部包含无规律的微裂隙。

其他地区的石料中，燧石、黑曜石都表现出利于打制的力学特征，但是所有受试石料均存在肉眼可见的微裂隙，因此导致个体差异较大。李家城、北泰山庙的脉石英延性一般但脆性好，比较适合打制石器，周口店的脉石英延性、脆性都很差，不利于打制，但此原料与遗址中的脉石英差别较大，并不具有代表性。

2. 抗压强度分析

通过上节介绍，我们知道应力-应变曲线个体间存在一定程度的变异，尽管在加工试件时已经选择无宏观裂纹、质地均一的原料，但是岩石内部的微裂隙、孔洞等缺陷却无法避免，特别是岩石物理颗粒在形成时可能就处于非常均质状态，这都对其力学特征产生了影响。因此我们采用数理分析对实验结果进行离散性分析，即检验试样抗压强度的变异系数（coefficient of variation）。变异系数是一组变量标准差与平均值的比值百分比，用来统计该组变量的离散程度，标准差与平均值的计算依据以下公式：

$$平均值 = \frac{1}{n}\sum_{i=1}^{n} X_i$$

$$标准差 = \sqrt{\frac{1}{n-1}\sum_{i=1}^{n}(X_i - \bar{X})^2}$$

$$变异系数 = \frac{标准差}{平均值} \times 100\%$$

通过变异系数的对比，我们发现水洞沟遗址石料单轴抗压强度值的变异系数较大，指示石料内部颗粒组成不均匀；热处理后变异系数明显降低，并且经过400℃左右热处理的石料降幅更大，反映出热处理技术可以提高石料的均一性（图5.29，附表5、6）。

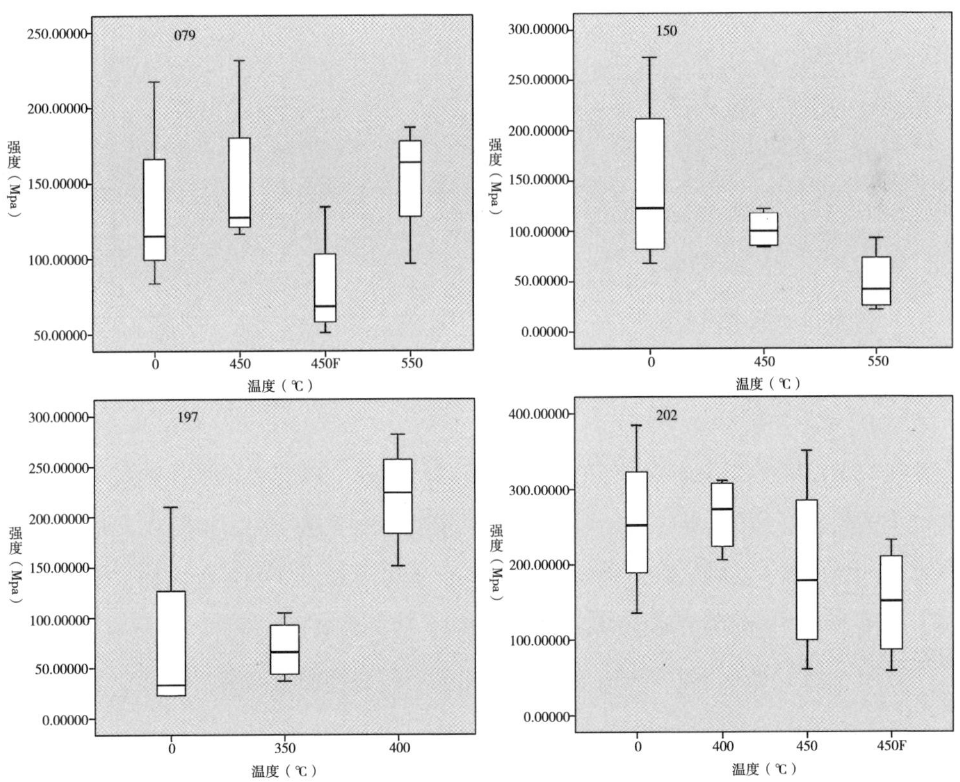

图5.29　热处理标本抗压强度与温度关系图

8组实验石料中1组强度等级为A级，5组为B级，2组为C级（表5.1）。其中3组经热处理后强度降低一个等级，除石英岩和石英砂岩，其余石料强度均有不同程度的降低。

表5.1 完整岩石和节理岩石的强度等级①

等级	强度描述	单轴抗压强度（MPa）
A	极高强度（very high strength）	>250
B	高强度（high strength）	100~250
C	中等强度（moderate strength）	50~100
D	一般强度（medium strength）	25~50
E	低强度（low strength）	5~25
F	极低强度（very low strength）	<5

其余不同产地的试验原料中，日本的黑曜岩、贵州观音洞和打儿窝的燧石单轴抗压强度值变异系数大，这与上述原料存在较为明显的宏观裂纹有关；甘肃李家城的花岗岩颗粒粗但组成均匀，因此变异系数小（图5.30，见附表6）。

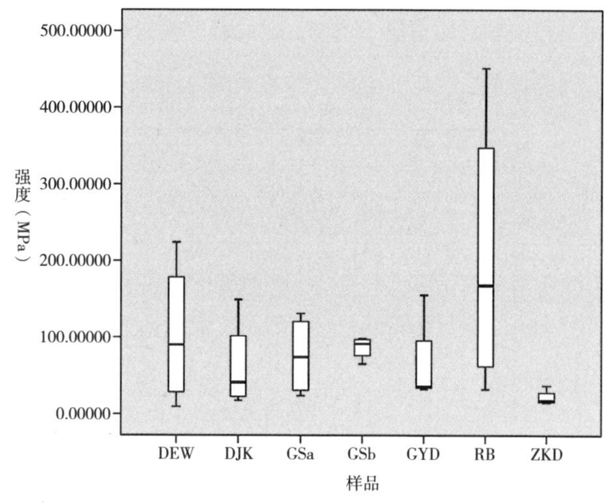

图5.30 不同产地石料的抗压强度

3. 单轴抗压应变分析

岩石试样在单轴压力作用下发生的变形、位移为形变，形变在一定程度上可以反映试样的延性，即岩石的某个截面从屈服开始到达最大承载能力或到达以后而承载能力还没有明显下降期间的变形能力。该特点反映在石制品打制上表现为，石料的控制性更好，可经受不高于其强度的多次应力打击，打制时，打击力在延性好的岩石中传导方向易控制，适于剥取长石片。

从图5.31中我们可以看到，经过热处理的石料延性明显增强，与上一节关于抗

① 张学民：《岩石材料各项异性特征及其对隧道围岩稳定性影响研究》，中南大学博士学位论文，2007年。

压强度讨论的结果类似，400℃为水洞沟石料的适宜热处理温度。不同产地石料的应变值如图 5.32 所示。

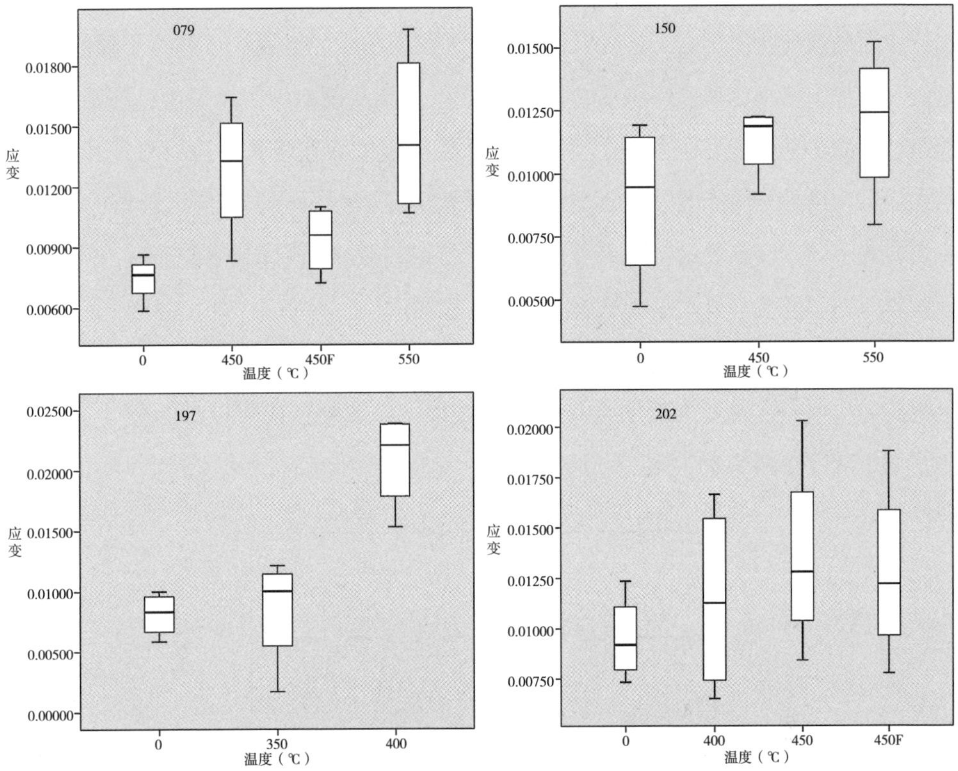

图 5.31 热处理标本应变与温度关系图

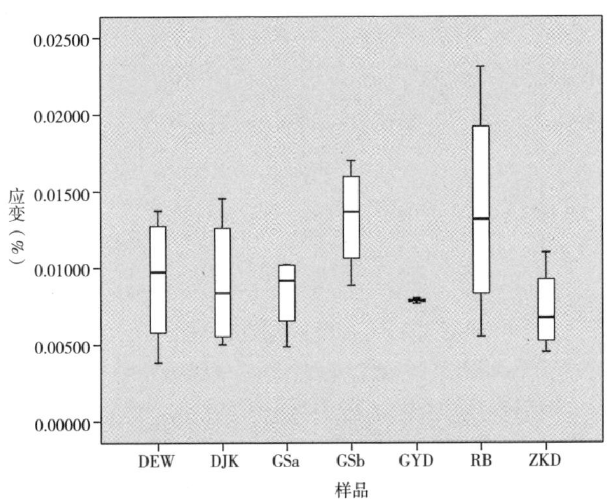

图 5.32 不同产地石料的应变

四　石料力学性能与石器打制的关系

岩石破裂的实质是岩石在受力过程中微裂纹的萌生、扩展直至裂纹贯通的结果，是岩石微细观结构变形破坏积累的宏观反映①。根据赫兹断裂扩展模型，抗压强度试验中，样品在垂直压力作用下产生微裂纹，压缩裂纹将在最大主拉应力处开裂，并沿主压应力迹线方向扩展。由于石器打制施加的是点接触应力，与试验机的压头的施力方式不同，因此我们首先需要了解石器打制过程中石料的破裂机理，以更好地理解岩石力学性能与石制品特征之间的关系。

石器打制是以一个坚硬的物体（多为岩石）为施力主体，对石料施以宏观尺度上瞬间的作用力，使受力岩石产生破裂的过程。破裂的过程可以分为发生、延伸、终止 3 个阶段（图 5. 33）。

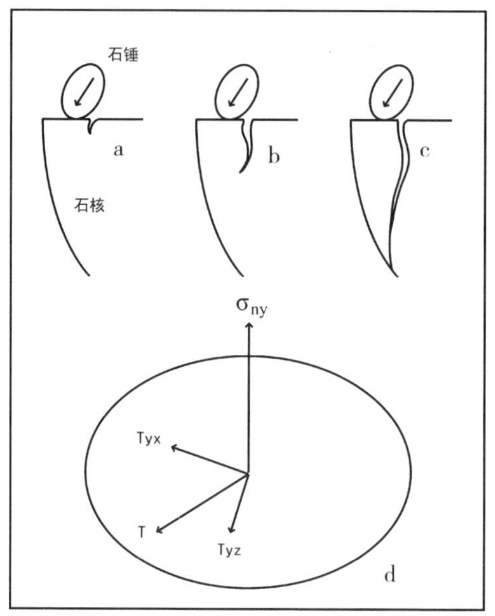

图 5. 33　石片破裂的三个阶段

a. 发生；b. 延伸；c. 终止。d. 打击应力组成

（据 Odell GH，2003. *Lithic Analysis*. pp. 46-47. ）

---

① 陈四利、冯夏庭、李绍军：《岩石单轴抗压强度与破裂特征的化学腐蚀效应》，《岩石力学与工程学报》2003 年第 4 期。

施力可以是相对静态的，比如平稳地压制边缘；也可以是动态的，比如用锤击法打击石材。施加在一个点上的力会产生压力，也就是衡量单位面积受力的一个尺度。压力是多维的，但是在所选的面上都可以被作为矢量加以表达。压力矢量可以被分解为正压力和切压力两部分。正压力垂直于所选面，可被收缩或拉伸。切压力平行于所选面，并且可能以全拱形的任意方向发生。对分析者而言，它一般被分为两部分：它们都垂直于正压力且这两个部分相互垂直①。图 5. 33d 表现了这些力，T 表示切压力，分解为 T_{yx} 和 T_{yz}，二者都与正压力 Qny 成直角。虽然主压力可能是收缩的，但是使裂缝蔓延的压力总是是拉伸的②。

1. 力学性能与石片破裂

Odell 将岩石打制过程中的破裂分为三类：弯曲破裂、楔作用破裂和赫兹破裂（图 5. 34）。弯曲破裂可由各种打击或压制造成。石料被打击的边缘越薄，就越容易形成弯曲破裂③。弯曲破裂通常发生于离打击点较远的地方，因为石锤当时产生的收缩力会在远一点的地方形成拉力。

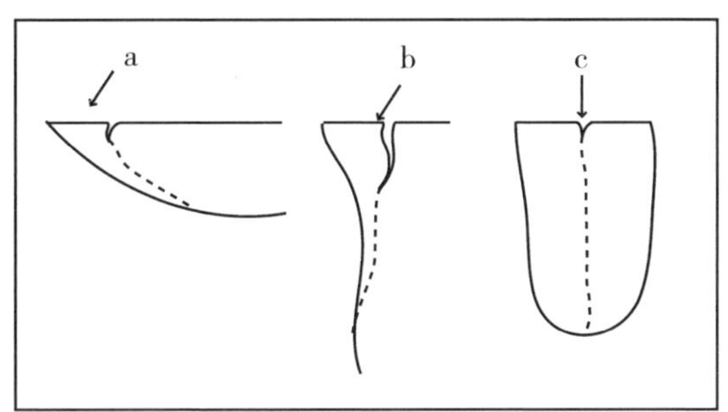

图 5. 34　石片破裂类型

a. 弯曲破裂　b. 赫兹破裂　c. 楔作用破裂

（据 Odell GH，*Lithic Analysis*. p. 48. ）

弯曲破裂不会产生类似赫兹破裂的打击泡，但通常会在打击点附近形成一个小唇边或突起。

楔作用破裂（图 5. 34：c）会在打击点远离石核边缘或当最近边缘角大于 90°时

---

① Faulkner A，1972. *Mechanical principles of flintworking*. PhD dissertation，Washington State University.

② Cotterell B，Kamminga J，1987. The formation of flakes. *American Antiquity*，52.

③ Tsirk A，1979. Regarding fracture initiation，In Hayden B（ed.），*Lithic use-wear analysis*，New York：Academic Press.

发生；这样的石片由收缩力控制[①]。这种破裂方式在砸击法中占主导，是一种劈裂石块或石核以强化利用石料的技术。因为远端一般置于一个坚硬的表面上的，因此楔作用破裂石片或楔形石片的近端和远端通常都会有破碎痕迹。

楔作用破裂产生的主要形变区位于受力点下方，持续的负荷会使中间裂缝不断扩张。负荷结束时，裂片阻止了中间裂缝的完全闭合，而在高度拉伸区出现的侧面裂缝会逐渐扩散直至表面。

另一种对生产可用石片具有重要影响的破裂方式是赫兹锥破裂，这也是打制中最主要的破裂类型。在这个类型中，破裂的发生区通常不像楔作用破裂那样远离边缘；也不像弯曲破裂那样涉及很薄的边缘，因为太薄的边缘很容易粉碎。石片的剥离过程可以被描述如下：当石锤接触易碎物体的表面时，它在施力区下方形成一个收缩区。这个区域的变形在接触点周围产生一个球形张力区。如果拉力能有效打破分子的表面结合，那破裂便形成一个环形裂缝，其直径略大于接触物的直径[②]。最初垂直于表面的裂缝，很快就会以136°的锥体形状向外倾斜。赫兹锥破裂的蔓延不像楔作用破裂那样受收缩力的控制，而是由材料强度和施力角决定的。

图5.35示意了台面角大约65°的石核上赫兹破裂的作用。打击点靠近石核边缘（图5.35：a），在接触区的周围形成了因破裂路径的锥体状改变而产生的竖直裂缝。锥体的外侧迅速抵达并消失于石核边界。由于弯曲破裂的增加，边界效应促使裂缝在锥体内部蔓延，最后在某一点终止。锥体从发生到蔓延过程中的方向改变会在大多数赫兹石片上产生典型的打击泡。这种几乎自由的破裂路径的方向，受到石核几何形状的很大影响[③]。

通过了解破裂产生的机制，我们发现石料本身的特性和施力的方向、部位决定了破裂的方式。热处理石制品强度降低，延性增强，因此打制过程中发生哪种破裂都可以有效提升产出石片的长度；同时，当发生弯曲破裂时可以降低石片纵轴弯曲

---

① Cotterell B，Kamminga J，The formation of flakes；Cotterell B，Kamminga J，1990. *Mechanic of Pre-industrial Technology：An Introduction to the Mechanics of Ancient and Traditional Material Culture*，Cambridge：Cambridge University.

② Faulkner A，*Mechanical principles of flintworking.*

③ Odell GH，*Lithic Analysis.*

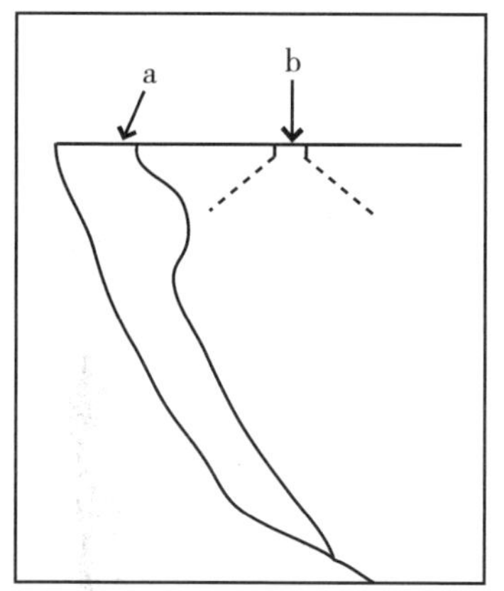

图 5.35　通过赫兹破裂从石核边缘剥片示意图
（据 Odell GH，*Lithic Analysis*. p. 52.）

度。长形薄石片的产生，是因为由石片强度所决定的剥片力的实际方向，超越了打击物运动的所有方向。

2. 力学性能与石片破裂特征

石片上的破裂特征指示了它们的破裂过程，石片的腹面和终端是原始破裂面，包含了关于破裂石材的力量的信息。

当力量施加在岩石上时，波纹会顺着石料传播①。尽管纵向波不能加速破裂，但是它在与裂缝垂直的方向振幅最强，因为它使颗粒沿着破裂面移动而非垂直移动。多数破裂是由横向波造成的②。然而由于多数石料含有杂质，破裂很少能穿过一整块同质石料。理想状态下，完全均质的岩石受到外力作用时，破裂形成的两个表面相互垂直裂开；当石料含有杂质，作用力传导到不均质区域时破裂路径会不稳定，同时发生偏移，如果杂质较少，破裂路径再穿越过该区域后会重新趋于稳定，整个破裂过程的信息会在石片的破裂面上表现出来，就形成了石片破裂面的特征。

赫兹破裂的最明显结果是打击泡，是赫兹锥作用力因第一个石片的硬度弯曲所导致的向外偏离产生的。作用力形成的锥体通常表现为石片台面下方的外突，而且

---

① Bonnichsen R，1977. *Models for deriving cultural information from stone tools*，Ottawa：University of Ottawa Press，60；Cotterell B，Kamminga J，*Mechanic of Pre-industrial Technology*：*An Introduction to the Mechanics of Ancient and Traditional Material Culture*.

② Faulkner A，*Mechanical principles of flintworking*.

在石核上剥离石片的位置留有负片疤。在台面下面我们经常可以观察到同心波（ripples，undulations，or compressive rings）。这些特征位于石片腹面鼓起区域，以受力点为中心呈同心圆状分布，可用来解释台面缺失石片的打击点的位置①。它们是由石核表面的不规则性或剪切波交界面产生的②。

锥疤是指由于破裂前锋必须通过杂质时所产生的疤痕。由于杂质引起破裂前锋的偏离，然后破裂前锋顺应这个偏移并且在另一面聚合。

我们发现，上述石片特征多是因为作用力在传导过程中与石料内部杂质相互作用形成，热处理虽然无法去除这些杂质，但是能够有效提高石料的均一性，降低这些特征的产生概率。由于打击泡、锥疤等特征可能导致石片不规整，破坏石核的剥片面和台面，因此降低打击泡产生的概率或者减小打击泡的体积，避免锥疤的产生都可以提高石器打制效率和有效石片产出率。

单个石片的终端反映了作用力如何离开石块。终端可能与施力方向、原料材质、石核外部的不规则形态或内部的节理、晶簇有关。在一个石片上，这些项目并不完全割裂，一个边缘可能会出现不止一种的终端形态。

大多数情况下，打制者设计的终端类型是羽状的（feather termination），破裂基本平行于石核外表面蔓延，然后逐渐和外表面相交。这种情况产生的石片拥有圆滑且相当薄的边缘。其他任何终端类型都被认为是不理想的。之所以认为钩式、阶梯状等非羽状终端是不理想的，是因为它们在石核上留下了不规律的形态特征；如果不去掉的话，从同一台面继续剥取的石片也会终止在此，无法继续蔓延。陆续产生的石片增加了石核形态的不规则，最终达到不能剥取长石片的程度。

钩状破裂（hinge fracture）是因作用力方向突然向石核外侧倾斜造成的。似乎是由弯曲力的增加造成的，也可能与作用力过分向外偏斜有关③。作用力方向的改变在裂缝蔓延速率骤减之后发生，这种骤减源自能量的损失④。钩状终端更多出现

---

① Crabtree DE，1972. *An introduction to flintworking*，Pocatello：Occasional papers of the Idaho University Museum，No. 28.

② Cotterell B，Kamminga J，*Mechanic of Pre-industrial Technology*：*An Introduction to the Mechanics of Ancient and Traditional Material Culture*.

③ Crabtree DE，1968. Mesoamerican polyhedral cores and prismatic blades. *American Antiquity*，33.

④ Cotterell B，Kamminga J，The formation of flakes.

在较平坦的表面上。这种情况下，蔓延的破裂前锋向外扩散，宽幅增加，需要更多的能量来维持破裂。因此，原本在倾斜表面能够产生羽状终端的力度不能在平坦表面上产生类似的终端形态。随着能量的分散，作用力的路径角向外偏，造成了翻卷式远端。

阶梯状终端（step terminations）指石片远端崩断。原因可能是力量的完全消失，也可能是破裂前锋与内部的裂缝或杂质相交。

石片的终端形态主要与施力角度和施力方式有关，但是热处理对石料延性、均一性的提升可以有效降低阶梯状、内卷等非理想终端产生的概率，因为延性、均一性更好的石料，能够帮助作用力穿越杂质，沿稳定方向发展，以利于羽翼状远端的形成。

通过单轴抗压强度试验我们发现，热处理对石料力学性能的改变主要表现在降低强度、提高延性和脆性，并在一定程度上降低提高石料的质地均匀度。对比岩石破裂机制我们认为上述特征可以提高石器打制效率，降低事故率，提升产出石片的质量。这些特点反映在石片上表现出：长度增加，纵轴趋于平直，打击泡浅平，放射线、同心波发生比例降低，羽翼状远端比例提高。热处理温度以400℃左右为宜，石料以此温度处理后力学性能明显改善，温度高于450℃时，各种特征改善不明显或改变的程度不利于打制，比如脆性降低，微裂隙增多。

第四节 显微观察

一 光性矿物学

1. 样品制备

岩石薄片样品按照国家发展和改革委员会2004年发布的中华人民共和国石油天然气行业标准（SY/T5913-2004）进行制片。制片过程使用到切片机、磨片机、抛光机、电烘箱等设备。制样时，首先明确石料的取样部位，同一件标本取样的方向尽量一致；取样后将岩样胶固，胶固好的岩样进行磨平面，然后将磨好平面的岩样粘在毛面的载物片上，最后精磨成薄片，薄片制好后进行盖片保护、写标签，样品即制备完成。本次共制备 29 件薄片样品，其中实验样品 20 件，分别为 3 组白云岩、3 组燧石、1 组石英砂岩、1 组玉髓；考古标本样品 9 件，初判未经过热处理标本 4 件，分别为 SDG12L2-788（白云岩）、SDG12L2-797（白云岩）、SDG12L2-216（燧石）、SDG12L2-182（燧石），初判为经过热处理的 5 件，分别为 SDG12L5（燧石，未编号）、SDG12L2-218（燧石）、SDG12L4-5308（白云岩）、SDG12L4-5355（白云岩）、SDG12L4-4844（燧石）。

2. 观察设备

使用中国科学院脊椎动物进化系统学重点实验室 Leica DMRX 偏光显微镜。

3. 观察结果

偏光显微镜下观察结果显示，水洞沟石英砂岩（标本号 173）颜色为深红色（dark red），10R-3/6，主要由石英砂和石英胶结组成，呈细砂等粒结构，质地均一，磨圆度中等。白云岩（标本号 202）颜色为灰色，5YR-5/1，主要由白云石、石英和碳酸盐矿物组成，呈微晶等粒结构，粒径为 5~10 微米，质地非常均一，磨圆度较好。硅质白云岩与白云岩成分类似，但石英含量更高，占 20%~30%，质地非常均一，磨圆度好。燧石（标本号 141）颜色为褐灰色，2.5Y-6/2，主要由石英等硅质矿物组成，占 80%以上，隐晶结构，基质为微晶结构，石英粒径为 50~150 微米，基质粒径为 5~10 微米，薄层状构造，磨圆度好。

硅质白云岩和燧石经过热处理后，石英边缘出现了明显的晶体变形重新组合的现象，并呈现规律的方向性（图 5.36、5.37），一般成岩过程中经历高温事件或晶体生长都可能导致这种现象产生。但是本实验中，同一件岩石，热处理前未观察到晶体变形组合的现象，热处理后标本则可以明显观察到，证明实验标本出现的该特征是由热处理造成，这种晶体的变化与上文 XRD 检测结果显示的结晶度的改变可能存在一定联系。

偏光显微镜下，热处理标本与原始标本相比颗粒变化很小：石英砂岩热处理后颗粒略微缩小，热处理前粒径为 150~200 微米，热处理后粒径为 100~150 微米；由于放大倍数不够，白云岩观察不到变化（图 5.38、5.39）。

考古标本 SDG12L2-182 观察到了与实验标本完全一致的晶体变形重新组合现象

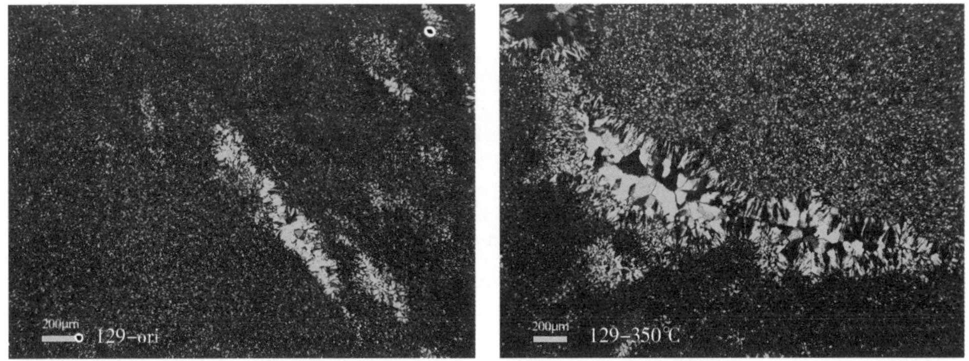

图 5. 36（彩版三）　129-ori、129-350℃对比

图 5. 37（彩版三）　141-ori、141-300℃对比

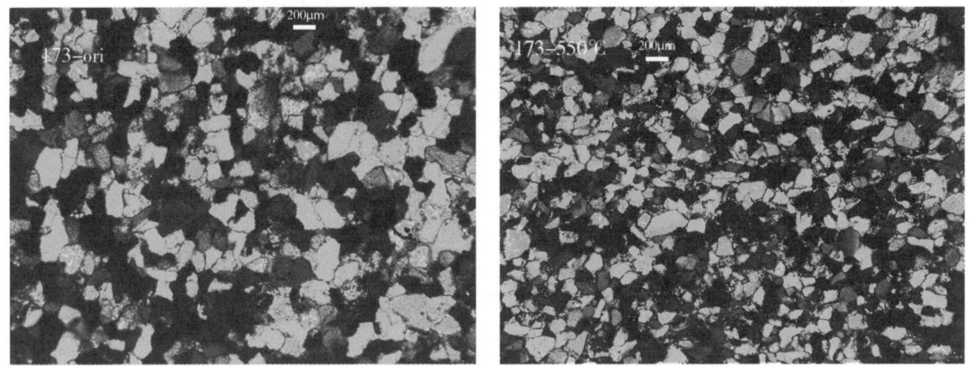

图 5. 38（彩版三）　173-ori、173-550℃对比

(图 5.40)，推测该件标本由经过热处理的石料打制而成，但是我们不能排除这种晶体变化的现象是由其成岩过程中的高温事件造成的。

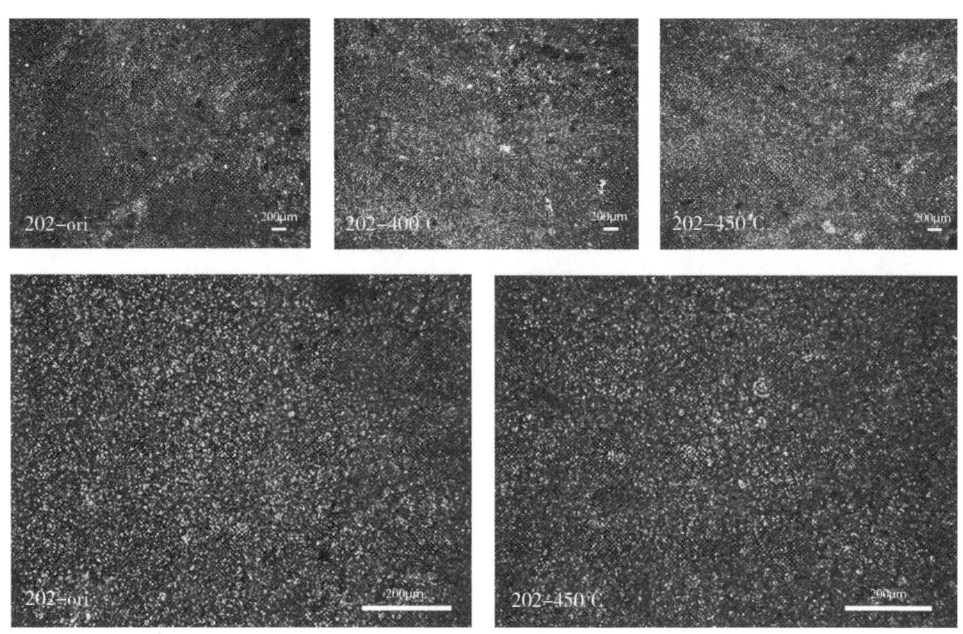

图 5.39（彩版四） 202-ori、400℃、450℃ 50 倍对比图（上），
202-ori、450℃ 200 倍对比图（下）

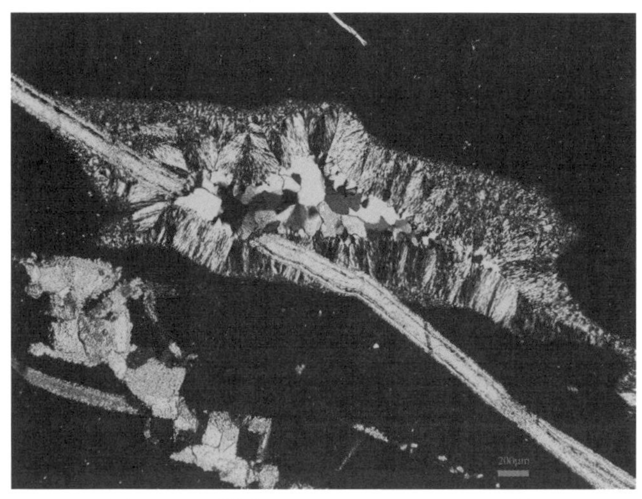

图 5.40（彩版四） SDG12L2-182 50 倍

二　扫描电子显微镜

1. 样品制备

扫描电子显微镜（SEM）的观察并不需要特别制备样品，原则上只要样品适合仪器专用的样品座即可。观察前先将样品进行超声波清洗，去除表面的污垢，然后使用酒精擦拭，由于岩石吸水性较弱，自然风干即可。将清理完毕的样品断裂面朝上，固定在导电胶样品座上，保持观察面尽量水平。共观察标本 10 组，其中实验标本 6 组，分别为燧石 1 组、石英砂岩 1 组、石英岩 1 组、白云岩 3 组；考古标本 4 件，分别为燧石 3 件（SDG12L5-7452、SDG12L3-2269、SDG12L3 未编号）、白云岩 1 件（SDG12L5-7879）。考古标本中 L3 未编号疑似经过无意识火烧，SDG12L5-7452 和 SDG12L5-7879 疑似经过热处理，SDG12L3-2269 为未经过热处理对比标本。

2. 观察设备

使用中国科学院脊椎动物进化系统学重点实验室日本日立公司生产的 S-3700N 型扫描电子显微镜对水洞沟石制品进行 SEM 观察。该显微镜二次电子图像分辨率：3.0nm（高真空 30kV 模式下），10nm（高真空 3kV 模式下）；背散射电子图像分辨率：4.0nm（低真空 30kV 模式下）；最大倍数 300 000 倍，加速电压：0.3kV 至 30kV，镜头系统为三阶段电磁透镜光学系统，使用二次电子探测器，实现二次电子图像（高真空模式）；标本运动范围：X 轴：0 到 150 毫米，Y 轴：0 到 110 毫米，Z 轴：0 到 65 毫米，R 轴：360°，T 轴：-20°到 90°，视野试样尺寸：直径 203 毫米，最大试样尺寸：直径 300 毫米。

3. 观察结果

通过 SEM 观察岩石的微观形态可以直接了解岩石晶体、大小、形状、结构等信息。但长期以来，SEM 应用于旧石器考古石料的研究存在一定的缺陷，主要表现为 SEM 影像的解读相对主观，目前还没有标准的术语与规范；此外，由于 SEM 放大倍数较大，观察区域小，容易把小范围内个例的特点误认为整个岩石的特征。为了避免上述局限性影响研究结果，本文结合岩石学的观察方法和前人研究经验初步划定 SEM 考古岩石标本的描述方法：（1）晶体粒度，以 SEM 影像图中的比例尺直接估测，单个晶体难以辨认并测量时，可将同一倍数下图片对比描述；（2）粒度分布，如果岩石中所有颗粒粒度相近则称为等粒结构，若颗粒粒度显著不同且无占优势的粒度，则称为不等粒结构，若颗粒粒度呈双模式分布，大颗粒被细小颗粒包围，则称为斑状结构或斑状变晶结构；（3）形状，矿物按自形程度分为自形（矿物的晶面完整）、半自形（部分晶面完整、部分不规则外形）和他形（无完整晶面、外形不规则），矿物按结晶习性分为等轴粒状、板状、鳞片状、柱状、针状、纤维状等。（4）磨圆度，分为棱角状（以凹面边缘为主，偶见直线边缘）、次棱角状（以直线边缘为主，可见凹面边缘，偶见凸边缘）、次圆状（以直线边缘为主，可见凸面边缘，偶见凹面边缘）、圆状（以凸面边缘为主，偶见直线边缘）。（5）平整度，SEM 景深大、立体感强使我们能够较为容易的观察到岩石的平整度，根据凹凸的程度可以分为平整、次平整、不平整、极不平整四个等级①。

通过前文针对热处理与矿物晶体关系的讨论，我们认为，对旧石器观察而言，特别是热处理石制品对比，晶体大小、粒度分布的变化以及平整度是描述中需要重点注意的项目。

实验标本中 146 石英砂岩在电镜下呈现半自形鳞片状，晶体粒度为 5~10 微米，磨圆呈次圆状，不等粒结构，整体定向性好，层间叠加紧密，较平整；热处理后呈自形到半自形板状，偶见鱼鳞状，晶体粒度为 5~10 微米，磨圆呈次棱角状，不等粒结构，整体定向性中等，层间叠加紧密，较平整。从镜下特征上看，热处理对石英砂岩改变不大（图 5.41）。

037 石英岩在电镜下呈现自形到半自形板状结构，晶体粒度为 5 微米，磨圆呈次棱角状，不等粒结构，整体定向性中等，层间叠加紧密，较平整；热处理后除粒度略微缩小外无其他明显变化（图 5.42）。

050 白云岩在电镜下呈现自形到半自形片状结构，晶体粒度为 2~5 微米，磨圆呈次棱角状，不等粒结构，整体定向性中等，层间叠加紧密，较平整；经 350℃ 热处理后呈现自形到半自形板状结构，晶体粒度为 2~8 微米，磨圆呈次圆状，等粒结构，整体定向性中等，层间叠加紧密，平整，晶体边缘出现熔合迹象，界限模糊连接紧

---

① Luedtke BE, *An Archaeologist's Guide to Chert and Flint-Archaeological research tools*：7；桑隆康、廖群安、邬金华：《岩石学实验指导书》。

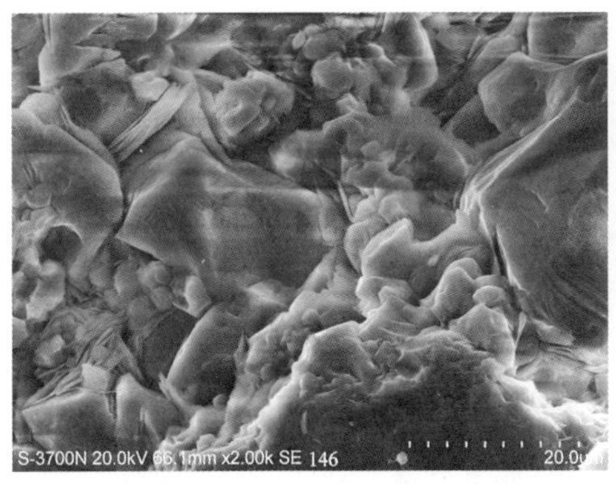

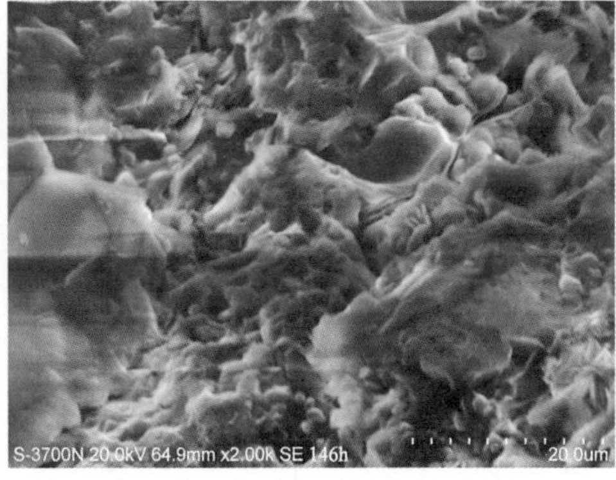

图 5.41 146 标本热处理前后扫描电镜对比

图 5.42 037 标本热处理前后扫描电镜对比

密，形成非常平整的平面；经 400℃ 热处理的观察特征与 350℃ 一致，但是出现熔合现象的范围更大、更加平整（图 5.43）。其余白云岩实验标本也观察到了与之一致的现象。201 白云岩在电镜下呈现自形到半自形片状结构，晶体粒度为 3~5 微米，磨圆呈次棱角状，等粒结构，整体定向性中等，层间叠加紧密，不平整；300℃ 热处理后，晶体粒度无明显变化，晶体边缘出现熔合迹象，界限模糊连接紧密，呈平面状；350℃ 热处理后晶体边缘同样出现熔合迹象，界限模糊连接紧密，呈平面状，平整（图 5.44）。198 白云岩在电镜下呈现自形到半自形斑状结构，晶体粒度为 1~5 微米，磨圆呈次棱角状和次圆状，整体定向性好，层间叠加紧密，较平整；经 450℃ 热处理后，呈现他形板状等粒结构，晶体粒度为 5~10 微米，磨圆呈圆状，整体定向性中等，层间叠加紧密，晶体边缘出现熔合迹象，界限模糊连接紧密，呈平面状，平整（图 5.45）。

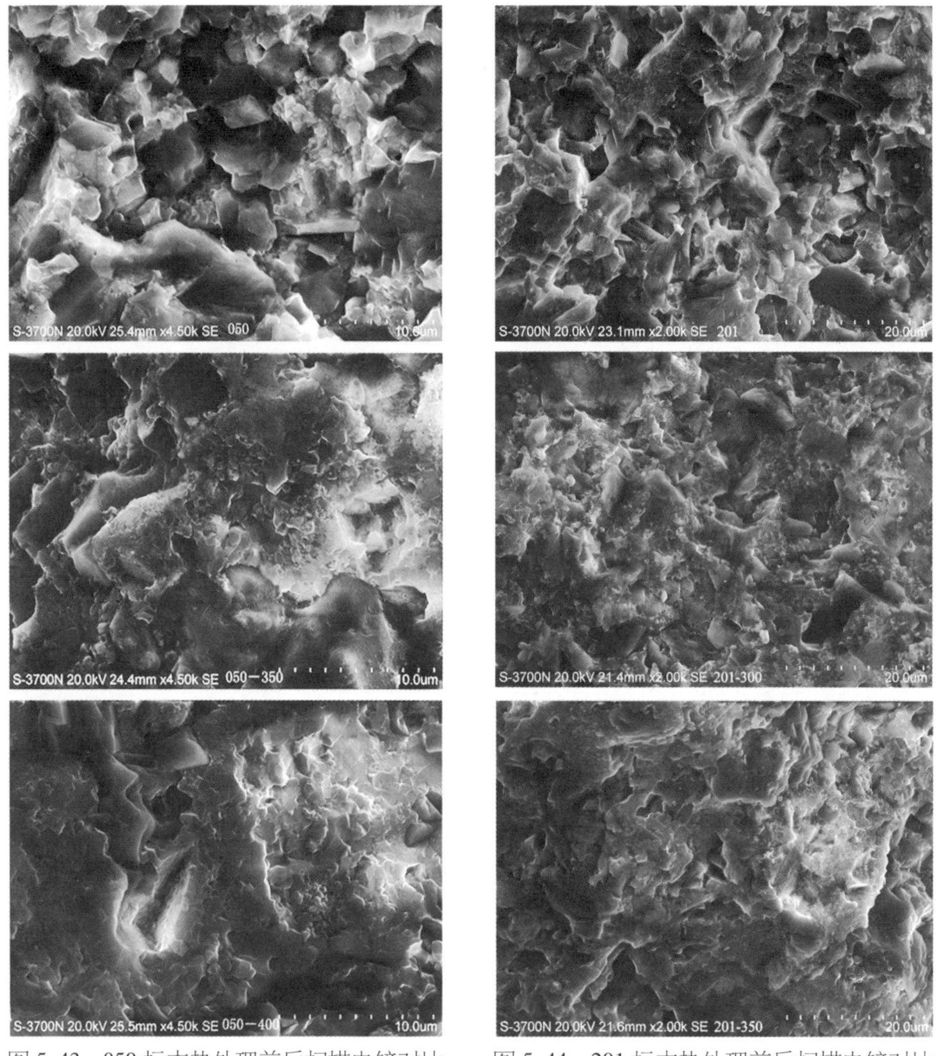

图 5.43　050 标本热处理前后扫描电镜对比

图 5.44　201 标本热处理前后扫描电镜对比

103 燧石在电镜下呈现自形到半自形板状结构，等粒结构，晶体粒度为 4～5 微米，磨圆呈尖棱角状，整体定向性好，层间叠加紧密，不平整；经 450℃ 热处理后呈现自形到半自形平面结构，等粒结构，晶体粒度为 10 微米，磨圆呈次圆状，整体定向性好，层间叠加紧密，出现晶体熔合现象，连接紧密，形成非常平整的平面。（图 5.46）

我们从遗址出土石制品中挑选出 4 件具有代表性的标本进行 SEM 观察，燧石 3 件（SDG12L5-7452、SDG12L3-2269、SDG12L3 未编号），白云岩 1 件（SDG12L5-7879）。其中，L3 未编号和 SDG12L5-7452 判断为经过热处理的标本，SDG12L5-7879

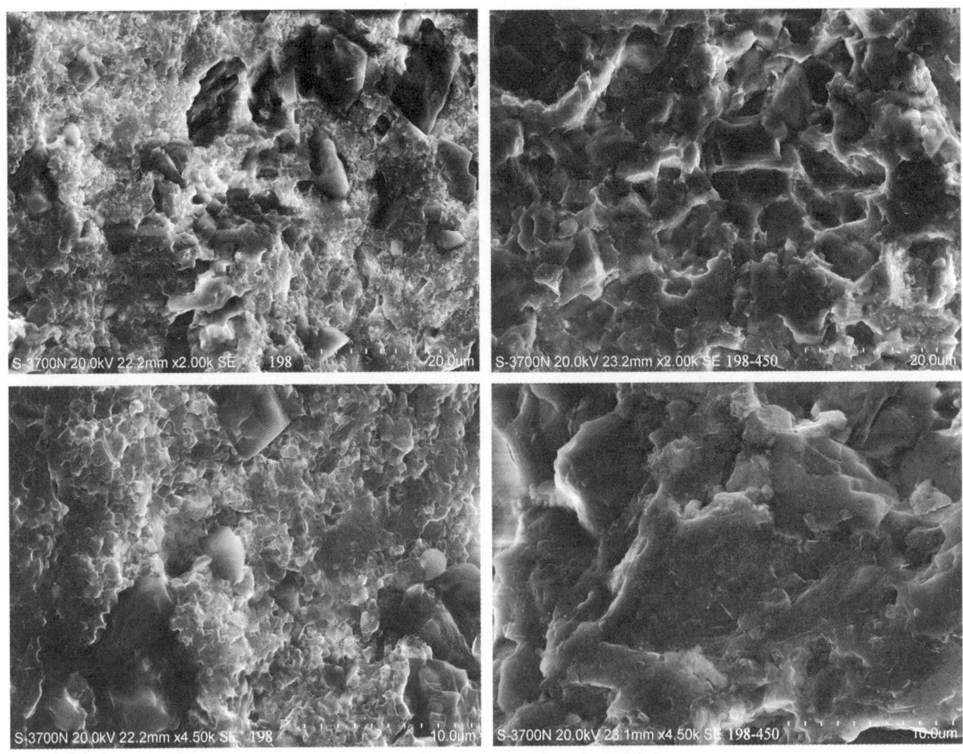

图 5.45　198 标本热处理前后扫描电镜对比

图 5.46　103 标本热处理前后扫描电镜对比

和 SDG12L3-2269 判断为未经过热处理的标本，二者同时观察，进行对比。

SDG12L5-7879 白云岩在电镜下呈现自形到半自形平面结构，等粒结构，晶体粒度为 2~5 微米，磨圆呈次棱角状，整体定向性好，层间叠加紧密，不平整，整体特征与未经过热处理的白云岩实验标本一致（图 5.47）。

SDG12L5-7452 燧石在电镜下呈现半自形平面结构，等粒结构，晶体粒度为 2 微米，磨圆呈次圆状，整体定向性好，层间叠加紧密，出现晶体熔合现象，连接紧密，形成非常平整的平面，与热处理实验标本特征一致，且更加均匀细腻，可能经过时间更长的热处理（图 5.48）。SDG12L3-2269 燧石标本未经过热处理，在电镜下呈现自形到半自形平面结构，等粒结构，晶体粒度为 10 微米，磨圆呈次棱角状，整体定向性好，层间叠加紧密，不平整（图 5.49）。整体特征与未经过热处理实验标本基本一致，而与质地完全相同的 SDG12L5-7452 燧石有很大区别，因此可以进一步推测 SDG12L5-7452 标本石料经过热处理。

SDG12L3（未编号）燧石在电镜下呈现半自形平面结构，等粒结构，晶体粒度为 8 微米，磨圆呈次圆状，整体定向性好，层间叠加紧密，出现晶体熔合现象，连接紧密，形成非常平整的平面，体现出热处理标本的特征（图 5.50）。观察结果与我们通过外部特征甄别热处理石制品的结果完全一致。

图 5.47　SDG12L5-7879 号标本扫描电镜观察

图 5.48　SDG12L5-7452 号标本扫描电镜观察

图 5.49　SDG12L3-2269 号标本扫描电镜观察

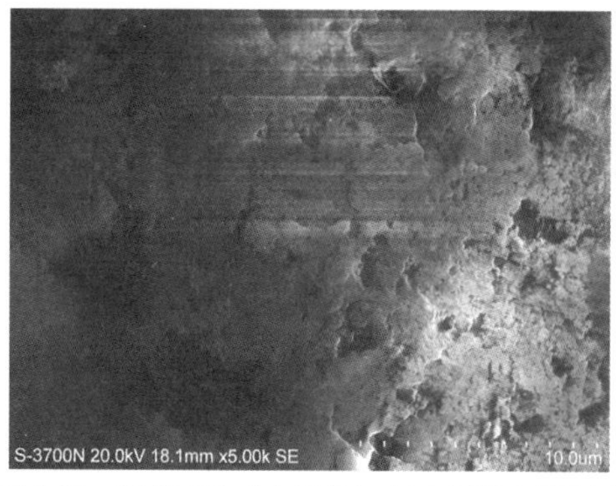

图 5.50　SDG12L3（未编号）标本扫描电镜观察

整体上看，经过热处理的样品，无论是燧石还是白云岩都体现出类似的特征：颗粒分布均匀，以等粒结构为主；磨圆呈次圆状；有晶体熔合现象出现，连接紧密，表面平整。相比来说，燧石经过热处理后上述特征更加明显。晶体熔合的现象推测与 XRD 测试中热处理岩石结晶度提高相关。

通过 SEM 观察，我们确认水洞沟遗址存在经过加热的石制品，但目前无法通过 SEM 判断其是经过有意识热处理还是无意识的加热，仍需要辅以外部特征观察和下文即将介绍的文化背景研究。观察结果同时也表明，通过建立在实验基础上的外部特征观察可以有效地鉴别出热处理石制品。

第五节　结　语

本文使用热处理实验获取的岩石样品，进行了 XRF、XRD 检测，发现热处理并不会改变岩石的矿物种类，但是会影响矿物组成的比例，如热处理后白云岩和燧石的硅质矿物含量有所提高，同时结晶度也因此提高，SEM 观察也印证了这些观点，并指示出热处理会使岩石质地更加均匀；通过岩石力学试验我们发现，这些特征同样在样品的力学性能上反映出来，比如因为热处理石料质地均匀、硅质含量增高，其延性提高、脆性增强、强度降低，这些变化有力地改善了岩石的打制性能，提高了石器制作效率。

在获取了大量试验信息的基础上，我们将遗址出土标本与其对比研究，初步判断水洞沟遗址存在热处理行为。尽管本章的内容为我们进一步了解热处理石制品提供了大量信息，但是单凭实验数据无法完全确定，经过加热的石制品是人为有意的还是无意识形成的，因此结合考古标本所处的石制品整体背景进行综合讨论，是深入热处理研究的重要环节。

第六章　热处理石料打制实验及分析

实验是科学研究的基本方法之一，它根据研究的目的，尽可能地排除外界的影响，突出主要因素并利用一些专门的仪器设备，人为地改变、控制或模拟研究对象，使某一些事物（或过程）发生、放大或再现，从而探寻其中的规律。实验考古学则是通过实验解释古人类行为。由于实验条件是人为可控的，只要实验设计合理、目的明确，就能够复原相应的古人类行为；同时，正是因为实验中的人为因素，我们实际上是在用现代的思维替远古人类思考问题，偏差、谬误不可避免，这也是实验考古学无法避免的局限性。鉴于此，透彻理解考古材料，明确、简化实验目的，合理设计实验过程是提高实验研究准确性的有效途径。

第一节　实验目的与设计

前文已经详细论述了实验在热处理研究中的重要性，热处理模拟实验能够为我们辨认热处理考古标本提供佐证，通过对实验原料的测试分析，我们了解了热处理改变了石料的哪些性能，及这些变化产生的机理。

但是实验结果终归是要为旧石器时代考古学研究服务。具体到本文，热处理实验应该为我们了解水洞沟古人类的热处理行为提供技术支撑。上一章的研究结果表明，热处理对石料力学性能的改变主要表现在降低强度、提高延性和脆性，并在一定程度上提高石料的质地均匀度。通过岩石破裂机制的研究，我们认为，在理想状态下，这些性能的改变反映在石制品打制上应该表现为：石器打制效率提高，事故率降低，产出石片质量提升，相应的石片特征为：石片长度增加，纵轴趋于平直，打击泡浅平，放射线、同心波出现比例降低，羽翼状远端比例提高。

上述推论是否正确，则需要通过模拟打制实验进行验证。因此本文打制实验的目的是：了解使用热处理石料和原始石料所打制石制品的特征及其异同；验证石料经热处理后力学性能改变对石制品打制的影响，最终了解热处理技术对石器制作工艺的影响，并进一步解读古人类热处理行为的作用与意义。

鉴于以上目的，本文打制实验的主要思路应该是在尽量弱化技术、工艺因素对打制过程影响的基础上，尽可能突出石料特性对打制过程的影响。据此，实验过程设置以下条件：

1. 打制实验应尽可能突出热处理对石料的影响，降低工艺、技术等因素在打制过程中的作用，因此实验以剥取石片为单一目的；

2. 实验所使用的原料应与水洞沟遗址出土石制品原料一致，选择裂隙少、质地均匀的石料以减少客观条件对实验结果的影响，打制石料的体积形状尽量一致；

3. 由同一实验者完成全部打制实验，以保证实验结果不会因不同打制者的技术水平、动作习惯、技术概念、体质条件等差别，而受到影响；

4. 全部使用硬锤锤击法剥片，石核台面均为切割机加工的平整面，全部打制实验使用一套工具完成；

5. 采集实验产生的所有石制品，包括石核、石片、断块、碎屑等。

第二节　实验概况

本次实验所用的原料全部来自上文介绍的采集自水洞沟遗址区的砾石，经过热处理后用于打制实验，我们将挑选出的体积相当的砾石切割为大小相等的两半，一半进行热处理实验后打制，一半直接打制（图6.1），二者结果相互比较。

打制实验工具所用石锤为采集自水洞沟的石英岩、石英砂岩砾石（图6.2），质地坚定，具有平滑、圆钝的打击面且易于手握。石锤共 6 件，平均长度 65 毫米，宽 46 毫米，厚 30 毫米，重 143 克。

按王春雪①将实验者石器技术水平划分的 4 个等级，本文实验由两位Ⅲ级实验者完成，他们具有相当一段时间的模拟实验经历，积累了一定的实验经验，对于实验

图 6.1　打制实验原料

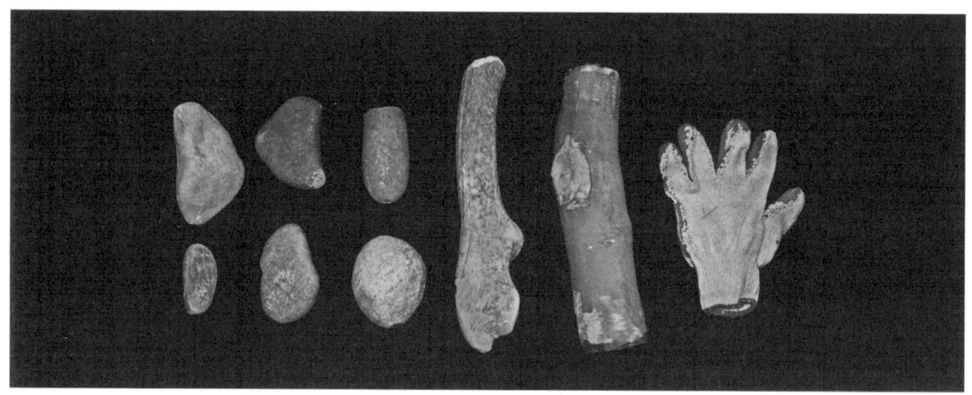

图 6.2　打制实验工具

① 王春雪：《水洞沟遗址第八地点废片分析和实验研究》。

所用石料的质地、破裂力学机制都有一定程度的把握，在石核剥片和工具生产中的产品均按照预先设计进行，剥片和工具修理成功率较高，生产事故偶见。

实验地点位于中国科学院人类演化实验室，为避免地面坚硬导致石片撞击破碎，打制区域铺垫厚绒布，使其软硬程度与野外沙土地类似，同时也便于最后搜集石屑等细小石制品。

第三节　实验过程

实验选择相对优质的白云岩和石英砂岩进行打制，由于采集原料过程中没有获得与遗址出土遗物体积、大小、质地均类似的燧石，因此本次打制实验不包括燧石。实验共分 4 组，10 次打制事件，其中白云岩 3 组 8 次打制事件，石英砂岩 1 组 2 次打制事件。

白云岩三组分别为 050、201、199，其中 050 包括原始石料、350℃ 热处理和 400℃ 热处理石料 3 个打制事件；201 包括原始石料、300℃ 热处理和 350℃ 热处理石料 3 个打制事件；199 包括原始石料和 400℃ 热处理石料 2 个打制事件；石英砂岩 146 包括原始石料和 550℃ 热处理石料 2 个打制事件。

所有打制实验以硬锤锤击法进行。一般的打制实验会同时搜集石制品的分布特点、打制顺序等信息，本文实验意在探索石料产品的特征，故未进行相关的信息采集工作以提高工作效率。

实验前我们记录了原料的形态、尺寸、大小、重量、台面周长等信息。每组实验由两人完成，一人进行打制，另一人负责记录打制者的打制设计和打制事故发生的原因，以及影像记录实验全过程。实验者打制设计主要包括台面的选择、修理意图、剥取石片的方向、打击是否成功等方面；修理意图主要指实验者修理台面的构思；打制事故包括人为造成无法继续剥片和石料本身缺陷导致石料废弃。剥片结束后，将获取的石制品进行初步分类，按石核、石片、断块、断片、碎屑、石屑等分类装袋，1 次打制事件即完成。实验标本按原料类型编号，如 050 号原料 400℃ 热处理标本则记为“050-400℃”，201 号未热处理标本记为“201-ori”，ori 为 original 缩写，代表原始样品，以此类推。

第四节 实验结果

本次实验共获取10个单元的石制品，石核6件，石片235件，断块103件，断片245件，微片174件，2~5毫米石屑和2毫米以下石屑各10袋（附表7）。

一 石核

6件，其中Ⅰ3型石核5件，4件为白云岩，1件为石英砂岩；Ⅲ型石核1件，为白云岩（图6.3）。全部为素台面石核，3件为中型（≥50毫米，<100毫米），3件为小型（≥20毫米，<50毫米），其中1件重量中等（≥25克，<100克），5件重量偏重（≥100克，<500克），台面角介于75~110°之间，石英砂岩石核台面角介于95~110°之间，而白云岩石核台面角介于75~85°之间，不同原料间有明显差异，而原始石料与热处理石料石核台面角没有明显区别。4件白云岩石核剥片程度为重度，剥片范围在90%以上，而石英砂岩石核剥片程度均为中度，剥片范围都为40%。总体上看，热处理对石料性能的提升在石核上反映并不明显，而不同类型石料间差异较大，这主要是因为热处理对石料性能的提升一般反映在石片等产出品上，石核作

图6.3 打制实验石核

1. 199-ori 2. 146-ori 3. 146-550℃ 4. 199-400℃ 5. 201-300℃ 6. 050-400℃ 7. 050-350℃ 8. 201-350℃

为剥片后的废弃品，所保留的相关信息较少。

二　石片

本次实验共获取石片 233 件，占所有石制品的 18%。以下将按打制事件介绍石片的详细信息。本次打制实验的最终目的是获取有效石片，通过对石片的各项数据定性、定量分析可以直观反映出热处理对石料打制性能的影响。

1. 050 白云岩

050-ori 共获取石片 25 件，占所有石制品的 16%。其中Ⅰ1-3 型石片 2 件，Ⅰ2-1 型石片 4 件，Ⅰ2-2 型石片 16 件，Ⅰ2-3 型石片 3 件。微片 27 件，占所有石制品的 17%（图 6. 4）。

25 件石片中，自然台面 2 件，人工台面 23 件，其中素台面 13 件，占 52%，台面形状以梯形和三角形为主，分别占 36%（n=9）和 28%（n=7），其次为长方形和点状，分别占 20%（n=5）和 12%（n=3），仅有 1 件为线状。

5 件石片可以观察到唇，占 20%；7 件有半椎体，占 28%；10 件有锥疤，占 40%；4 件有波纹，占 16%；仅 1 件有放射线；石片延展平直者 19 件，占 76%，内卷 3 件，外翻 1 件，不平直 2 件。

背面全部为石片疤的 6 件，占 24%，全部为砾石面的 4 件，占 16%，剩余 15 件为背面部分砾石面，占 60%；背面无石片疤的 7 件，1 个石片疤的 10 件，2 个石片疤的 5 件，3 个石片疤的 3 件，背疤方向全部向下；背面无脊的石片 7 件，1 条脊的 12 件，2 条脊的 3 件，3 条及以上的 3 件，大部分为纵脊，占 44%（n=11），横脊 2 件，Y 型脊 2 件，X 型脊 1 件，平行脊 1 件，不规则 1 件。

石片两边以平行者居多，15 件，占 60%，扩散者 7 件，汇聚者 3 件；侧缘形态正面观以薄锐为主，19 件，占 76%，其余 6 件为厚钝，侧面观以平直为主，19 件，其余弯曲者 5 件，S 型 1 件；石片远端形态以羽翼状为主，12 件，占 48%，其余折断 4 件，阶梯状 3 件，平面 3 件，内卷 2 件，外翻 1 件。

25 件石片中有 9 件纵轴截面呈弯曲状态，弯曲度最大值 164. 5°，最小值 138. 7°，平均值 151. 6°，标准差 8. 5°。仅有 1 件石片横轴截面呈弯曲状态，弯曲度为 147. 6°。

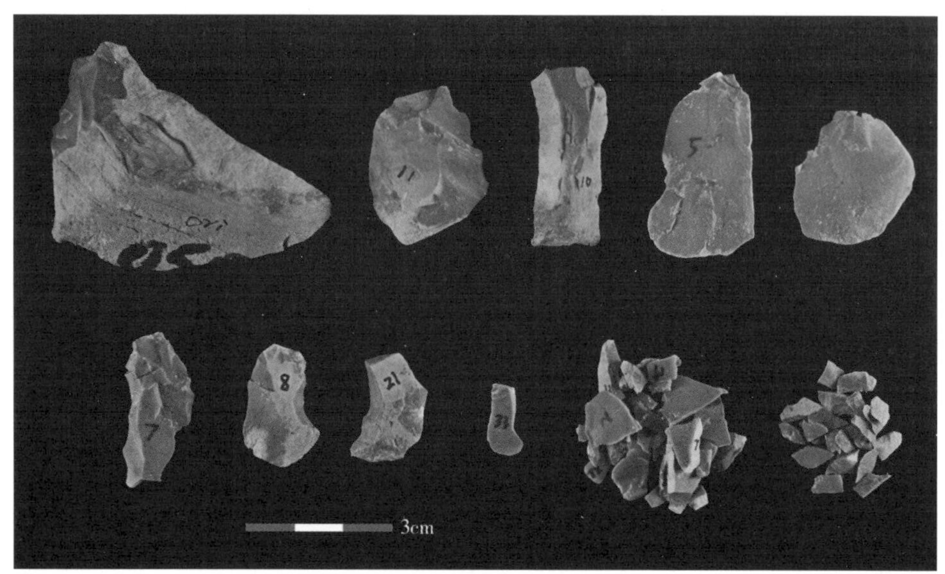

图 6.4　050-ori 石片

图 6.5　050-350℃石片

4 件石片无有效刃缘，加权平均每克石片产出有效边缘 13.7 毫米（附表 8）。

050-350℃共获取石片 41 件，占所有石制品的 21.2%。I2-2 型石片 14 件，I2-3 型石片 27 件。微片 23 件，占所有石制品的 11.9%（图 6.5）。

41 件石片全部为人工台面，其中素台面 25 件，占 61%，台面形状以长条形为主，占 31.7%（n=13），其次为三角形和线状，都为 9 件，分别占 22%，另有 4 件点状，3 件梯形，3 件不规则台面。

28 件石片可以观察到唇，占 68%；仅 4 件可观察到半椎体，占 9.75%；18 件有锥疤，占 44%；5 件有波纹，占 12%；5 件有放射线；石片延展平直者 39 件，占 95%，剩余 2 件内卷。

背面全部为石片疤的 28 件，占 68.3%，剩余 13 件为背面部分砾石面，占 31.7%；背面无石片疤的 2 件，1 个石片疤的 17 件，2 个石片疤的 11 件，3 个及 3 个以上石片疤的 11 件，背疤方向向下的 14 件，未定 17 件，多向 6 件；背面无脊的石片 3 件，1 条脊的 25 件，2 条脊的 4 件，3 条及以上的 9 件，大部分为纵脊，占 53%（n=20），横脊 4 件，Y 型脊 3 件，人字形型脊 3 件，平行脊 1 件，斜脊 1 件，不规则 6 件。

石片两边以平行者居多，28 件，占 68%，扩散者 5 件，汇聚者 8 件；侧缘形态正面观以薄锐为主，31 件，占 76%，其余 10 件为厚钝，侧面观以平直为主，38 件，其余弯曲者 1 件，S 型 1 件，破损 1 件；石片远端形态以羽翼状为主，24 件，占 58.5%，其余折断 3 件，阶梯状 4 件，平面 7 件，外翻 1 件，关节状 2 件。

41 件石片中有 4 件纵轴截面呈弯曲状态，弯曲度最大值 167°，最小值 154°，平均值 163°，标准差 6°。加权平均每克石片产出有效边缘 56.4 毫米（见附表 8）。

050-400℃共获取石片 20 件，占所有石制品的 20%。Ⅰ2-2 型石片 6 件，Ⅰ2-3 型石片 14 件。微片 26 件，占所有石制品的 26%（图 6.6）。

20 件石片全部为人工台面，其中素台面 13 件，占 65%，台面形状以线状和长条形为主，分别占 35%（n=7）和 25%（n=5），其次为三角形和线状，都为 3 件，分别占 15%，另有 1 件方形，1 件不规则台面。

4 件石片可以观察到唇，占 20%；所有石片均无半椎体；8 件有锥疤，占 40%；1 件有波纹，占 5%；1 件有放射线；石片延展平直者 18 件，占 90%，剩余 2 件内卷。

背面全部为石片疤的 16 件，占 80%，剩余 4 件为背面部分砾石面，且砾石面全部低于 5%；背面 1 个石片疤的 8 件，2 个石片疤的 6 件，3 个及 3 个以上石片疤的 6 件，背疤方向向下的 9 件，未定 3 件，不规则 5 件，多向 1 件；背面无脊的石片 4 件，1 条脊的 11 件，2 条脊的 4 件，3 条及以上的 1 件，大部分为纵脊，占 45%（n=9），横脊 2 件，Y 型脊 1 件，X 型脊 1 件，不规则 3 件。

图 6.6　050-400℃石片

石片两边以平行者居多，10 件，占 50%，扩散者 5 件，汇聚者 5 件；侧缘形态正面观以薄锐为主，14 件，占 70%，其余 6 件为厚钝，侧面观以平直为主，17 件，其余弯曲者 2 件，破损 1 件；石片远端形态以羽翼状为主，15 件，占 75%，其余折断 1 件，阶梯状 1 件，平面 1 件，外翻 1 件，关节状 1 件。

20 件石片中有 2 件纵轴截面呈弯曲状态，弯曲度分别为 155°和 149°。加权平均每克石片产出有效边缘 51.8 毫米（见附表 8）。

2.201 白云岩

201-ori 共获取石片 12 件，占所有石制品的 24%。Ⅰ2-2 型石片 11 件，Ⅰ2-1 型石片 1 件（图 6.7）。微片 8 件，占所有石制品的 16%。

12 件石片全部为人工台面，其中素台面 13 件，占 65%，台面形状以线状和长条形为主，都为 4 件，分别占 33%，其次为 3 件三角形和 1 件点状。

3 件石片可以观察到唇，占 16%；3 石片可观察到半椎体；5 件有锥疤，占 42%；3 件有波纹，占 25%；所有石片都未观察到放射线；石片延展平直者 10 件，占 83%，剩余 2 件内卷。

背面为部分砾石面部分石片疤的 11 件，全部为砾石面的 1 件；背面 1 个石片疤

图 6.7　201-ori 石片

的 5 件，2 个石片疤的 2 件，3 个及 3 个以上石片疤的 4 件，背疤方向向下的 6 件，未定 4 件；背面无脊的石片 2 件，1 条脊的 8 件，2 条脊的 1 件，3 条及以上的 1 件，大部分为纵脊，占 80%（n=8），横脊 2 件，Y 型脊 1 件，不规则 1 件。

石片两边以平行者居多，11 件，占 92%，扩散者 1 件；侧缘形态正面观全部为薄锐，侧面观以平直为主，仅有 1 件破损；石片远端形态以羽翼状为主，5 件，占 42%，其余折断 1 件，平面 1 件，外翻 1 件，关节状 4 件。

通过测量，12 件石片中有 2 件纵轴截面呈弯曲状态，弯曲度分别为 147°和 172°。加权平均每克石片产出有效边缘 29.1 毫米（附表 9）。

201-300℃共获取石片 40 件，占所有石制品的 22.6%。Ⅰ2-2 型石片 15 件，Ⅰ2-3 型石片 24 件，占 60%，Ⅰ1-1 型石片 1 件。微片 27 件，占所有石制品的 15.2%（图 6.8）。

40 件石片全部为人工台面，其中素台面 19 件，占 47.5%，其次为线状台面，16 件；台面形状以线状和三角形为主，分别占 40%（n=16）和 22.5%（n=9），其次为长条形、点状和梯形，都为 4 件，分别占 10%，另有 3 件不规则台面。

12 件石片可以观察到唇，占 30%；8 件可观察到半椎体，占 20%；13 件有锥疤，占 32.5%；6 件有波纹，占 15%；2 件有放射线；石片延展平直者 39 件，占 97.5%。

背面全部为石片疤的 25 件，占 62.5%，14 件为背面部分砾石面，占 35%；背面无石片疤的 1 件；1 个石片疤的 10 件，2 个石片疤的 9 件，3 个及 3 个以上石片疤的

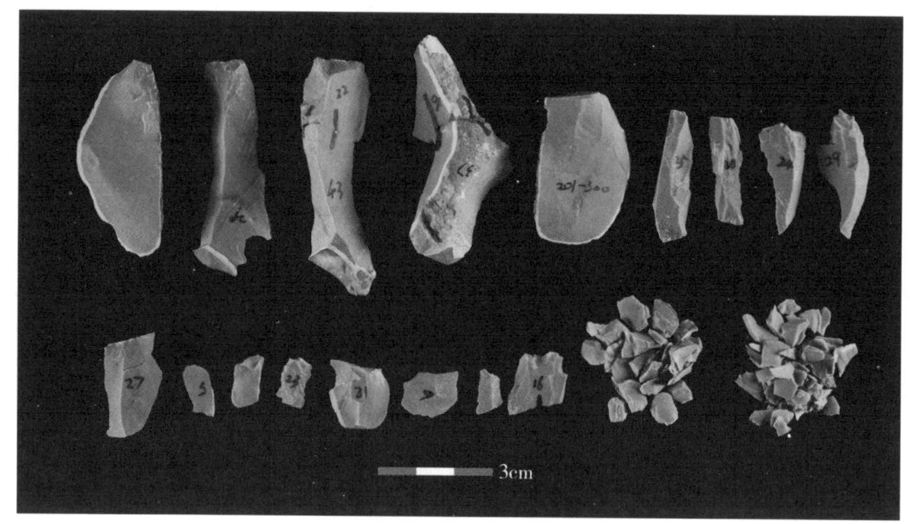

图 6.8　201–300℃石片

13 件；背疤方向向下的 7 件，未定 22 件，向右 2 件；背面无脊的石片 11 件，1 条脊的 15 件，2 条脊的 10 件，3 条及以上的 4 件，大部分为纵脊，占 62.5%（n = 25），横脊 4 件，Y 型脊 3 件，不规则 1 件。

石片两边以平行者居多，28 件，占 70%，扩散者 8 件，汇聚者 4 件；侧缘形态正面观以薄锐为主，37 件，占 92.5%，其余 3 件为厚钝，侧面观以平直为主，37 件，其余弯曲者 1 件，S 型 1 件，破损 1 件；石片远端形态以羽翼状为主，20 件，占 50%，其余折断 4 件，阶梯状 2 件，内卷 2 件，外翻 3 件，关节状 9 件。

通过测量，40 件石片中有 5 件纵轴截面呈弯曲状态，占 12.5%，弯曲度最大值 166°，最小值 138°，平均值 155°，标准差 12°。加权平均每克石片产出有效边缘 176.6 毫米（见附表 9）。

201–350℃共获取石片 28 件，占所有石制品的 23.5%。Ⅰ2–2 型石片 8 件，Ⅰ2–3 型石片 20 件（图 6.9）。微片 23 件，占所有石制品的 5.9%。

28 件石片全部为人工台面，其中素台面 17 件，占 61%，其余为线状台面；台面形状以线状为主，占 39.2%（n = 11），其次为不规则和梯形，都为 5 件，分别占 18%，另有 4 件三角形，2 件长条形，1 件椭圆形。

6 件石片可以观察到唇，占 21.4%；仅 4 件可观察到半椎体，占 14%；11 件有锥疤，占 39%；4 件有波纹，占 14%；3 件有放射线，占 10%；全部石片延展平直。

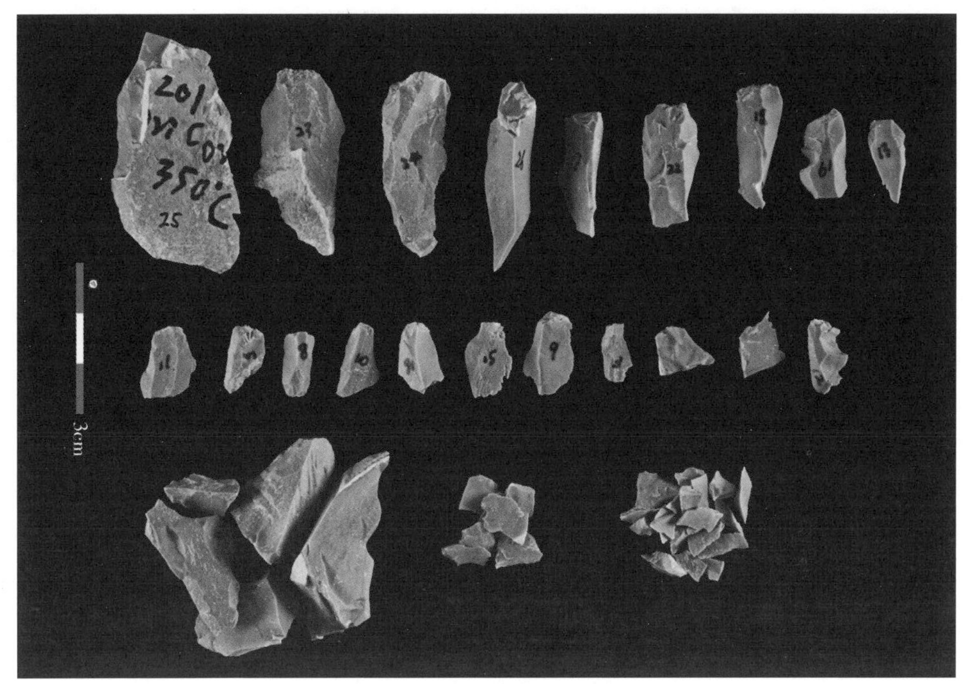

图 6.9　201-350℃石片

背面全部为石片疤的 21 件，占 75%，剩余 7 件为背面部分砾石面，占 25%；背疤中，1 个石片疤的 8 件，2 个石片疤的 10 件，3 个及 3 个以上石片疤的 7 件，背疤方向向下的 10 件，未定 15 件；背面无脊的石片 5 件，1 条脊的 13 件，2 条脊的 7 件，3 条及以上的 3 件，大部分为纵脊，占 68%（n=19），Y 型脊 1 件，人字形型脊 1 件，平行脊 1 件，不规则 1 件。

石片两边以平行者居多，14 件，占 50%，扩散者 4 件，汇聚者 10 件；侧缘形态正面观以薄锐为主，24 件，占 86%，其余 4 件为厚钝，侧面观以平直为主，26 件，破损 2 件；石片远端形态以羽翼状为主，11 件，占 58.5%，其余折断 8 件，内卷 1 件，平面 2 件，外翻 2 件，关节状 4 件。

通过测量，28 件石片中仅有 1 件纵轴截面呈弯曲状态，弯曲度 162°。加权平均每克石片产出有效边缘 194 毫米（见附表 9）。

3. 199 白云岩

199-ori 共获取石片 34 件，占所有石制品的 14.2%。Ⅰ2-2 型石片 15 件，占 44%，Ⅰ1-2 型石片 1 件，Ⅰ1-3 型石片 2 件，Ⅰ2-1 型石片 3 件，Ⅰ2-3 型石片 13

图 6. 10 199-ori 石片

件（图 6. 10）。微片 9 件，占所有石制品的 4%。

34 件石片全部为人工台面，其中素台面 13 件，占 38%，自然台面 3 件；台面形状以线状为主，占 50%（n=17），其次为长条形和三角形，分别为占 21%（n=7）和 15%（n=5），另有 1 件点状，3 件梯形，1 件方形台面。

所有石片均没有唇；仅 5 件可观察到半椎体，占 15%；19 件有锥疤，占 56%；仅 1 件有波纹；3 件有放射线；石片延展平直者 33 件，占 97%，仅 1 件延展为内卷。

背面全部为石片疤的仅 1 件，背面部分砾石面部分人工面 16 件，占 47%；背面为砾石面的 17 件，占 50%。

石片两边以平行者居多，22 件，占 65%，扩散者 4 件，汇聚者 8 件；侧缘形态正面观以薄锐为主，27 件，占 79%，其余 2 件为厚钝，5 件为厚锐；侧面观全部为平直；石片远端形态以羽翼状为主，14 件，占 41%，其余折断 6 件，阶梯状 3 件，平面 4 件，外翻 2 件，关节状 5 件。

通过测量，34 件石片中仅有 1 件纵轴截面呈弯曲状态，弯曲度为 170°。加权平均每克石片产出有效边缘 21. 2 毫米（附表 10）。

199-400℃共获取石片 6 件，占所有石制品的 8%。Ⅰ2-2 型石片 4 件，Ⅰ2-3 型石片 2 件（图 6. 11）。微片 7 件，占所有石制品的 9%。

图 6.11　199-400℃石片

6 件石片全部为人工台面，其中素台面 4 件，占 66%，台面形状为长条形、三角形和线状，都为 2 件。

6 件石片都没有唇；2 件可观察到半椎体，占 33%；2 件有锥疤，占 33%；所有石片都没有波纹和放射线；全部石片延展平直。

背面全部为石片疤的 2 件，占 33.3%，剩余 4 件全部为背面部分砾石面部分石片疤；背面 1 个石片疤的 4 件，2 个石片疤的 1 件，3 个石片疤的 1 件，背疤方向向下的 2 件，未定 4 件；背面 1 条脊的 5 件，2 条脊的 1 件，全部为纵脊。

石片两边以平行者居多，5 件，占 83%，汇聚者 1 件；侧缘形态正面观以薄锐为主，5 件，其余 1 件为厚锐，侧面观全部为平直；石片远端形态以羽翼状为主，4 件，3 件为折断。加权平均每克石片产出有效边缘 8.12 毫米（见附表 10）。

4．146 石英砂岩

146-ori 共获取石片 15 件，占所有石制品的 14%。Ⅰ1-1 型石片 1 件，Ⅰ1-2 型石片 3 件，Ⅰ2-2 型石片 8 件，Ⅰ2-3 型石片 3 件（图 6.12）。微片 12 件，占所有石制品的 12%。

15 件石片中 4 件为砾石台面，素台面 11 件，占 73%，台面形状以长条形为主，占 33.3%（n=5），其次为不规则台面 3 件，另有 2 件点状，1 件梯形，2 件三角形，2 件菱形台面。

所有石片都观察不到唇；仅 1 件可观察到半椎体；2 件有锥疤；所有石片无波纹

图 6.12　146-ori 石片

和放射线；石片延展平直者 14 件，剩余 1 件外翻。

背面全部为石片疤的 4 件，全部为砾石面的 1 件，剩余 10 件为背面部分砾石面部分石片疤；石片背面 1 个石片疤的 5 件，2 个石片疤的 7 件，3 个及 3 个以上石片疤的 2 件，背疤方向向下的 8 件，未定 6 件；背面无脊的石片 1 件，1 条脊的 10 件，2 条脊的 2 件，3 条及以上的 2 件，大部分为纵脊，占 60%（n=9），横脊 2 件，人字形型脊 1 件，不规则 2 件。

石片两边以平行者居多，9 件，占 60%，扩散者 1 件，汇聚者 5 件；侧缘形态正面观以薄锐为主，10 件，占 67%，其余 3 件为厚钝，2 件为厚锐；侧面观以平直为主，14 件，破损 1 件；石片远端形态以羽翼状为主，12 件，占 80%，其余折断 1 件，平面 2 件。

15 件石片中有 1 件纵轴截面呈弯曲状态，弯曲度最大值 157°。加权平均每克石片产出有效边缘 6.45 毫米（附表 11）。

146-550℃共获取石片 12 件，占所有石制品的 11%。Ⅰ2-2 型石片 7 件，Ⅰ2-3 型石片 5 件（图 6.13）。微片 22 件，占所有石制品的 20%。

12 件石片全部为素台面，台面形状以长条形和三角形为主，都占 33.3%（n=4），另有 1 件方形，1 件菱形，1 件梯形，1 件不规则台面。

所有石片观察不到唇、半椎体、波纹和放射线，仅有 1 件有锥疤；石片延展平

图 6.13　146-550℃石片

直者 10 件，占 80%，剩余 2 件内卷。

背面全部为石片疤的 5 件，占 42%，剩余 7 件为背面部分砾石面部分石片疤；背面无石片疤的 2 件，1 个石片疤的 4 件，2 个石片疤的 3 件，3 个及 3 个以上石片疤的 3 件，背疤方向向下的 4 件，未定 4 件，1 件向上，1 件向右；背面无脊的石片 3 件，1 条脊的 4 件，2 条脊的 2 件，3 条及以上的 3 件，大部分为纵脊，占 42%（n = 5），Y 型脊 1 件，S 型脊 1 件，人字形型脊 1 件，不规则 1 件。

石片两边以平行者居多，6 件，占 50%，扩散者 3 件，汇聚者 3 件；侧缘形态正面观以薄锐为主，6 件，占 50%，其余 3 件为厚钝，3 件为厚锐；侧面观以平直为主，11 件，另弯曲者 1 件；石片远端形态以羽翼状为主，5 件，占 42%，其余折断 3 件，平面 4 件。

通过测量，12 件石片中有 2 件纵轴截面呈弯曲状态，弯曲度分别为 163°和 156°。加权平均每克石片产出有效边缘 6.19 毫米（见附表 11）。

三　断块、断片、石屑

断块、断片和石屑的数量在每次实验产出石制品中一般占 60%以上，最少的为 050-400℃，占 53%，最多为 199-400℃，占 83%，平均百分比为 68%；其重量比例在产出石制品中变异较大，最少的 201-ori 仅占 4.8%，最多的 199-400℃占 64%，平均百分比为28.3%。所有实验中，石屑数量所占比例最高，大多为40%以上，但其重量是所有石制品类型中比例最低的（附表12）。

整体上看断块、断片和石屑在数量、重量上主要表现出石料类型上的差异，比如199号白云岩产出上述三种类型石制品，无论是热处理前还是热处理后，在数量还是重量的比例上都高于其他原料。

第五节　分析与讨论

本次实验共获取各类石制品1325件，石片数量占总数的18%，重量占44%。如前文所述，本次打制实验的设计目的是获取石片，其他类型的石制品是打制过程中的副产物，因此石片最能反映热处理后石料剥片性能的变化，同时石核、断块、断片、微片和石屑形态特征不如石片明显，断块、断片等属于打制事故的产物。因此，本研究主要对石片进行讨论分析。

从石制品类型组合上看，石料热处理前后区别不大，都以石屑为主，石片、断片次之，断块和微片较少；石料之间石制品比例变化较大，050和201白云岩虽也以石屑为主，但是石片比例较高，199白云岩和146石英砂岩产出石片比例较低，断片比例较前两者高。

从石片的尺寸上看，热处理前后的石片变化不明显，但是，热处理后产出石片的长、宽、厚形态趋于规整，如050白云岩经过350℃热处理后长度规整指数趋近于1，宽度、厚度规整指数降低，指数数值越低表明越规整，同样201白云岩经过300℃和350℃热处理后长度规整指数趋近于1，宽度、厚度规整指数降低，但经过350℃热处理石片更加规整，146石英砂岩经过550℃热处理后也出现了类似的情况，199白云岩石片的规整指数变化不大，这可能是由于199白云岩经过400℃热处理石料获取石片仅为6件，统计意义较小，导致无法反映真实情况。同时，我们发现热处理石料产出的石片长宽比提高（附表13），即石片趋向于变窄，此现象在050白云岩350℃和400℃热处理石料上表现尤为明显，这是由于石料热处理后延性提高，石片顺应力方向破裂距离更远导致。

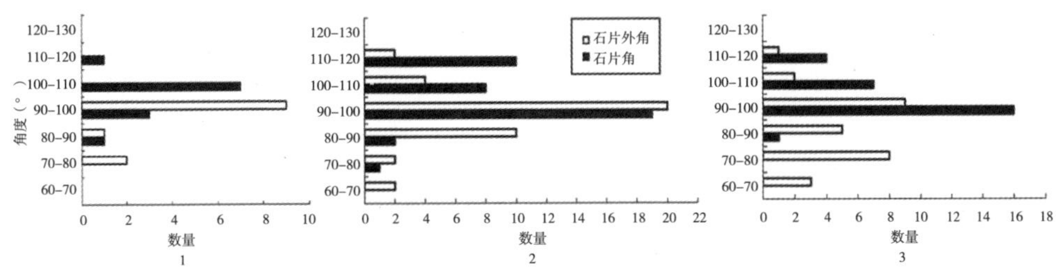

图 6.14　201 白云岩石片角分布图

1. 201-ori　2. 201-300℃　3. 201-350℃

部分热处理石料打制的石片台面尺寸较未经过热处理石料打制的石片台面尺寸更大（附表 14），白云岩和石英砂岩石料均表现出这种特性，但是经过 550℃热处理石英砂岩和经过 400℃热处理的白云岩增幅较小，经 350℃热处理的白云岩增幅较大，这种现象可能与岩石经过热处理后抗压强度降低有关，强度降低、脆性增强导致同一打制者的同等力度会使得受力区域的破裂面积增大。热处理还可能导致石片台面角的变化，热处理前，白云岩石片台面角以 100°~110°为主且变异范围较大，热处理后台面角以 90°~100°为主，同时变异范围减小（图 6.14）。我们知道，石片台面角反映了石核下一次剥片的角度，硬锤法剥片时，石核台面角过小与过大都会导致石核下一次的剥片难以进行：石核台面角过小，没有剥片角度，导致该边缘无法继续剥片；石核台面角过大，会提高剥取长石片的难度，难以进行连续剥片，只有当石核台面角稳定在一个合适的角度，才能保证石核的高利用率，因此石片角的变化反映了热处理能够提高石料的利用率。

热处理石料打制的石片纵轴截面弯曲的出现概率明显降低，050 白云岩经 350℃和 400℃热处理后，石片纵轴弯曲的比例从 36%分别降至 9%和 10%。201 白云岩经过 300℃和 350℃热处理后，石片纵轴弯曲者从 17%分别降至 12.5%和 3%。石英砂岩经热处理后截面弯曲度变化不大。纵截面弯曲度的降低一方面可以提高石片的质量，另一方面也能为下一次剥片提供更好的工作面，从而提高石核的利用率。热处理能够有效降低白云岩石片的弯曲度，而且经 350℃热处理的石片降幅最大。

热处理同样会对石片的腹面特征产生影响，腹面出现唇面（lip）的比例由热处理前的 10%左右升至 30%，最高者为 350℃加热的 050 白云岩，达到 68%。一般认为唇面是软锤法的特征，水洞沟 8 号地点废片实验研究中，使用与本文同样原料进行硬锤法剥片产生的废片中，唇面出现率为4.8%[①]，石英砂岩石片中，热处理前后均不见唇面。热处理前，石片延展平直者约为70%，热处理后这一比例增加到90%以上。热处理后，白云岩石片羽翼状远端的比例从40%左右提升到60%以上。由于原料关系，热处理前后石片出现放射线、同心波的比例都比较低。

热处理对石片两边形态影响较小，非热处理前后石片两边均以平行为主，占80%左右，扩散、汇聚较少；侧缘正面观形态以薄锐为主，侧面观形态以平直为主。

古人类获取石片最重要的目的是使用其刃缘满足生活中的各种需求，因此有效刃缘长度是考察剥片成功与否的重要指标。我们发现，使用热处理石料剥片获取有效刃缘的长度远高于未经过热处理的石料，050石片有效刃缘指数从热处理前的13.7mm/g提升到56.4mm/g和51.8mm/g，201石片有效刃缘指数从热处理前的29.1mm/g提升到176.6mm/g和194mm/g；146石英砂岩的有效刃缘指数在热处理前后变化很小，分别为6.45mm/g和6.19mm/g。

整体上看，热处理对于白云岩这类硅质岩类效果明显，而石英砂岩热处理前后变化不大，本文实验中146号石英砂岩打制获取的石制品，热处理前后对比没有发现规律性特点；350℃左右为水洞沟白云岩的热处理适宜温度，温度过低，效果不明显；温度过高会破坏原料的打制性能。由于热处理对石料力学性能的改变，热处理石片的形态趋于规整，窄薄型石片比例增加，同时石片延展更加平直，弯曲程度降低，羽翼状远端的比例也显著提高，更重要的是，石片有效边缘的产出率明显提高。以上特征与我们依据力学性能变化推测的石片特征完全吻合，这也表明，正确的热处理可以有效提高石料的利用率。

但是我们同时注意到，热处理石片的长度和厚度变化很小，这可能与实验过程中的打制策略相关。打制过程中，为获取更薄的石片，打击点仅尽量靠近适合边缘，由于石锤比较坚硬，如果打击点过于靠近适合边缘容易导致台面破碎，剥片失败，因此，本次实验中大部分石片的打击点相对远离台面边缘，从而导致打击应力的垂直应力大于切线应力，而切线应力是控制石片长短的重要因素，这是导致热处理石片并没有明显增长、变薄的主要原因：当垂直应力主导时，热处理前后石片长度变化不明显；切线应力主导时会对热处理前后石片长度、厚度的变化起到放大作用。

---

① 王春雪：《水洞沟遗址第八地点废片分析和实验研究》。

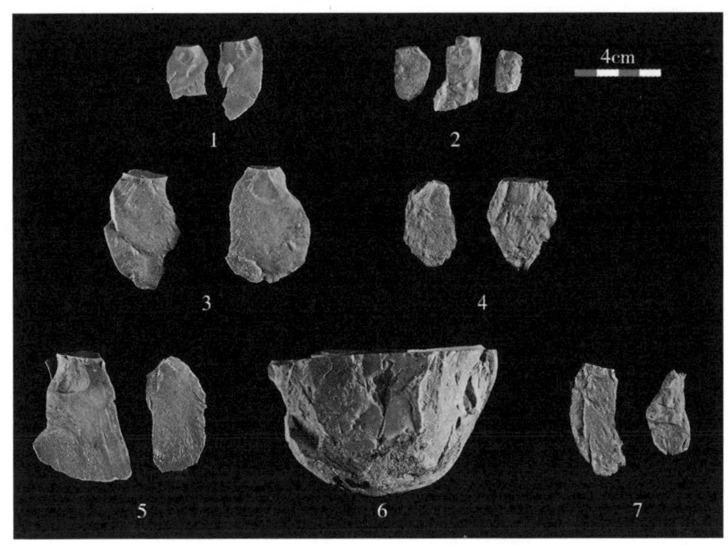

图 6.15 550℃热处理石料破裂面

1. 023-ori 2. 196-ori 3. 146-550℃ 4. 196-550℃ 5. 198-ori 6. 198-450℃ 7. 198-450℃

石片台面面积增加也是由此造成。这种现象也从侧面证明，只有当切线应力大于垂直应力时，热处理导致石片变长、变薄的特性才会更加突出，因此使用软锤法对热处理石料进行剥片，石料性能提升的效果会更加明显。

最后需要说明的是，除上述介绍外，我们还对经 450℃ 和 550℃ 热处理的十余件原料进行了同样的实验（图 6.15）。实验结果表明，经过 450℃ 以上热处理的白云岩和燧石会出现颗粒状结构，与未经过热处理石料相比，破裂面明显粗糙，大量肉眼可见的粗颗粒导致打击力无法有效传导，甚至很难剥取石片，更无法提升石料的打制性能。由于可以观察到石料剥片能力的丧失，数据采集也就失去其意义。这种现象说明温度控制在热处理过程中起到非常重要的作用，只有具备控制火塘温度的能力，才能成功对石料进行热处理。

XRD 和 XRF 结果表明，热处理通过提高石料中 SiO_2 的比例改善其打制性能；扫描电镜观察下，大部分石料经过热处理后石英结晶度显著提高，颗粒分布均匀，以等粒结构为主；岩石力学试验则反映出，热处理石料质地均匀、硅质含量增高，其延性提高、脆性增强、强度降低，这些变化有力地改善了岩石的打制性能，提高了石器制作效率。

通过打制实验，我们发现，使用经过热处理的原料打制获取的石片，表现出以下特点：长度增加，纵轴趋于平直，打击泡浅平，放射线、同心波发生比例降低，羽翼状远端比例提高。以上特点表明，热处理可以提高石器打制效率，降低事故率，提升产出石片的质量。热处理温度以400℃左右为宜，石料以此温度处理后力学性能明显改善，温度高于450℃时，各种特征改善不明显或改变的程度不利于打制，比如脆性降低，微裂隙增多。打制实验的结果与使用同一批石料进行的成分分析、显微电镜分析、岩石力学分析结果相吻合，之间可以互相印证。

通过打制实验，我们初步了解热处理技术如何在原料的利用与开发、石器的加工与制作中发挥作用，对热处理行为的判断与研究可以帮助我们了解古人类对石料的选择与认知能力、石器打制技术的发达程度、利用与开发资源的能力。

第七章　水洞沟遗址热处理行为分析

通过前文的介绍，我们认为以下三大要素可以帮助我们判断热处理行为，即石制品的外部特征、内部特征和文化背景。当石制品数量较多时，通过其外部特征判断是否经过热处理尤为重要，因为石料内部特征的检测工作耗时长、投入高，且部分手段会对标本造成不可逆的损坏，所以，通过实验工作，对石料热处理后的外部特征有一定了解的基础上，初步判断哪些石制品经过热处理，再进行有的放矢的内部特征检测工作，可以大大提高研究效率。内、外部特征的观察仅能帮助我们判断标本是否经过加热，结合石制品所处的文化背景才能最终判断加热是有意为之，还是无意造成。文化背景包括用火环境、工艺背景、原料背景，即遗址内是否有用火遗迹，热处理标本的制作工艺是否具有特殊性，热处理石制品的原料是否具有选择性。结合以上标准综合分析，我们才能判断遗址内是否存在热处理行为。

第一节　水洞沟遗址的用火情况

1923 年，桑志华和德日进组织的水洞沟遗址的第一次发掘就发现了“炉灶”遗迹，证明了水洞沟存在用火行为，此后，1980 年水洞沟遗址 1 号地点也发现了用火遗迹①。21 世纪以来的历次调查、发掘均发现了用火遗迹，且火塘类型多样、伴生遗物丰富。1999 年和 2000 年两次对水洞沟遗址的调查，共发现 7 处火塘遗迹和 5 处

---

① 宁夏文物考古研究所：《水洞沟——1980 年发掘报告》，北京：科学出版社，2003 年，第 1～274 页。

与火塘相关遗迹，发现有红烧土、木炭、烧骨和文化遗物；2003 年开始对水洞沟 2 号、8 号、12 号地点进行连续正式发掘，陆续发现了更为丰富的用火遗迹。作者在参加发掘时得知 2 号地点不同文化层发现多处火塘遗迹，大小、形制不一，文化遗物丰富；除此之外，12 号地点文化堆积中大量的木炭、烧骨、烧石表明该地点曾经存在过长时间、大规模的用火行为①。面对如此丰富的用火遗迹及相关遗存，我们可以推断，水洞沟古人类有足够的使用火、控制火的能力对石料进行热处理。

第二节 水洞沟遗址的热处理石制品

本文观察的标本涉及水洞沟 2、7、8、12 号地点。包括 2 号地点的 3805 件断块、1501 件碎片、1927 件石片，12 号地点的 1684 件石片、微片 44 件、石核 69 件、砸击石核 40 件、砸击石片 65 件、石器 331 件，8 号地点的全部标本，石核 14 件、石片 733 件、石器 11 件、断块 15 件以及 7 号地点的 277 件石制品。

本文第四章已详细介绍了针对水洞沟石料的热处理实验结果，即水洞沟的主要原料经过热处理后，最显著的特征是颜色趋于变红，油脂状光泽及裂纹、破碎出现概率较低。尽管有研究表明，光泽比颜色更能反映标本是否经过热处理②，但是本文实验部分证明这条规律至少在水洞沟遗址并不适用。我们以颜色为判断标准，从出土石制品中挑出疑似热处理标本，并选择有代表性的石制品制作岩石薄片进行矿物学观察，同时使用扫描电镜观察其内部结构。结果显示③，考古标本的镜下特征与实验标本完全一致，这表明通过外部特征的观察可以有效判断水洞沟的热处理标本。除热处理标本之外，通过无意识加热实验，我们同时从出土标本中发现了一部分经

---

① 高星、李进增、Madsen DB 等：《水洞沟的新年代测定及相关问题讨论》；高星、王惠民、裴树文等：《水洞沟遗址 2003 年发掘的主要收获》，见：钟侃、高星主编：《旧石器时代论集——纪念水洞沟遗址发现八十周年》，北京：文物出版社，2006 年，第 84 ~ 86 页；高星、王惠民、刘德成等：《水洞沟第 12 地点古人类用火研究》。

② Domanski M, Webb J, A review of heat treatment research.

③ 具体过程及结果见第五章。

过高温加热的遗址石制品。结合高星等[①]针对水洞沟遗址白云岩、石英砂岩进行烧石实验的结果，水洞沟遗址无意识热处理石制品主要表现为颜色变浅，如灰白、灰褐色；表面出现龟裂纹，温度过高时破裂成块；部分标本出现油脂状光泽。

根据以上标准和工作流程，我们共挑选出热处理石制品 110 件以及无意识加热标本 13 件。在热处理辨识过程中，我们发现石制品的可辨识程度并不相同，因此按辨认依据，划分 3 个热处理石制品辨识级别：一级指出土标本与实验标本各方面特征完全一致，二级指出土标本与实验标本部分特征一致，三级则指根据实验标本的特征规律推测出土标本经过热处理。由于实验仅仅是模拟古人类行为，辨识程度的高低仅代表出土石制品与实验标本之间的关系；辨识程度低，并不一定代表石制品经过热处理的可能性就低。

一　2 号地点

2 号地点共发现热处理石制品 48 件，石核 2 件，石片 12 件，碎屑 3 件，碎片 7 件，断块 24 件。其中包括无意识加热石制品 3 件（图 7.1）。热处理辨识级别，一级者 12 件，占 25%，二级 27 件，占 56%，三级 9 件，占 19%。

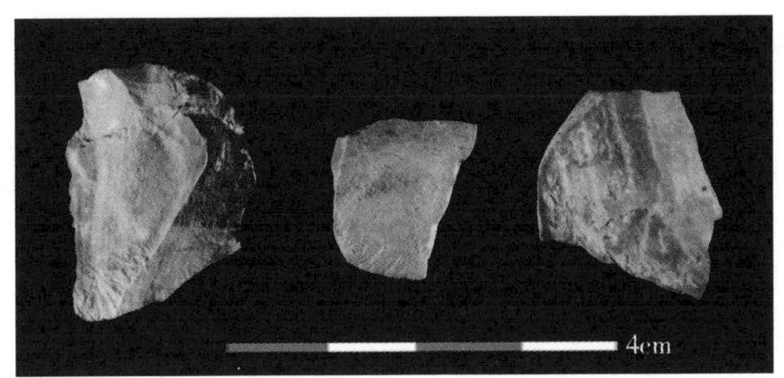

图 7.1（彩版五）　2 号地点无意识加热石制品

1. 原料

2 号地点已观测标本中，白云岩 934 件，占 13%；燧石 3497 件，占 48%；石英砂岩 2157 件，占 30%；石英岩 118 件，占 2%。热处理标本仅发现有白云岩（n=7，15%）和燧石（n=41，85%）（表 7.1）。热处理标本原料组成与石制品整体原料组

① 高星、王惠民、刘德成等：《水洞沟第 12 地点古人类用火研究》。

成比例明显不一致，表明古人类有选择的选取石料进行热处理。

表 7.1　2 号地点热处理石制品原料统计

	白云岩	燧石
石核	2	
石片	2	10
碎屑		3
碎片		7
断块	3	21
合计	7	41

45 件热处理石制品中，91%的颜色为红色或接近红色，仅有 4 件颜色完全不含红色因素，且有些标本的颜色与热处理实验标本颜色、光泽完全一致（附表 15）。从水洞沟采集的实验原料中，白云岩原始颜色大多为浅灰色或浅褐色，燧石原始颜色多为黑灰色和灰褐色，未发现红色的石料，其颜色分布与热处理石制品存在较大区别。由于 2 号地点已观测的标本的颜色划定方法与本文中芒赛尔土色表颜色系统不一致，因此无法直接对比，但是整理人员的描述表明，白云岩和燧石颜色偏红者仅占很小的比例，且部分已被确定是热处理造成。

2. 石核

热处理石核 2 件，全部为白云岩（图 7.2）。

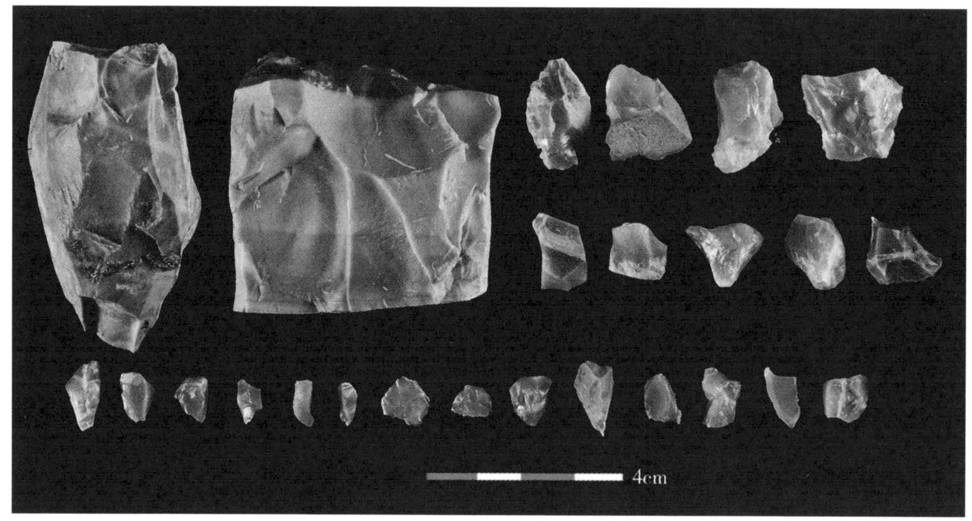

图 7.2（彩版五）　2 号地点热处理石制品

SDG2T2-10240：Ⅱ2 型，原型为砾石，颜色 10R-5/2，长、宽、厚分别为 52 毫米、50 毫米、37 毫米，重 157 克。硬锤对向剥片，2 个台面呈相对关系，剥片面 1 个，长 50 毫米，宽 47 毫米，可见片疤数 2 个，最大片疤长 41 毫米，宽 39 毫米。热处理辨认级别 2 级。

SDG2T2-10343：石叶石核，柱状，原型为砾石。颜色，部分 10R-4/2 部分 10R-6/1，长、宽、厚分别为 62.7 毫米、44.7 毫米、30.4 毫米，重 111 克。硬锤垂直剥片，3 个台面，台面关系不确定。剥片面 2 个，相连关系，单向剥片，最大剥片面长 62 毫米，宽 34 毫米，可见片疤数 8 个，最大片疤长 55 毫米，宽 18 毫米。热处理辨认级别 1 级。

3. 石片

12 件石片中，热处理标本 11 件，其中 1 件为白云岩，10 件燧石；1 件无意识加热石片，为白云岩（见图 7.2）。

表 7.2 为石片大小、重量统计分析情况，整体上石片长大于宽的占多数，石片整体较薄（表 7.3），除重量外，其余指标变异都不大。

11 件热处理石片中，Ⅰ1-1 型 1 件，Ⅰ1-2 型 1 件，Ⅰ2-2 型 1 件，Ⅰ2-3 型 5 件，左裂片 1 件，远端断片 2 件。可见台面的 9 件石片中，自然台面者 2 件，素台面 4 件，有疤台面 1 件，不确定 2 件。

石片腹面特征，打击点模糊 2 件，打击点清晰 1 件，其余无打击点；有打击泡者 5 件，有同心波者 4 件，有放射线者 1 件；石片纵截面呈弯曲状态有 2 件，微曲 1 件；远端形态以羽翼状为主，内卷和外翻分别仅 1 件。石片角从 56°到 115°不等，平均 99°，主要分布于 95~115°之间。

表 7.2　2 号地点热处理石片尺寸统计表

	数量	极小值	极大值	均值	标准差	变异系数
长（mm）	12	6.78	67.92	22.4	16.92	0.76
宽（mm）	12	4.59	48.18	21.38	12.6	0.59
厚（mm）	12	1.33	19.27	6.47	5.32	0.82
重（g）	12	0.07	67.3	8.25	19.03	2.31

表 7.3　2 号地点石片厚度指数二

类型		数量	百分比
指数<5	<5g	7	0.58
	5~20g	2	0.17
	>20g	1	0.08
合计		10	0.83
指数>5	<5g	2	0.17
	5~20g	0	0
	>20g	0	0
合计		2	0.17

Ⅰ1-1 型石片：SDG-940，燧石，颜色 2.5YR-3/2，长、宽、厚分别为 30.1 毫米、41.3 毫米、12 毫米，重 14.2 克，台面宽 20.6 毫米、厚 15.1 毫米，腹面可见打击点、同心波，其余特征不见，远端呈羽翼状，台面角 57°，背缘角 117°，热处理辨识级别 3 级。

Ⅰ2-3 型石片：SDG-2655，燧石，颜色 2.5YR-5/6，长、宽、厚分别为 6.8 毫米、10.9 毫米、1.3 毫米，重 0.07 克，台面宽 7.6 毫米，背面有一同向片疤，腹面可见打击点、打击泡、同心波，其余特征不见，远端呈羽翼状，热处理辨识级别 1 级。

4. 断块、碎屑、碎片

2 号地点共发现热处理断块 24 件，其中白云岩 3 件，燧石 21 件，断块个体大小变异度不较低，重量变异较大（表 7.4）。

表 7.4　2 号地点断块大小、重量统计表

	数量	极小值	极大值	均值	标准差	变异系数
长（mm）	24	8.09	27.94	15.51	5.28	0.34
宽（mm）	24	5.17	29.64	11.86	5.05	0.43
厚（mm）	24	4.6	18.36	7.81	3.53	0.45
重（g）	24	0.09	14.3	2.13	3.15	1.48

碎片共发现 7 件，全部为燧石，其中包括 1 件无意识加热碎片，颜色为灰白色。碎屑 3 件，全部为燧石。

5. 小结

尽管上述标本仅为2号地点的部分热处理石制品，但我们仍可初步总结出以下结论：

（1）2号地点热处理石制品原料仅为燧石和白云岩，燧石占绝大多数。大部分石制品原料为红色或趋近于红色。原料与颜色的类型分布规律性较强，与遗址出土的其他石制品相比显示出较大区别。

（2）不同类型石制品中，断块数量最多，其次为石片。石制品类型与实验标本不一致，说明热处理标本经过了人工搬运。石制品大小、形态变异度较小，相对规整。

（3）石片背面为片疤者占绝大多数，台面类型多样，但以素台面为主。腹面人工特征的出现比例较低。

（4）剥片方法主要为锤击法。

二　12号地点

12号地点共发现热处理石制品65件，石核6件，石片46件，石器12件，微片1件（表7.5）。无意识加热石制品10件，其中包括细石核2件，石片7件，微片1件。热处理辨识级别，一级者22件，占34%，二级24件，占37%，三级19件，占29%。

表7.5　12号地点热处理石制品原料岩性统计表

	白云岩	燧石	玉髓	其他	合计
石核	1	3	1	1	6
石片	17	16	12	1	46
石器	2		10		12
微片	1				1
合计	21	19	23	2	65

（注：其他岩性包括火成岩和碧玉）

1. 原料

12号地点已观测标本中，白云岩1163件，占55%；燧石623件，占30%；玉髓

116件，占6%；石英砂岩42件，占2%；石英岩96件，占5%。另有少量变质岩、泥岩、砂岩、蛋白石、灰岩、碧玉等。热处理标本发现有白云岩（n=22，32%）、燧石（n=19，30%）、玉髓（n=23，35%）和碧玉（n=1，1.5%）。热处理标本原料组成与石制品整体原料组成比例明显不一致，特别是玉髓的比例远远高于其在出土标本中的比例（见表7.5）。

与2号地点类似，12号地点的65件热处理石制品中，92%的颜色为红色或接近红色，仅有5件颜色完全不含红色因素，且有些标本的颜色与热处理实验标本颜色、光泽完全一致（附表16）。这种颜色分布与水洞沟遗址区石料颜色分布完全不同。

2. 石核

热处理石核6件，包括4件细石核，2件普通石核。燧石3件，包括白云岩1件，玉髓1件，火成岩1件（图7.3）。

ZZY-004：细石核，原型为砾石，柱状，颜色10R-3/3，长、宽、厚分别为18.7毫米、12.5毫米、19.4毫米，重5.33g。压制法单向剥片，单台面，台面经过修理，剥片面1个，长18.7毫米，宽13.2毫米，可见片疤数14个，热处理辨认级别1级。

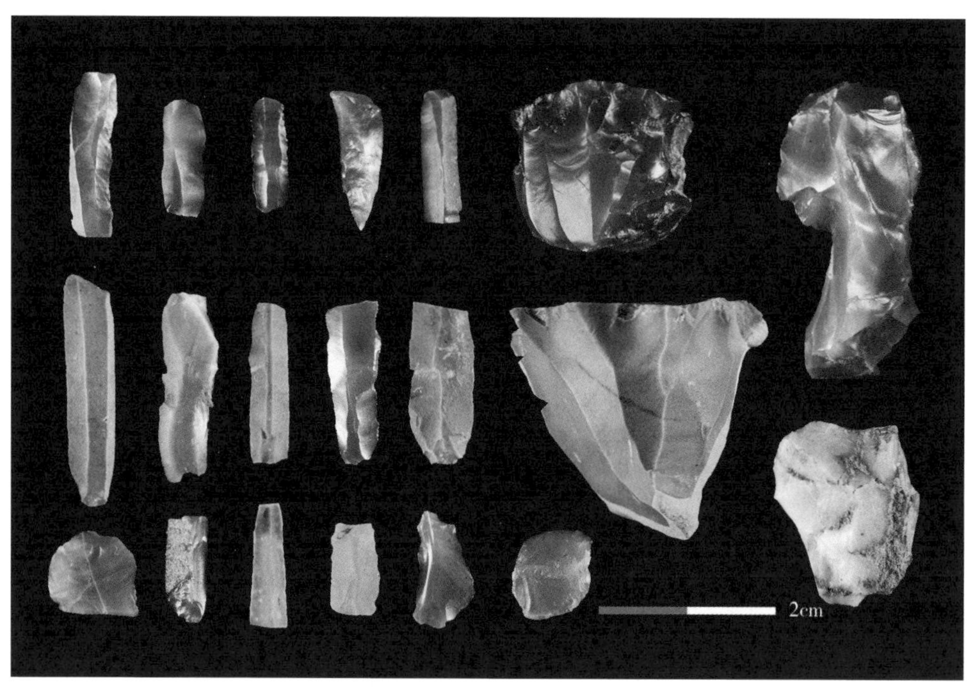

图7.3（彩版六）　12号地点热处理石制品

SDG12L5-8533：细石核，原型为砾石，锥形，颜色 5YR-4/4，长、宽、厚分别为 25.1 毫米、27.8 毫米、25.2 毫米，重 13.6g。硬锤法单向剥片，台面数量 1 个，台面性质为素台面，剥片面 1 个，长 25 毫米，宽 28 毫米，可见片疤数 8 个，片疤长 21.8 毫米，宽 10 毫米。热处理辨认级别 1 级。

3. 石片

热处理石片 46 件，其中完整石片 11 件，断片 8 件，细石叶 27 件。完整石片中，燧石 4 件，玉髓 5 件，白云岩 2 件；断片中，燧石 5 件，玉髓 2 件，白云岩 1 件；27 件细石叶中，玉髓 5 件，碧玉 1 件，燧石 7 件，白云岩 14 件。完整石片中燧石和玉髓占 82%，白云岩仅占 18%，细石叶中，玉髓和燧石占 44%，白云岩占 52%。

热处理细石叶和石片都属于小型石制品，细石叶大小形态变异范围小。相比之下，石片的变异范围较大，但仍属规整（表 7.6、7.7）。

表 7.6　12 号地点热处理细石叶大小、重量统计分析表

	数量	极小值	极大值	均值	标准差	变异系数
长（mm）	27	9	22.8	15.64	3.97	0.25
宽（mm）	27	3.3	8.2	5.67	1.21	0.21
厚（mm）	27	0.81	4.1	2.03	0.81	0.4
重（g）	27	0.04	0.42	0.17	0.09	0.56

表 7.7　12 号地点热处理石片大小、重量统计分析表

	数量	极小值	极大值	均值	标准差	变异系数
长（mm）	19	9.3	31.3	16.09	6.69	0.42
宽（mm）	19	4.91	33.6	14.13	8.83	0.63
厚（mm）	19	2.05	12.2	4.95	2.96	0.6

完整石片和细石叶腹面特征，打击点模糊 12 件，打击点清晰 13 件，13 件无打击点；有打击泡者 19 件，有同心波者 25 件，有锥疤者 9 件，有半椎体者 10 件，有放射线者 10 件；石片延展平直者 31 件；远端形态以羽翼状为主，折断 7 件，外翻仅 1 件；两边平行者 31 件，汇聚及未定 7 件。

石片角从 85°到 122°不等，平均 100.5°，主要分布于 95~100°之间。背缘角从 45°到 94°不等，平均 82°，主要分布于 80~90°之间。

根据厚度指数二的统计分析，热处理细石叶全部属于窄薄型，且个体间差异较小，形制十分规整（表 7.8、7.9）。

表 7.8　12 号地点热处理石片厚度指数二

类型		数量	百分比（%）
指数<5	<5g	13	68
	5~20g	3	16
	>20g	0	0
合计		16	84
指数>5	<5g	3	16
	5~20g	0	0
	>20g	0	0
合计		3	16

表 7.9　12 号地点热处理细石叶厚度指数二

类型		数量	百分比（%）
指数<5	<5g	2	7
	5~20g	0	0
	>20g	0	0
合计		2	84
指数>5	<5g	25	93
	5~20g	0	0
	>20g	0	0
合计		25	93

细石叶：SDG12L3-2005，白云岩，颜色 2.5YR-3/2，长、宽、厚分别为 18.2 毫米、7.7 毫米、1.5 毫米，重 0.26 克，修理台面，压制剥片，台面宽 3.3 毫米、厚 1.5 毫米，腹面可见半椎体、同心波，打击泡散凸，其余特征不见，背面 3 个片疤，2 条纵脊，远端呈羽翼状，两边平行，台面角 90°，背缘角 90°，热处理辨识级别 3 级。SDG12L4-4401，燧石，颜色 10R-5/6，长、宽、厚分别为 12.8 毫米、4.1 毫米、0.9 毫米，重 0.04 克，素台面，压制剥片，台面宽 3.2 毫米、厚 1 毫米，腹面可见唇、锥疤、同心波，打击泡散凸，其余特征不见，背面 2 个向下片疤，2 条纵脊，延

展平直，远端呈羽翼状，两边平行，台面角97°，背缘角92°，热处理辨识级别1级。

完整石片：SDG12L4-4502，Ⅰ1-2型石片，白云岩，颜色2.5YR-6/2，长、宽、厚分别为24.6毫米、33.6毫米、4毫米，重6克，自然台面，台面宽11.4毫米、厚3毫米，腹面可见打击点、唇、锥疤、放射线，打击泡明显，其余特征不见，背面1个片疤，远端呈羽翼状，两边汇聚，台面角102°，背缘角85°，热处理辨识级别3级。

4. 石器

12号地点发现热处理石器12件，其中刮削器11件，钻器1件；玉髓10件，白云岩2件。石器个体间差异较小，形制较规整（表7.10）。

5件石器毛坯为细石叶，6件为石片，1件毛坯为断块；6件修理方向为正向，4件为反向，2件修理方向不确定；刃缘侧面观平直者8件，弯曲3件，曲折1件，正面观凹刃5件，平直3件，齿状3件，凸刃1件；修疤形态以鳞形为主，大部分修疤连续、均匀，刃缘长度平均20.5毫米，刃角平均60°；压制修理为主，6件，硬锤修理4件，另有2件软锤修理；石器加工长度指数平均为0.54，表明古人类对加工部位要求较高；加工深度指数平均为0.71（表7.11），表明石器已经进行深度修理，软锤法和压制法的广泛应用也为深度加工提供了技术保障。

表7.10　12号地点石器大小、重量统计分析表

	数量	极小值	极大值	均值	标准差	变异系数
长（mm）	12	9.7	34	22.8	8.36	0.37
宽（mm）	12	4.3	22.5	13.79	6.84	0.5
厚（mm）	12	1.9	9.9	5.29	3.15	0.6
重（g）	12	0.15	8.68	2.05	2.46	1.2

表7.11　12号地点热处理石器加工指数统计分析表

	数量	极小值	极大值	均值	标准差	变异系数
加工长度指数	11	0.24	1	0.54	0.24	0.44
加工深度指数	10	0.13	1	0.71	0.28	0.4

刮削器：SDG12L4-4352，刮削器，玉髓，颜色2.5YR-4/6；长、宽、厚分别为34毫米、17.4毫米、8.9毫米，重3.5克，毛坯为石片；共3条刃缘，刃1位于石片左侧，刃2位于右侧近端，反向加工，凸刃，长13.6毫米，鳞状片疤，刃3位于右

侧远端的破裂节理面与腹面的缘，直刃，反向加工，平行片疤，刃长 11.4 毫米；压制法修理，刃角平均 63°，热处理辨认级别为 1 级。

钻器：SDG12L5-7405，玉髓，颜色 2.5YR-4/6；长、宽、厚分别为 29.4 毫米、16.9 毫米、9.2 毫米，重 2.15 克，毛坯为断块；毛坯有适合加工的尖部，横截面为三角形（三棱锥状），尖刃角 41 度，锋利；修疤呈鱼鳞状，连续均匀分布；热处理辨认级别为 1 级。

5. 无意识加热石制品

12 号地点发现无意识加热石制品 10 件，包括 2 件细石核，7 件石片和 1 件微片（图 7.4）。无意识加热石制品多呈现灰白色，部分标本表面有细微裂纹。

2 件无意识加热的细石核剥片均观察到严重打击事故，致使无法继续剥片，推测废弃后被古人类随手丢弃在火塘内。7 件石片既有完整石片，也有细石叶，其中 1 件完整石片还有不连续的修理痕迹。

6. 小结

（1）12 号地点热处理石制品原料主要为燧石、玉髓、白云岩，三者比例相当，皆为 30%左右，这种原料组成与该地点其他石制品区别较大，目前该地点已测标本中玉髓仅占 6%，而白云岩占 55%。这表明了古人类进行热处理时对石料的选择性。

（2）石核以细石叶石核为主，利用率高。

图 7.4（彩版六） 12 号地点无意识加热石制品

（3）热处理石制品以石片为主，占 71%，其中细石叶 27 件，占石片的 59%。石片整体大小形态规整，个体间差异较小，特别是细石叶的变异度更低。

（4）剥片方法包括压制法、软锤法和硬锤法，压制法和软锤法在剥取细石叶时使用较多。

（5）刮削器占石器的绝大多数，原料较为单一，几乎全部为玉髓。石器的加工长度中等，但加工深度指数较高，表明古人类对刃缘的纵向加工要求很高。

（6）未发现热处理碎屑、碎片、断块等石器打制残留的废弃物，据此推测遗址可能存在搬运行为，或者至少表明热处理石料的打制没有发生在遗址发掘区。

二　总结

通过对水洞沟遗址出土石制品的观察，我们分别在 2 号地点和 12 号地点发现了 45 件、65 件热处理石制品以及 13 件无意识加热石制品。7 号、8 号地点未发现与用火相关的石制品。

因热处理石制品的判定鉴别方法存在局限性，我们无法精确挑选出水洞沟遗址出土遗存中所有的热处理石制品。因此，本文的讨论都基于遗址的部分出土标本，由此得出的初步结论可能与真实情况产生偏差。为减少上述原因对结论的影响，我们尽可能地也观察了一些未观测的标本，这样能在一定程度上完善我们对水洞沟热处理行为的理解。

2 号地点的热处理标本整体上表现出不成熟的热处理技术，尽管古人类对于石料有很强的选择性，并且热处理石制品在外部特征上表现出很强的规律性。热处理石制品数量最多的类型为断块，占 50%以上，这与热处理提高原料利用率的目的相违背；同为打制废弃物的碎屑、碎片等数量很少，并且没有发现工具，这种现象可能是由于古人类将工具成品带离遗址造成，但是也可能是热处理技术不成熟导致这种石制品组成。

与 2 号地点相比，年代更晚、以细石叶工艺为主的 12 号地点则代表了较为成熟的热处理行为。首先，12 号地点古人类对热处理石料有很强的选择性，特别是玉髓的比例与出土标本相比显著提高，热处理细石核的原料选择也反映了这种选择性，比如遗址出土细石核与楔形石核中白云岩所占比例最高，而热处理细石核中燧石的比例最高；其次，古人类针对热处理原料会有选择的使用打制方法，已观测的105件砸击制品中没有热处理迹象，表明古人类认识到砸击法在使用时对原料的控制不够精确，无法发挥热处理石料的优越性能，因此所有热处理原料都使用锤击法和压制法进行剥片；再次，热处理石制品在外部特征上也表现出很强的规律性；最后，为了更全面地掌握12号地点热处理信息，我们观察了部分未观测的碎屑、碎片标本，并未发现热处理石制品，尽管观察范围不够完整，但可以初步推测热处理石制品的打制加工行为不是发生在遗址发掘区，可能存在搬运行为。

除此之外，12号地点热处理行为比2号地点成熟还表现在：（1）热处理石制品类型以石片、细石叶和石器为主，这些标本大小形态规整，个体间差异较小，同时压制法、软锤法这类利于发挥热处理石料性能优势的打制方法成为主流，整体表现出较为进步的石器制作工艺。（2）12号地点古人类针对各种需求，采取了不同的热处理策略。比如，热处理完整石片中玉髓和燧石占82%，所有刮削器几乎都由热处理玉髓加工而成，与之不同的是，细石叶中白云岩占50%以上，玉髓、燧石的比例明显下降。由于白云岩硅质含量较玉髓、燧石低，打制性能相比也略差，因此古人类对白云岩进行热处理并剥取细石叶，可以扩大石料的选择面，我们在石料采集过程中发现，优质玉髓和燧石在水洞沟地区并不多见；热处理石片的刃缘会更加锋利坚硬，但脆性增强，因此适用于小型工具，如刮削器，古人类掌握这种特性，大量使用热处理石片加工成刮削器或直接使用，能有效提高生产效率。

同时，2号和12号地点热处理石制品破裂面都未发现模拟实验中过度加热导致的颗粒现象，这反映出当时古人类具备控制火塘温度的能力，从而提高热处理的成功率。

综上所述，12号地点热处理石制品表现出相对成熟的热处理行为，不论热处理原料的选择，还是对热处理石料的使用策略都表明：当时古人类已经熟练掌握了热处理技术和火塘控温技术，理解不同原料间的打制性能的差别，并将之运用于石器制作、使用中，提高了石料利用率及生产生活效率。尽管2号地点的热处理技术不够成熟，但是它的出现为热处理技术的传播与发展研究提供了重要的材料。

第三节　热处理行为的分布与扩散

目前发现人类最早有目的地用火对石料进行热处理是在以色列的洞穴遗址（Qesem Cave），年代为距今40万~20万年①。南非的Pinnacle Point洞穴遗址，距今约16.4万年②，埃塞俄比亚旧石器时代中期遗址Porc Epic也发现了热处理行为，距今约7万年③；欧洲的法国和西班牙的旧石器时代中期莫斯特文化遗址中同样发现了热处理行为，并且延续到了旧石器时代晚期，乌克兰距今3万~2.7万年的Kostenki遗址发现了针对燧石的热处理行为④，欧洲西部法国、西班牙、葡萄牙等多处奥瑞纳、梭鲁特文化遗址发现使用热处理石料压制石片、两面器和叶形尖状器，波兰距今1.1万年的旧石器时代遗址发现了使用热处理原料剥取石片和石叶⑤，这种热处理行为延续到了波兰中南部的青铜时代遗址⑥，德国旧石器时代末期的马德格林文化遗存中（距今1.2万年）发现经过热处理的楔形石核⑦；除欧洲之外，东西伯利亚的Dyuktai旧石器文化（距今2.2万~1万年）也存在热处理行为，Ust'Mil和Kukhtui遗址都发现了使用热处理原料压制两面器产生的废片；中东地区在黎巴嫩Ksar Akil遗址距今3.2万年的奥瑞那文化层中发现了使用热处理原料制作的两面修理尖状器⑧，约旦河谷地区距今1.2万年的早期纳吐夫文化遗存中发现经过热处理的石叶、细石

---

① Agam A, Azuri I, Pinkas I, et al., 2021. Estimating temperatures of heated Lower Palaeolithic flint artefacts. *Nature Human Behavior*, 5.

② Brown KS, Marean CW, Herries AIR, et al., Fire As an Engineering Tool of Early Modern Humans.

③ Clark DJ, Williamson KD, Michles JW, et al, A Middle stone age occupation site at Porc Epic Cave, Dire Dawa（East-Central Ethiopia）.

④ Bradley B, Anikovich M, Giria E, Early upper Paleolithic in the Russian Plain: Streletskayan Flaked stone artefacts and techonology.

⑤ Aubry T, Almeida M, Neves MJ, et al., Solutrean Laurel Leaf Point production and raw material procurement during the Last Glacial Maximum in Southern Europe: two examples from central France and Portugal.

⑥ Domanski M, Webb J, 2000. Flaking properties, petrology and use of Polish Flint. *Antiquity* 74.

⑦ Jochim MA, 1998. *A hunter-gatherer landscape: Southwest Geermany in the late Paleolithic and Mesolithic*. New York: Plenum Press.

⑧ Griffiths DR, Bergman CA, Clayton CJ, et al., Experimental investigation of the heat treatment of flint.

叶工具[①]；印度、巴基斯坦、阿富汗也发现了距今2万~1万年的热处理石叶、细石叶[②]；北美的热处理研究开展较早，因此发现存在热处理行为的遗址较多，北美的热处理技术多用于石叶的剥取和精致工具的去薄，尤以中期伍德兰期（公元1~500年）较为兴盛[③]；南美的相关发现较少，仅巴西和秘鲁发现经过加热的硅质石器[④]；与北美类似，澳大利亚的热处理研究也较为深入，但大部分遗存的年代都晚于距今5000年[⑤]。

上述遗址的研究成果表明，热处理技术一般与以下石器打制行为相关：石片的剥取与修理、两面器去薄、剥取石叶和细石叶。旧石器时代中期热处理技术多用于石片的剥取、修理、两面器去薄，如南非和欧洲莫斯特文化的石制品，旧石器时代晚期，特别是细石叶技术出现以后，热处理技术多与石叶、细石叶的剥取相关，北美古印第安文化中，热处理技术也应用于规整精致器物的加工，如克洛维斯尖状器的去薄和修理。

热处理难以通过考古遗存保留其技术特征的信息，处理结束后，一般仅残留火塘、炭屑等遗物，难以获取加热的温度、速率等信息，由于其特征性不明显，即使获取这些信息，也难以据此探寻热处理技术的源流。但是热处理技术与石器制作工艺紧密相关，根据目前发现的热处理行为的空间分布及其相关的文化遗存，我们大

---

① Edwards PC, Edwards WI, Heat treatment of chert in the Natufian period.

② Clark JD, Williams MA, Paleoenvironments and prehistory in North Central India: a preliminary report.

③ Jeske R, 1989. Economies in raw material use by prehistoric hunter-gatherers. In Torrence R (eds.), *Time, energy and stone tools*. Cambridge: Cambridge University Press; Morrow CA, 1987. Blades and cobden chert: a technological argument for their role as markers of regional identification during the Hopewell Period in Illinois. In Johnson JK, Morrow CA (eds.), *The organization of core technology*. Colorado: Westview Press; Struever S, 1973. Chert utilization in Lower Illinois Valley prehistory. In Lathrap DW, Douglas J (eds.), *Variation in Anthropology: essays in honour of John Mc Gregor*. Urbana: Illinois Archaeological Survey. Greber N, Davis RS, and DuFresne AS, 1981. The microcomponent of the Ohio Hopewell lithic technology. Bladelets. *Annals of the New York Academy of sciences*: 376.

④ Beltrao MC, et al., 1986. Thermoluminescence dating of burnt cherts from the Alice Boer Site (Brazil), In Bryan AL (eds.), *New Evidence for the PleistocenePeopling of the Americas*, Orono: Center for the Study of Early Man, University of Maine; Roosevelt AC et al., 1996. Paleoindian cave dwellers in the Amazon: the peopling of the Americas. *Science*, 272.

⑤ Davidson I, Sutton SA, Gale SJ, The human occupation of Cuckadoo 1 Rockshelter, Northwest Central Queensland.

致可以勾勒出热处理技术传播的路线。

目前最早的热处理行为出现在以色列的洞穴遗址（Qesem Cave），发现的遗存属于 Acheulo-Yabrudian 文化，是黎凡特地区介于阿舍利文化和莫斯特文化之间的一种考古学文化，该遗址发现了大量人类演化史中重要的创新行为和技术，比如系统的石叶制作技术、长期持续使用的火塘以及热处理技术。遗址石叶制品的热处理温度为 260℃左右，而普通石片制品热处理温度为 410℃左右，针对不同打制技术施以不同的热处理策略，显示出非常成熟的热处理技术①。南非的 Pinnacle Point 遗址除了发现热处理石制品，同样也发现了其他的早期现代行为，比如赭石研磨用于涂抹身体，同时该区域的其他旧石器时代中期遗址发现了刻划符号、装饰品、石叶技术、骨角器等反映早期现代人行为的文化遗物，因此早期的热处理行为出现存在类似的文化背景。上述两处目前发现的年代最早的热处理技术均较为成熟，似乎不是最早的源头，最早的起源地仍有待于新的考古发现。

欧洲莫斯特文化遗址中也发现了较多的石制品热处理证据，很明显，欧洲西部是热处理行为最早繁荣并向外扩散的地区之一，旧石器时代中期到晚期都发现大量热处理石制品，遗址年代从西向东也逐渐递减，东欧的波兰和乌克兰最早的热处理石制品年代约为 3 万年左右。根据现有材料，经历西亚和非洲的起源以及欧洲的发展后，热处理技术向东扩散主要通过两条路线：南线通过黎巴嫩（距今 3 万年）到达阿富汗、巴基斯坦、印度（距今 2 万～1 万年），最终达到澳大利亚；北线通过中国的水洞沟（距今 3 万～1 万年）和东西伯利亚的 Dyuktai（距今 2. 2 万～1 万年）到达白令海峡，最终通过阿拉斯加传播到北美、南美。由此我们发现，热处理技术的传播与早期现代人行为的扩散基本经历了类似的路线。

目前学术界较为一致认为，水洞沟遗址的石器文化存在较多欧洲旧石器文化技术风格，比如较为成熟的莫斯特技术，成套的莫斯特石器组合，类似于奥瑞纳文化的圆头刮削器以及石叶剥片技术。如果说，将水洞沟文化与距离遥远的欧洲旧石器文化直接对比稍显武断，那么俄罗斯西伯利亚阿尔泰地区同时段或稍早的旧石器文化似乎为我们寻找水洞沟文化指明了新的方向。2008 年笔者有幸在俄罗斯科学院新

---

① Agam A, Azuri I, Pinkas I, et al. , 2021. Estimating temperatures of heated Lower Palaeolithic flint artefacts. *Nature Human Behavior*, 5.

西伯利亚分院考古学与民族学研究所观察了部分来自该地区具有莫斯特技术风格的石器标本，其中 Okladnikov、Denisova、Ust-Kanskaya 遗址，以及年代与水洞沟更为接近的 Kara-bom 遗址都发现了与水洞沟遗址极为类似的石制品。除此之外，临近的乌兹别克斯坦和蒙古都发现了相似的遗存①。这些信息丰富了我们对水洞沟文化来源的认识。同时，其文化遗存中所具有的华北旧石器文化传统使水洞沟成为东西方旧石器文化交流的代表性遗址。已故刘东生院士在《水洞沟——1980 年发掘报告》的序文中为我们生动再现了这一场景："2 万多年前，一群远古人类顶着凛冽的西伯利亚寒风，艰难地跋涉在鄂尔多斯黄沙漠漠的旷野之上。他们是一支由男女老少组成的队伍，随身携带着猎人的专用工具、武器、帐篷和火种。当他们翻上一道连绵起伏的山梁而来到一处今天叫作水洞沟的地方时，眼前出现一片水草丰盛的湖泊，远处草原上还隐约可见成群奔跑的野马、野驴和羚羊。显然，这是一处诱人的地方。于是，他们放下行装，就地宿营，开始书写生活的新篇章……"文化的传播与交流是多元的，这支"队伍"不仅仅带来了西方的旧石器文化，同时也带来了在欧洲"孕育"已久的热处理技术。

水洞沟文化的特殊性，使其成为热处理技术传播路线上无可避免的重要一环。向西看，从阿富汗、黎巴嫩直至欧洲，热处理技术日臻成熟；向东看，2 万年左右东西伯利亚的 Dyuktai 文化也已成熟的使用热处理石料制作石叶、细石叶。诚然，上述两个区域间巨大的地理鸿沟不可能由水洞沟一个遗址来弥补。但是，由于热处理石制品的识别难度较高，这之间可能存在大量未被发现的热处理遗址；同时 Dyuktai 文化由于其特殊的地理位置，一直被认为是北美旧石器文化的来源，同时也与东亚旧石器文化存在紧密的联系。因此，我们有理由推测，即使水洞沟遗址不是这条传播路径上唯一的节点，也为热处理技术北线的传播起到了极为重要的联结作用。

---

① Otte M, Kozlowski JK, 2005. The transition from the middle to upper Paleolithic in north Eurasia, In Derevianko AP (ed.), *The middle to upper Paleolithic transition in Eurasia*: *Hypotheses and facts*, Novosibirsk: Institute of Archaeology and Ethnography press.

第八章　结语

本研究通过较为全面的热处理模拟实验以及打制实验，获取了一套完整的实验标本，通过对这些岩石标本的检测、分析、研究，得出了关于水洞沟石料热处理的初步结果。对水洞沟热处理石制品的甄别、测试和分析研究，我们初步掌握了水洞沟古人类的热处理行为特征。

第一节　热处理石制品的辨别特征

尽管前人学者已经总结出热处理石制品的规律性特征，但是不同产地的原料，其特征可能存在一定变异。

水洞沟遗址石制品热处理后肉眼可鉴定特征主要包括：颜色、光泽、破损。大部分石料经过热处理后颜色趋于变红，部分石料肉眼即可观察到颜色改变，室内、室外实验均表现出这一规律。整体上看，不同温度下热处理石料颜色改变的区别不大，虽然经过300℃~400℃热处理的石料颜色全部趋于变红，在没有其他外部特征鉴别热处理石制品时，颜色的变化可以作为一项精确度较低的判断标准。

光泽的变化在本实验中表现并不明显，仅有少量室外实验标本经热处理后出现光泽。实验数据显示，光泽不足以作为水洞沟遗址标本是否经过热处理的判断标准。

经过电阻炉匀速加热的石料出现破碎的概率极小，因此只要在热处理过程中控制温度匀速改变，避免标本与明火直接接触可以有效地避免破损事故。当遗址中出现较多因受热破裂的石制品，更可能是由无意识的加热行为造成。

石制品无意识加热实验结果显示，直接置于火塘中的石片，由于过度氧化，颜色容易呈灰白色，部分标本经过火烧后表面呈现炭黑色，少数标本出现油脂状光泽。部分标本过度受热后出现裂纹，甚至断裂、变形。

通过上述实验结果，我们了解了水洞沟石料热处理后外部特征的改变以及无意识加热石制品的特征。面对较大标本量时，据此可以初步筛选出热处理石制品。

第二节　热处理对石料的影响

热处理对石料内部特征的改变主要通过 XRD 和 XRF 以及显微观察来检测。通过对热处理实验标本的测试，我们发现，水洞沟遗址区的白云岩主要成分为 CaO 和 SiO_2，物相为石英和白云石；石英岩、石英砂岩和燧石的主要成分为 SiO_2，物相为石英。热处理通过提高石英衍射峰强度和结晶度来改变石料的打制性能，热处理后物质成分种类没有改变，组成比例以 SiO_2 含量增加发生有规律的变化。热处理只会造成物质成分比例的变化，没有造成组成物质种类的变化，且发生变化的样品具有一定的规律性：即白云岩在加热到 350℃～400℃之间时 SiO_2 比例明显提高，加热到 450℃以上时 CaO 比例明显提高。

大部分石料经过热处理后石英结晶度显著提高，结晶度的提高表明晶体颗粒增大，晶体颗粒与抗压强度呈反比，颗粒越大表明强度越低，从而降低了石料的打制难度。同时热处理标本的 SiO_2 衍射峰强度的增加表明石料硅质程度增强、含量增高，这种改变能够提升石料的打制性能。

显微观察发现，经过热处理的样品，无论是燧石还是白云岩都体现出类似的特征：颗粒分布均匀，以等粒结构为主；有晶体熔合现象出现，连接紧密，表面平整。相比来说，燧石经过热处理后上述特征更加明显。

热处理对石料力学性能的改变主要表现在降低强度、提高延性和脆性，并在一定程度上降低提高石料的质地均匀度。对比岩石破裂机制我们认为上述特征可以提高石器打制效率，降低事故率，提升产出石片的质量。这些特点反映在石片上表现出：长度增加，纵轴趋于平直，打击泡浅平，放射线、同心波发生比例降低，羽翼状远端比例提高。热处理温度以400℃左右为宜。

通过岩石力学试验我们发现这些特征同样在样品的力学性能上反映出来。热处理石料质地均匀、硅质含量增高，其延性提高、脆性增强、强度降低，这些变化有力地改善了岩石的打制性能，提高了石器制作效率。

整体上看，热处理对硅质岩类效果明显，而石英砂岩热处理前后变化不大，350℃左右为水洞沟白云岩的热处理适宜温度，温度过低，效果不明显；温度过高可能导致岩石出现颗粒状结构，破坏原料的打制性能。由于热处理对石料力学性能的改变，热处理石片的形态趋于规整，窄薄型石片比例增加，同时石片延展更加平直，弯曲程度降低，羽翼状远端的比例也显著提高，更重要的是，石片有效边缘的产出率明显提高。

第三节 水洞沟遗址热处理石制品的特征

2号地点热处理石制品原料为燧石和白云岩，燧石占绝大多数。大部分石制品原料为红色或趋近于红色。原料与颜色的类型分布规律性较强，与遗址出土的其他石制品相比显示出较大区别。不同类型石制品中，断块数量最多，其次为石片。石制品类型与实验标本不一致，说明热处理标本经过了人工搬运。石制品大小、形态变异度较小，相对规整。石片背面为片疤者占绝大多数，台面类型多样，但以素台面为主。腹面人工特征的出现比例较低。剥片方法主要为锤击法。

12号地点热处理石制品原料主要为燧石、玉髓、白云岩，三者比例相当，皆为30%左右，这种原料组成与其他石制品区别较大，目前已测标本中玉髓仅占6%，而白云岩占55%。这表明了古人类进行热处理时对石料的选择性。石核以细石叶石核为主，利用率高。热处理石制品以石片为主，占71%，其中细石叶27件，占石片的59%。石片整体大小形态规整，个体间差异较小，特别是细石叶的变异度更低。剥片方法包括压制法、软锤法和硬锤法，压制法和软锤法在剥取细石叶时使用较多。刮削器占石器的绝大多数，原料较为单一，几乎全部为玉髓。石器的加工长度中等，但加工深度指数较高，表明古人类对刃缘的纵向加工要求很高。未发现热处理碎屑、碎片、断块等石器打制残留的废弃物，据此推测遗址可能存在搬运行为，或者至少表明热处理石料的打制没有发生在遗址发掘区。

第四节 水洞沟遗址的热处理行为

2 号地点的热处理标本整体上表现出不成熟的热处理技术，尽管古人类对于石料有很强的选择性，并且热处理石制品在外部特征上表现出很强的规律性。热处理石制品数量最多的类型为断块，占 50%以上，这与热处理提高原料利用率的目的相违背；同为打制废弃物的碎屑、碎片等数量很少，并且没有发现工具。这种现象可能是由于古人类将工具成品带离遗址造成，同时打制过程的副产物如碎屑、碎片等数量也很少，因此我们推测古人类在 2 号地点对石料进行热处理，挑选出处理效果好的石料带往他处，并未在遗址内进行打制、加工。

12 号地点的热处理技术较为成熟。首先，12 号地点古人类对热处理石料有很强的选择性，特别是玉髓的比例与出土标本相比显著提高，热处理细石核的原料选择也反映了这种选择性；其次，古人类针对不同热处理原料会有选择地使用打制方法；再次，热处理石制品在外部特征上也表现出很强的规律性；最后，所发现的热处理石制品类型以工具为主，断块、碎屑等比例都很低，我们据此推测热处理石制品的打制加工行为不是发生在遗址发掘区，可能存在搬运行为。除此之外，12 号地点热处理石制品类型以石片、细石叶和石器为主，这些标本大小形态规整，个体间差异较小，同时压制法、软锤法这类利于发挥热处理石料性能优势的打制方法成为主流，整体表现出较为进步的石器制作工艺。12 号地点古人类针对各种需求，采取不同的热处理策略。比如，热处理完整石片中玉髓和燧石占 82%，所有刮削器几乎都由热处理玉髓加工而成，与之不同的是，细石叶中白云岩占 50%以上，玉髓、燧石的比例明显下降。由于白云岩硅质含量较玉髓、燧石低，打制性能相比也略差，因此古人类对白云岩进行热处理并剥取细石叶，可以扩大石料的选择面；12 号地点古人类利用热处理石片的刃缘会更加锋利坚硬，但脆性增强，适用于小型工具的特性，大量使用热处理石片加工成刮削器或直接使用，能有效提高生产效率。两个地点的热处理石制品破裂面均未发现过度加热现象，这表明当时人群了解热处理的适宜温度，并能够控制火塘温度。

尽管水洞沟不同地点的热处理技术存在区别，但总体结果显示，当时古人类已经熟练掌握了热处理技术和火塘控温技术，理解不同原料间的打制性能的差别，并将之运用于石器制作、使用中，提高了石料利用率及生产效率。

第五节　热处理研究方法

热处理研究的核心问题是：热处理技术为什么出现？以怎样的方式出现？对旧石器考古学有怎样的意义？为解答这三个问题，我们需要探寻：热处理技术的作用，它对岩石的影响机制，不同温度下热处理岩石的特征，这些特征与打制工艺之间的关系，这种关系对石制品的影响。

由于不同产地岩石差别较大，为了厘清上述问题首先应进行热处理实验，从而了解研究区域石料的特性，保证后续研究建立在正确的基础上。

随后应对热处理实验样品进行科学检测，探索不同条件下热处理石料的改变特征，既包括肉眼可见的外部特征，也包括影响岩石质地的内部结构。

通过打制实验明确石料的改变与打制技术之间的关系。至此，我们才能基本掌握热处理与石器制作的关系特点。将这些特点用于考古遗址中热处理石制品的甄别及解释是我们的最终目的。

第六节　研究意义

本研究首次确认东亚地区存在热处理行为，水洞沟热处理石制品的发现为亚洲乃至世界的热处理研究提供了重要的研究材料，同时填补了热处理技术由西向东发展与传播的缺环。

水洞沟热处理行为的发现，为探讨旧石器时代中西文化交流提供了新的证据，也为了解现代人行为在中国的出现与扩散提供了新的研究视角。

同时，本文工作填补了国内热处理研究的空白，研究方法的实践和实验数据的积累为将来的研究工作奠定了一定的基础，起到了“抛砖引玉”的作用。文中所使用的部分研究手段和检测方法为首次应用于旧石器考古学研究，多学科、高科技手段交叉使用在本文中展示出其巨大的应用前景，为旧石器考古学研究开辟了新的领域。比如对石料进行力学性能分析为我们进行石制品分析提供了新的研究思路，文中对不同地区石料的检测结果也显示了这种方法的实用性与可靠性。

第七节　我国的热处理研究前景

热处理技术的发明与使用开启了人类漫长用火历程中崭新的一章，相比其他用火行为，它更加复杂精妙，对温度的控制、时间的掌握及对石料性能的理解与提升，可以看作是人类体质及智慧进化到一定程度的产物。对旧石器时代人类热处理行为的解读不仅可以帮助我们了解古人类从原料采集、改变提升其性能，到打制、修理的石器制作工艺，还能够帮助我们从这些物质遗存中推测古人类的行为方式。因此，热处理作为与古人类生产生活密切相关的技术方法越来越多地为广大学者所重视。

我国现已发现千余处旧石器地点，遗址类型多样，年代跨度大，旧石器考古研究的资源非常丰富。遗憾的是，至今仍未见其他确凿热处理行为的遗址的报道。导致这种情况有多种原因：首先，热处理研究在我国较少被提及，大多数学者并不了解该研究领域的进展和成果；其次，由于缺乏热处理石制品相关特征，研究者在发掘、整理过程中可能就忽视了对热处理标本的主动辨识；同时，国外石制品热处理研究主要针对硅质类岩石，尤其是燧石，相关遗址的原料类型、颜色等比较单一，易于辨识热处理石制品，而我国以燧石为主要原料的遗址较少，且大部分燧石颜色各异，这也给热处理石制品的识别带来了障碍；最后，热处理研究的深入与相关科学手段的进步密不可分，很长一段时期内，我国相应技术手段的落后也在一定程度上阻滞了热处理研究的发展。

鉴于旧石器时代热处理技术研究的重要性，以及我国的研究现状和该研究的局限性，将来我国学界对热处理技术的研究应该集中在以下几个方向：首先，应当系统地了解相关的研究历史、进展、方法、意义与局限性；其次，应该提高对以硅质岩类为主要原料的旧石器时代晚期遗址，特别是存在用火行为遗址的重视程度，在研究过程中主动辨认是否存在热处理标本，比如宁夏水洞沟、山西柿子滩等遗址就具备较好的研究条件；此外，由于我国热处理研究基础薄弱，对于疑似存在热处理行为的遗址，应该开展模拟实验研究，了解遗址石料高温加热后内外部形态特征改变的一般规律；最后，在取得阶段性成果的基础上，将各类型实验的数据汇总，便于同行参考对比。随着以上基础工作成果的积累，我们对热处理研究会有更深的认识，相信随着我国热处理研究的深入，能够帮助更全面地了解古人类行为方式，更准确地复原史前人类石器制作的工艺流程。

致谢

感谢以下基金、项目及实验室的支持：中国留学基金委员会、科技基础性专项（2007FY110200）、中国科学院科技创新项目（KZCX2-EW-QN110）、国家基础科学人才培养基金（J0630965）、中国科学院脊椎动物演化与人类起源重点实验室、中国科学院力学研究所非线性力学国家重点实验室、美国德州大学奥斯汀分校德州考古实验室、中国文化遗产研究院。

参考文献

外文文献

一 研究论文

Agam A，Azuri I，Pinkas I，et al.，2021. Estimating temperatures of heated Lower Palaeolithic flint artefacts. *Nature Human Behavior*，5.

Ahler SA，1983. Heat treatment of knife river flint. *Lithic Technology*，11.

Ambrose SH，1998. Chronology of the Later Stone Age and food production in East Africa. *Journal of Archaeological Science*，25.

Aubry T，Almeida M，Neves MJ，et al.，2003. Solutrean Laurel Leaf Point production and raw material procurement during the Last Glacial Maximum in Southern Europe：two examples from central France and Portugal，In Soressi M，Dibble HL（eds.），*Multiple Approaches to the Study of Bifacial Technologies*，Philadelphia：Museum of Archaeology and Anthropology，University of Pennsylvania.

Bachellerie J，Renard C，Schmidt P，2019. Technical innovations during the recent Solutrean in the southwest of France：Recognition of heat treatment of chert and estimation of heating temperatures based on the example of Le Piage（Lot，France）. *Journal of Archaeological Science*：*Reports*，27.

Backhouse PN，Johnson E，2007. Where were the hearths：an experimental investigation of the archaeological signature of prehistoric fire technology in the alluvial gravels of the Southern Plains. *Journal of Archaeological Science*，34.

Balter M，2004. Earliest signs of human-controlled fire uncovered in Israel. *Science*，304.

Bar-Yosef O，2002. The Upper Paleolithic Evolution. *Annual Review of Anthropology*，31.

BeltraoMC，et al.，1986. Thermoluminescence dating of burnt cherts from the Alice Boer Site（Brazil），In Bryan AL（eds.），*New Evidence for the PleistocenePeopling of the Americas*，Orono：Center for the Study of Early

Man, University of Maine.

Berna F, Goldberg P, Horwitz LK, et al, 2012. Microstratigraphic evidence of in situ fire in the Acheulean strata of Wonderwerk Cave, Northern Cape province, South Africa. *Proceedings of the National Academy of Sciences of the United States of America*, 109.

Binford LR, Ho CK, 1985. Taphonomy at a distance: Zhoukoudian, "the cave home of Beijing man"? *Current Anthropology*, 26.

Bleed P, Maier M, 1980. An objective test of the effects of heat treatment of flakeable stone. *American Antiquity*, 45.

Borradaile GJ, Kissin SA, Stemart JD, et al., 1993. Magnetic and optical methods for detecting the heat treatment of chert. *Journal of Archaeological Science*, 19.

Bradley B, Anikovich M, Giria E, 1995. Early upper Paleolithic in the Russian Plain: Streletskayan Flaked stone artefacts and techonology. *Antiquity*, 69.

Brain CK, Sillen A, 1988. Evidence from the Swartkrans cave for the earliest use of fire. *Nature*, 336.

Brindley GW, 1980. Order-disorder in clay mineral structures, In Brindley GW, Brown G (eds.), *Crystal Structure of Clay Minerals and Their X-ray Identification*, London: Mineralogical Society.

Brown KS, Marean CW, Herries AIR, et al., 2009. Fire As an Engineering Tool of Early Modern Humans. *Science*, 325.

Chase PG, Dibble HL, 1987. Middle paleolithic symbolism: A review of current evidence and interpretations. *Journal of Anthropological Archaeology*, 6.

Chen C, Wang XQ, 1989. Upper Paleolithic microblade industries in North China and their relationships with North-East Asia and North America. *Arctic Anthropology*, 26. Dolukhanov P, Shukurov A, 2004. Colonisation of Northern Eurasia by early modern humans as viewed through the evidence of radiocarbon dating, In Higham T, Ramsey BC, Owen C (eds.), *Radiocarbon and Archaeology: Fourth International Symposium*, Oxford: Oxford University.

Clark DJ, Williamson KD, Michels JW, et al, 1984. A Middle stone age occupation site at Porc Epic Cave, Dire Dawa (East-Central Ethiopia). *The African Archaeological Review*, 2.

Clark JD, Khanna GS, 1989. The site of Kunjhun II, Middle Son Valley and its relevance for the Neolithic of Central India, In Kenoyer JM (ed.), *Old Problems and New Perspectives in the Archaeology of Southeast Asia*, Madison: Wisconsin Archaeological Reports, No. 2.

Clark JD, Williams MA, 1986. Paleoenvironments and prehistory in North Central India: a preliminary report, In Jacobson J (ed.), *Studies in Archaeology of India and Pakistan*, New Delhi: American Institute of Indian Studies.

Clemente-Conte I, 1997. Thermal alterations of flint implements and the conservation of microwear polish: preliminary experimental observations, In Ramos MA, Bustillo MA (eds.), *Siliceous Rocks and Culture*, Granada: Universidad de Granada.

Collins MB, 1973. Observation on the thermal treatment of chert in the Solutrean de LAUGERIE Haute, France. *Proceedings of the Prehistory Soceity*, 39.

Collins MB, Fenwick JM, 1974. Heat treating of chert: Methods of interpretation and their application. *Plains Anthropologist*, 19.

Copeland L, 1998. The Middle Paleolithic flint industry of Ras el-Kelb, In Copeland L, Moloney N (eds.), *The Mourterian Site of Ras el-Kelb, Lebanon*, Oxford: BAR International Series 706.

Cotterell B, Kamminga J, 1987. The formation of flakes. *American Antiquity*, 52.

Countts PJ, Witter DC, 1977. New radiocarbon dates for Victorian archaeological sites. *Records of the Victorian archaeological survey*, 4.

Crabtree DE, 1966. A stoneworker's approach to analyzing and replicating the Lindenmeier Folsom. *Tebiwa*, 9.

Crabtree DE, 1968. Mesoamerican polyhedral cores and prismatic blades. *American Antiquity*, 33.

Crabtree DE, 1972. *An introduction to flintworking*, Pocatello: Occasional papers of the Idaho University Museum, No. 28.

Crabtree DE, Butler BR, 1964. Notes on experiments in flint knapping: heat treatment of silica minerals. *Tebiwa*, 7.

Crowfoot-Payne J, 1983. The flint industries of Jericho, In Kenyon KM, Holland TA (eds.), *Excavation at Jericho: the Pottery Phases of the tell and other finds*, London: British School of Archaeology in Jerusalem.

D'Errico F, 2003. The invisible frontier. A multiple species model for the origin of behavioral modernity. *Evolutionary Anthropology*, 12.

Davidson I, Sutton SA, Gale SJ, 1993. The human occupation of Cuckadoo 1 Rockshelter, Northwest Central Queensland, In Smith MA, Fankhauser B, Sprggs M (eds.), *Sahul in Review: Pleistocene Archaeology in Australia, New Guinea and Island Melanesia*, Canberra: Australian National University.

Davis RS, 1978. The palaeolithic, In Allchin FR, Hammond N (eds.), *The Archaeology of Afghanistan from Earliest Times to the Timurid Period*, London: Academic Press.

Deacon HJ, 2001. Modern human emergence: An African archaeological perspective. In Tobias PV, Raath MA, Maggi-Cecchi J et al. (eds.), *Humanity from African naissance to coming millennia: Colloquia in human biology and palaeoanthropology*, Florence: University of Florence Press.

Delage C, Sunseri J, 2004. Lithic heat treatment in the late Epipalaeolithic of the southern Levant: Critical review of evidence. *Lithic Technology*, 29.

Domanski M, Webb J, 1992. Effect of heat treatment on siliceous rocks used in prehistoric lithic technology. *Journal of Archaeological Science*, 19.

Domanski M, Webb J, 2000. Flaking properties, petrology and use of Polish flint. *Antiquity*, 74.

Domanski M, Webb J, 2007. A review of heat treatment research. *Lithic Technology*, 32.

Domanski M, Webb J, Boland J, 1994. Mechanical properties of stone artifact materials and the effect of heat treatment. *Archeometry*, 36.

Dunnell RC, McCutcheon PT, 1994. Heat treatment of Mill Creek and Dover cherts on the Malden Plain, Southeast Missouri. *Journal of Archaeological Science*, 21.

Duttine MP, 2005. Effects of thermal treatment on TL and EPR of flints and their importance in TL-Dating: application to French Mousterian sites of Les Forets (Dordogne) and Jiboui (Drome) . *Radiation Measurements*, 39.

Edwards PC, Edwards WI, 1990. Heat treatment of chert in the Natufian period. *Mediterranean Archaeology*, 3.

Edwards PC, Head MJ, Macumber PG, 1999. An Epipalaeolithic sequence from Wadi Hisban in the East Jordan Valley. *Annual of the Department of Aniquities of Jordan.*

Eriksen BV, 1997. Implications of thermal pre-treatment of stone, In Schild R, Sulgostowska Z (eds.), *Man and Flint*, Poland: Warsaw.

Flenniken JJ, 1987. The Paleolithic Dyuktai pressure blade technique of Siberia. *Arctic Anthropology*, 24.

Flenniken JJ, Garrison EG, 1975. Thermally altered novaculite and stone tool manufacturing techniques. *Journal of Field Archaeology*, 2.

Frick JA, Hoyer CT, Herker K, et al., 2012. Comparative heating experiments on flint from the Côte Chalonnaise, Burgundy, France. *Anthropologie (Brno)*, 50.

Galanidou N, 2000. Patterns in Caves: Foragers, Horticulturists, and the Use of Space. *Journal of Anthropological Archaeology*, 19.

Gargett RH, 1999. Middle Palaeolithic burial is not a dead issue: The view from Qafzeh, Saint-Ce'saire, Kebara, Amud, and Dederiyeh. *Journal of Human Evolution*, 37.

Gibbon A, 2007. Food for thought. *Science*, 316.

Goerke B, 1983. Preliminary report on the manufacturing sequence of blades in the Baghor tradition, In Sharma GR and Clark JD (eds.), *Paleoenvironments and prehistory in the middle son valley (Madhya Pradesh, North-Central-India)*, Allahabad: University of Allahabad.

Allahabad. Kenoyer JM, 1983. Preliminary report on excavations at the late Paleolithic occupation site at Baghor I Locality, In Sharma GR, Clark JD (eds.), *Paleoenvironments and Prehistory in the Middle Son Valley (Madhya Pradesh, North-Central India)*, Allahabad: University of Allahabad.

Goren-Inbar N, Alperson N, Kislev M, et al, 2004. Evidence of hominind control of fire at Gesher Benot Ya'aqvo, Israel. *Science*, 304.

Gould RA, 1976. A case of heat treatment of lithic materials in aboriginal Northwestern California. *Journal of California Anthropology*, 3.

Greber N, Davis RS, and DuFresne AS, 1981. The microcomponent of the Ohio Hopewell lithic technology. Bladelets. *Annals of the New York Academy of sciences*: 376.

Griffiths DR, Bergman CA, Clayton CJ, et al., 1987. Experimental investigation of the heat treatment of flint, In Sieveking GG, Newcomer MH (eds.), *The Human Uses of Flint and Chert*, Cambridge: Cambridge University Press.

Gryba EM, 2002. The case of the use of heat treated lithics in the production of fluted points by Folsom knappers, In Clark E, Collins MB (eds.), *Folsom Technology and Lifeways*, Oklahoma: University of Tulsa.

Henshilwood CS, 2003. The Origin of Modern Human Behavior-Critique of the Models and Their Test Implications. *Current Anthropology*, 44.

Hester TR, Collins MB, 1974. Evidence for heat treating of Southern Texas projectile points. *Bulletin of the Texas archaeological society*, 45.

Hlubik S, Berna F, Feibel C, et al, 2017. Researching the Nature of Fire at 1.5 Mya on the Site of FxJj20 AB, Koobi Fora, Kenya, Using High-Resolution Spatial Analysis and FTIR Spectrometry. *Current Anthropology*, 58.

Inizan ML, Lechevallier M, Plumet P, 1992. A technological marker of the penetration into North America: pressure microblade debitage, its origin in the Paleolithic of North Asia and its diffusion, *MRS Proceedings*, 267.

James S, 1989. Hominid use of fire in the lower and middle Pleistocene. *Current Anthropology*, 30.

Jeske R, 1989. Economies in raw material use by prehistorichunter-gatherers. In Torrence R (eds.), *Time, energy and stone tools*. Cambridge: Cambridge University Press.

Jochim MA, 1998. *A hunter-gatherer landscape: Southwest Geermany in the late Paleolithic and Mesolithic*. New York: Plenum Press.

Joyce DJ, 1985. Heat treatment of Alibates Chalcedony. *Lithic technology*, 14.

Karkanas P, Koumouzelis M, Kozlowski JK, et al., 2004. The earliest evidence for clay hearths: Aurignacian features in Klisoura Cave 1, South Greece. *Antiquity*, 78.

Karkanas P, Sharhack-Gross R, Ayalon A, et al., 2007. Evidence for habitual use of fire at the end of the Lower Paleolithic: Site-formation processes at Qesem Cave, Israel. *Journal of Human Evolution*, 53.

Kay M, 1996. Microwear analysis of some Clovis and experimental chipped stone tools, In Odell GH (ed.), *Stone tools: theoretical insights into human prehistory*, New York: Plenum Press.

Klein RG, 1995. Anatomy, behavior, and modern human origins. *Journal of World Prehistory*, 9.

Lakshmikantha MR, Prat PC, Ledesma A, 2008. Relation between tensile strength and fracture toughness for soils and rocks, In Pereira, De Gennaro, Delage (eds.), *3rd international workshop of young doctors in Geomechanics*, 75.

Lavin L, 1983. Heat treatment and its effects on chert color: the results of thermal experimentation on some Hudson and Delaware river valley chert types. *Bulletin of the New York State Archaeological Association*, 87.

Li F, Kuhn S, Peng F, et al. 2019. History, Chronology and Techno-Typology of the Upper Paleolithic Sequence in the Shuidonggou Area, Northern China. *Journal of World Prehistory*, 32.

Mae Goder-Goldberger, 2017. Heating of flint artifacts from the site of Boker Tachtit (Israel) was not detected using FTIR peak broadening. *Journal of Archaeological Science: Reports*, 12.

Mallol C, Marlowe FW, Wood BM, et al., 2007. Earth, wind, and fire: ethnoarchaeological signals of Hadza fires. *Journal of Archaeological Science*, 34.

Mandeville MD, 1973. A consideration of the thermal pretreatment of chert. *Plains Anthropologist*, 18.

Mandeville MD, Flenniken JD, 1974. A comparison of the flaking qualities of Nehawka Chert before and after thermal pretreatment. *Plains Anthropologist*, 19.

McBreaty S, Brooks A, 2000. The revolution that wasn't: a new interpretation of the origin of modern human behavior. *Journal of Human Evolution*, 39.

Melcher CL, Zimmerman DW, 1977. Thermoluminescent determination of prehistoric heat treatment of chert artifacts. *Science*, 17.

Mellars PA, 1989. Technological changes across the Middle-Upper Paleolithic transition: Economic, social, and cognitive perspectives, In Mellars P, Stringer C (eds.), *The human revolution: Behavioral and biological perspectives on the origins of modern humans*, Edinburgh and Princeton: University Presses.

Mellars PA, 1989. Major issues in the origin of modern humans. *Current Anthropology*, 30.

Mellars PA, 1996. Symbolism, language, and the Neanderthal mind, In Mellars P, Gibson KR (eds.), *Modelling the early human mind*, Cambridge: McDonald Institute Monographs. Chase PG, Dibble HL, Lindly J, et al., 1990. On the emergence of modern humans. *Current anthropology*, 38.

Mercieca A, Hisccock P, 2008. Experimental insights into alternative strategies of lithic heat treatment. *Journal of Archaeological Science*, 35.

Milo R, 1998. Evidence for hominid predation at Klasies River Mouth, South Africa, and its implications for the behavior of early modern humans. *Journal of Archaeological Science*, 25.

Morrow CA, 1987. Blades and cobden chert: a technological argument for their role as markers of regional identification during the Hopewell Period in Illinois. In Johnson JK, Morrow CA (eds.), *The organization of core technology*. Colorado: Westview Press.

Muniz MP, Hemmings AC, 2006. Hearths, In Webb SD (ed.), *First Floridians and Last Mastodons: The*

Page-Ladson Site in the Aucilla River, Dordrecht: Springer.

Nami HG, Norton MR, Staford DJ, et al., 1996 Comments on Eastern Clovis lithic technology at the Carson Conn Short site (40bn190), Tennessee River Valley. *Current Research in the Pleistocene*, 13.

Nassaney MS, 1996. The role of chipped stone in the political economy of social ranking, In Odell GH (ed.), *Stone tools: theoretical insights into human prehistory*, New York: Plenum Press.

Olausson DS, Larsson L, 1982. Testing for the presence of thermal pretreatment of flint in the Mesolithic and Neolithic of Sweden. *Journal of Archaeological Science*, 9.

Otte M, Kozlowski JK, 2005. The transition from the middle to upper Paleolithic in north Eurasia, In Derevianko AP (ed.), *The middle to upper Paleolithic transition in Eurasia: Hypotheses and facts*, Novosibirsk: Institute of Archaeology and Ethnography press.

Patterson LW, 1979. Quantitative characteristics of debitage from heat treated chert. *Plains Anthropologist*, 24.

Peng F, Lin S, Patania I, et al. 2020. A chronological model for the Late Paleolithic at Shuidonggou Locality 2, North China. *PLoS ONE*. 15.

Piazza AD, 1998. Archaeobotanieal investigations of an earth oven in Kiribati, Gilbert Islands. *Vegetation History and Archaeobotony*, 7.

Piperno DR, Weiss E, Holst I, et al., 2004. Processing of wild cereal grains in the Upper Palaeolithic revealed by starch grain analysis. *Nature*, 430.

Price TD, Chappell C, Ives DJ, 1982. Thermal alteration in Mesolithic assemblages. *Proceedings of the prehistoric society*, 48.

Purdy BA, 1974. Investigations concerning the thermal alternation of silica minerals: an archaeological approach. *Tebiwa*, 17.

Purdy BA, Brooks HK, 1971. Thermal alteration of silica minerals: An archaeological approach. *Science*, 173.

Purdy BA, Clark DE, 1987. Weathering of inorganic materials: Dating and other applications. *Advances in archaeological method and theory*, 11.

Quintero LA, 1996. Flint mining in the Pre-Pottery Neolithic: preliminary report on the exploitation of flint at Neolithic Ain Ghazal in Highland Jordan, In Kozlowski SK, Gebel HG (eds.), *Neolithic chipped stone industries of the fertile crescent and their contemporaries in adjacent regions*, Berlin: Ex Oriente.

Ran B, Rosell J, Blasco R, et al, 2017. Fire for a Reason: Barbecue at Middle Pleistocene Qesem Cave, Israel. *Current Anthropology*, 58.

Renfrew C, 1996. The sapient behaviour paradox, In Mellars P, Gibson KR (eds.), *Modelling the early human mind*, Cambridge: McDonald Institute Monographs.

Rick JW, Chappell D, 1983. Thermal alteration of silica materials in technological and functional perspective. *Lithic Technology*, 12.

Robins GV, Seeley NJ, McNeil DA, et al., 1978. Identification of ancient heat treatment in flint artefacts by ESR spectroscopy. *Nature*, 279.

Rolland N, 1981. The interpretation of middle Palaeolithic variability. *Man* (*N. S.*), 16.

Rolland N, Dibble HL, 1990. A new synthesis of middle Palaeolithic variability. *American Antiquity*, 55.

Rollefson GO, 2001. The Neolithic Period. In MacDonald B, Adams R, Bienkowski P (eds.), *The archaeology of Jordan*, Sheffield: Sheffield Academic Press.

Ron Shimelmitz, Steven L. Kuhn, Arthur J. Jelinek, et al, 2014. 'Fire at will': The emergence of habitual fire use 350, 000 years ago, *Journal of Human Evolution*, 77.

Roosevelt AC et al., 1996. Paleoindian cave dwellers in the Amazon: the peopling of the Americas. *Science*, 272.

Rowlett RM, Mandeville DM, Zeller JE, 1974. The interpretation and dating of humanly worked siliceous materials by thermoluminescence analysis. *Proceedings of the Prehistoric Society*, 40.

Rowney M, White JP, 1997. Detecting heat treatment on silcrete: experiments with methods. *Journal of Archaeological Science*, 24.

Schmidt P, Léa V, Sciau P, Fröhlich F, 2013. Detecting and quantifying heat treatment of flint and other silica rocks: A new non-destructive method applied to heat-treated flint from the Neolithic Chassey culture, southern France. *Archaeometry*, 55.

Smith CS, Martin WS, 2001. Lilies and Prehistoric Foragers: Return Rates, Pit Ovens, and Carbohydrates. *Journal of Archaeological Science*, 28.

Struever S, 1973. Chert utilization in Lower Illinois Valleyprehistory. In Lathrap DW, Douglas J (eds.), *Variation in Anthropology: essays in honour of John Mc Gregor*. Urbana: Illinois Archaeological Survey.

Teilhard de Chardin P, Licent E, 1924. On the discovery of a Paleolithic industry in Northern China. *Bulletin of the Geological Society of China*, 3.

Thackeray AI, 1992. The Middle Stone Age south of the Limpopo River. *Journal of World Prehistory*, 6.

Toscano LV, Raposo L, Santonja M et al., 1994. Environments and settlements in the Middle Palaeolithic of the Iberian peninsula. In Roebrocks W, Gamble C (eds.), *The Middle Palaeolithic occupation of Europe*, Leiden: University of Leiden.

TothN, 1985. The Oldowan reassessed: a close look at early stone artifacts. *Journal of Archaeological Science*, 12.

Tsirk A, 1979. Regarding fracture initiation, In Hayden B (ed.), *Lithic use-wear analysis*, New York: Academic Press.

Webb JA, Mckay DA, Sagona A, 1994. Analysis of the finds, In Sagona A (ed.), *Bruising the Red Earth: Ochre Mining and Ritual in Aboriginal Tasmania*, Melbourne: Melbourne University Press.

Weiner S, 2015. Heating of flint debitage from Upper Palaeolithic contexts at Manot Cave, Israel: changes in atomic organization due to heating using infrared spectroscopy. *Journal of Archaeological Science*, 54.

Weiss E, Kislev ME, Simchoni O, et al., 2008. Plant-food preparation area on an Upper Paleolithic brush hut floor at Ohalo II, Israel. *Journal of Archaeological Science*, 35.

Weymouth JW, Mandeville M, 1975. An X-ray diffraction study of heat-treated chert and its archaeological implications. *Archaeometry*, 17.

Wilhelmsen KP, 2001. Building the framework for an evolutionary explanation of projectile point variation: an example from the central Mississippi river valley, In Hunt TL, Lipo CP, Sterling S (eds.), *Posing questions for a scientific archaeology*, Westport: Bergin & Gravey.

Wilke PJ, Flenniken JJ, Ozbun TL, 1991. Clovis Technology at the Anzick site, Montana. *Journal of California and Great Basin Anthropology*, 13.

Yi S, Clarke G, 1985. The "Dyuktai Culture" and New World origins. *Current Anthropology*, 26.

Zhang ZX, 2002. An empirical relation between model fracture toughness and the tensile strength of rock. *International Journal of Rock Mechanics and Mining Sciences*, 39.

二 研究论著

Bonnichsen R, 1977. *Models for deriving cultural information from stone tools*, Ottawa: University of Ottawa Press, 60.

Cotterell B, Kamminga J, 1990. *Mechanic of Pre-industrial Technology: An Introduction to the Mechanics of Ancient and Traditional Material Culture*, Cambridge: Cambridge University.

Delson E, Tattersall I, Couvering V, et al, 2000. Encyclopedia of Human Evolution and Prehistory. New York: Garland Publishing Inc.

Luedtke BE, 1992. *An Archaeologist's Guide to Chert and Flint-Archaeological research tools*: 7, Los Angeles: Institute of Archaeology, University of California.

三 学位论文

Faulkner A, 1972. *Mechanical principles of flintworking*. PhD dissertation, Washington State University.

Gopher A, 1994. *Arrowheads of the Neolithic Levant: a seriation analysis*, PhD dissertation, Eisenbrauns, Winona Laek. Indiana.

Owen LR, 1988. *Blade and microblade technology: selected assemblages from the North American Arctic and the Upper Palaeolithic of Southwest Germany*. PhD dissertation, Oxford: BAR International Series 441.

Rick JW, 1978. *Heat altered cherts of the Lower Illinois Valley: An Experimental Study in Prehistoric Technology*, PhD dissertation, Illinois: Evanston.

中文文献

一　研究论文

安志敏:《河南安阳小南海旧石器时代洞穴堆积的试掘》,《考古学报》1965 年第 1 期。

白子麒:《老龙洞史前遗址初步研究》,《人类学学报》1998 年第 3 期。

北京师范大学历史学院、山西省考古研究院:《山西沁水县下川遗址富益河圪梁地点 2014 年 T1 发掘简报》,《考古》2021 年第 4 期。

曹泽田:《贵州水城硝灰洞旧石器文化遗址》,《古脊椎动物与古人类》1978 年第 1 期。

曹泽田:《猫猫洞旧石器之研究》,《古脊椎动物与古人类》1982 年第 2 期。

陈虹、沈辰:《史前石制品的热处理研究》,《江汉考古》2009 年第 2 期。

陈全家、赵海龙、王春雪:《抚松新屯子西山旧石器遗址试掘简报》,《人类学学报》2009 年第 2 期。

陈四利、冯夏庭、李绍军:《岩石单轴抗压强度与破裂特征的化学腐蚀效应》,《岩石力学与工程学报》2003 年第 4 期。

陈宥成、曲彤丽、汪松枝等:《郑州老奶奶庙遗址空间结构初步研》,《中原文物》2020 年第 3 期。

陈哲英:《陵川塔水河的旧石器》,《文物季刊》1989 年第 2 期。

陈子文、李建军、余生富:《福建三明船帆洞旧石器遗址》,《人类学学报》2001 年第 4 期。

崔天兴、杨琴、郁金城等:《北京平谷上宅遗址骨柄石刃刀的微痕分析:来自环境扫描电镜观察的证据》,《中国科学:地球科学》2000 年第 6 期。

盖培、卫奇:《虎头梁旧石器时代晚期遗址的发现》,《古脊椎动物与古人类》1977 年第 4 期。

高星、黄万波、徐自强等:《三峡兴隆洞出土 12~15 万年前的古人类化石和象牙刻划》,《科学通报》2003 年第 48 期。

高星、李进增、Madsen DB 等:《水洞沟的新年代测定及相关问题讨论》,《人类学学报》2002 年第 3 期。

高星、彭菲、付巧妹等:《中国地区现代人起源问题研究进展》,《中国科学:地球科学》2018 年第 1 期。

高星、王惠民、刘德成等:《水洞沟第 12 地点古人类用火研究》,《人类学学报》2009 年第 4 期。

高星、王惠民、裴树文等:《水洞沟遗址 2003 年发掘的主要收获》,见:钟侃、高星主编:《旧石器时代论集——纪念水洞沟遗址发现八十周年》,北京:文物出版社,2006 年。

高星、张双权、张乐等:《关于北京猿人用火的证据：研究历史、争议与新进展》,《人类学学报》2016 年第 4 期。

高星、张晓凌、杨东亚等:《现代中国人起源与人类演化的区域性多样化模式》,《中国科学：地球科学》2010 年第 9 期。

高星、周振宇、关莹:《青藏高原边缘地区晚更新世人类遗存与生存模式》,《第四纪研究》2008 年第 4 期。

高星:《史前人类的生存之火》,《人类学学报》2020 年第 3 期。

鸽子洞发掘队:《辽宁鸽子洞旧石器遗址发掘报告》,《古脊椎动物与古人类》1975 年第 2 期。

顾雯:《利用无损波长色散 X 射线荧光分析地中海地区考古黑曜石起源》,《文物保护与科技考古》2008 年第 4 期。

顾玉才:《金牛山遗址发现的用火遗迹及相关的几个问题》,见韩国国立忠北大学先史文化研究所编:《东北亚旧石器文化》,1996 年。

黑龙江省文物考古研究所、中国人民大学北方民族考古研究所:《黑龙江大兴安岭呼中北山洞遗址 2016 年发掘简报》,《北方文物》2020 年第 1 期。

侯亚梅:《考古标本微磨痕初步研究》,《人类学学报》1992 年第 11 期。

吉晓洋、陈志学:《出土文物的 X 射线衍射研究》,《四川大学学报（自然科学版）》1997 年第 4 期。

贾兰坡、盖培、李炎贤:《水洞沟旧石器时代遗址的新材料》,《古脊椎动物与古人类》1964 年第 1 期。

贾兰坡:《山西峙峪旧石器时代遗址发掘报告》,《考古学报》1972 年第 1 期。

金昌柱、潘文石、张颖奇等:《广西崇左江州木榄山智人洞古人类遗址及其地质时代》,《科学通报》2009 年第 54 期。

李超荣:《北京王府井东方广场旧石器时代遗址发掘简报》,《考古》2000 年第 9 期。

李江腾、古德生、曹平等:《岩石断裂韧度与抗压强度的相关规律》,《中南大学学报（自然科学版）》2009 年第 6 期。

李树荣、徐小丽、沈晓明等:《温度作用下岩石力学行为的研究进展》,《江苏省力学学会 2006 学术大会暨第二届苏港力学及其应用论坛论文集》,2006 年。

李炎贤、蔡回阳:《贵州普定白岩脚洞旧石器时代遗址》,《人类学学报》1986 年第 2 期。

廖华瑞:《宁夏区域地质基本特征》,《中国区域地质》1989 年第 4 期。

刘士莪:《陕西韩城禹门口旧石器时代洞穴遗址》,《史前研究》1984 年第 1 期。

刘武、武仙竹、李宜垠等:《湖北郧西黄龙洞古人类用火证据》,《科学通报》2008 年第 24 期。

柳州白莲洞洞穴科学博物馆、北京自然博物馆、广西民族学院历史系:《广西柳州白莲洞旧石器时代洞穴遗址发掘报告》,《南方民族考古》1981 年第 1 期。

毛振伟：《X 射线荧光光谱分析在考古中的应用》，《光谱实验室》1991 年第 2 期。

邱中郎、张银运、胡绍锦：《昆明呈贡龙潭山第 2 地点的人化石和旧石器》，《人类学学报》1985 年第 3 期。

任进成、周静、李锋等：《甘肃石峡口旧石器遗址第 1 地点发掘报告》，《人类学学报》2017 年第 1 期。

石丽、张新锋、沈冠军：《中国现代人起源的年代学新证据》，《南京师大学报（自然科学版）》2003 年第 26 期。

柿子滩考古队：《山西吉县柿子滩旧石器时代遗址 S14 地点》，《考古》2002 年第 4 期。

孙瑞民、赵秀绍、汤凤林：《热力剥离破碎岩石试验》，《地质科技情报》2006 年第 4 期。

万志军、赵阳升、董付科等：《高温及三轴应力下花岗岩力学特性的实验研究》，《岩石力学与工程研究》2008 年第 1 期。

王进玉：《X 荧光与考古研究》，《光谱实验室》1997 年第 2 期。

王晓琨、魏坚、陈全家等：《内蒙古金斯太洞穴遗址发掘简报》，《人类学学报》2010 年第 1 期。

王益人、袁文明、兰会才等：《2011 年以来丁村遗址群考古新进展》，《人类学学报》2018 年第 3 期。

卫奇：《石制品观察格式探讨》，见邓涛、王原主编：《第八届古脊椎动物学术年会文集》，北京：海洋出版社，2001 年。

吴新智：《从中国晚期智人颅牙特征看中国现代人起源》，《人类学学报》1998 年第 17 期。吴新智：《现代人起源的多地区进化说在中国的实证》，《第四纪研究》2006 年第 26 期。

吴新智：《中国古人类进化连续性新辩》，《人类学学报》2006 年第 25 期。

郤保平、赵阳升、万志军等：《热力耦合作用下花岗岩流变模型的本构关系的研究》，《岩石力学与工程学报》2009 年第 5 期。

谢飞、高星、龙凤骧：《四方洞——河北第一处旧石器时代洞穴遗址》，《文物春秋》1992 第 1 期。

徐小丽、高峰、高亚楠等：《高温后花岗岩岩石力学性质及结构效应研究》，《中国矿业大学学报》2008 年第 3 期。

于丽芳、杨志军、周永章等：《扫描电镜和环境扫描电镜在地学领域的研究综述》，《中山大学研究生学刊（自然科学、医学版）》，2008 年第 1 期。

张晶瑶：《加热温度变化对岩石强度的影响》，《金属矿山》1996 年第 12 期。

张森水、韩德芬、郑绍华：《金牛山（1978 年发掘）旧石器遗址综合研究》，《中国科学院古脊椎动物与古人类研究所集刊第 19 号》，北京：科学出版社，1993 年。

张森水：《穿洞史前遗址（1981 年发掘）初步研究》，《人类学学报》1995 年第 2 期。

张森水：《富林文化》，《古脊椎动物与古人类》1977 年第 1 期。

张森水：《关于西侯度的问题》，《人类学学报》1998 年第 2 期。

张森水：《管窥新中国旧石器考古学的重大发展》，《人类学学报》1999 年第 3 期。

张森水：《马鞍山旧石器遗址试掘报告》，《人类学学报》1988 年第 1 期。

张松林、刘彦峰：《织机洞旧石器时代遗址发掘报告》，《人类学学报》2003 年第 1 期。

张振标：《现代中国人起源的实证——颅骨特征的时空变化》，《第四纪研究》1999 年第 19 期。

郑昭昌、李玉珍：《贺兰山奥陶系研究的新进展》，《现代地质》1991 年第 2 期。

周健、王河锦：《X 射线衍射峰五基本要素的物理学意义与应用》，《矿物学报》2002 年第 2 期。

朱剑、毛振伟、张仕定：《X 射线荧光光谱分析在考古中应用现状和展望》，《光谱学与光谱分析》2006 年第 12 期。

二　研究论著

高星、王惠民、裴树文等：《水洞沟——2003～2007 年度考古发掘与研究报告》，北京：科学出版社，2013 年。

郝思德、黄万波：《三亚落笔洞遗址》，海口：南方出版社，1998 年。

湖北省清江隔河岩考古队：《清江考古》，北京：科学出版社，2004 年。

黄慰文、傅仁义：《小孤山——辽宁海城史前洞穴遗址综合研究》，北京：科学出版社，2009 年。

吉昂、陶光仪、卓尚军等：《X 射线荧光光谱分析》，北京：科学出版社，2003 年。

李士、秦广雍：《现代实验技术在考古学中的应用》，北京：科学出版社，1991 年。

李士：《科技考古学进展》，《中国科学基金》1992 年第 3 期。

李世愚、尹祥础：《岩石断裂力学》，北京：科学出版社，2006 年。

刘粤惠、刘平安：《X 射线衍射分析原理与应用》，北京：化学工业出版社，2003 年。

宁夏文物考古研究所：《水洞沟——1980 年发掘报告》，北京：科学出版社，2003 年。

裴文中、张森水：《中国猿人石器研究》，北京：科学出版社，1985 年。

桑隆康、廖群安、邬金华：《岩石学实验指导书》，武汉：中国地质大学出版社，2005 年。

陕西省考古研究院、洛南县博物馆：《花石浪（Ⅱ）——洛南花石浪龙牙洞遗址发掘报告》，北京：科学出版社，2008 年。

陶振宇、潘别桐：《岩石力学原理与方法》，武汉：中国地质大学出版社，1990 年。

王宝学、杨同、张磊：《岩石力学实验指导书》，北京科技大学土木与环境工程学院，2008 年。

武仙竹：《郧西人——黄龙洞遗址发掘报告》，北京：科学出版社，2006 年。

岩石力学课程组编写：《岩石力学实验指导》，长江大学城市建设学院，2007 年。

叶金汉主编、水利水电科学研究院等合编：《岩石力学参数手册》，北京：水利电力出版社，1991 年。

曾广策、朱云海、叶德隆：《晶体光学及光性矿物学（第三版）》，武汉：中国地质大学出版社，2019 年。

张森水、宋惕冰、北京志：《世界文化遗产卷·周口店遗址志》，北京：北京出版社，2004 年。

张永兴：《岩石力学》，北京：中国建筑工业出版社，2004 年。

赵丛苍：《科技考古学概论》，北京：高等教育出版社，2005 年。

中国机械工程学会热处理学会：《热处理手册（第 1 卷）：工艺基础》，北京：机械工业出版社，2008 年。

三 学位论文

王春雪：《水洞沟遗址第八地点废片分析和实验研究》，中国科学院研究生院博士学位论文，2010 年。

张学民：《岩石材料各项异性特征及其对隧道围岩稳定性影响研究》，中南大学博士学位论文，2007 年。

赵海龙：《石叶及细石叶剥制实验研究》，吉林大学硕士学位论文，2005 年。

朱之勇：《虎头梁遗址石制品研究》，中国科学院研究生院博士学位论文，2006 年。

附　表

附表 1　室外热处理石制品外部特征变化统计表

火塘	编号	原料类型	原始颜色	加热后颜色	石片加热后颜色	石片光泽	石片破损	原料破损
H1	SY046	白云岩	7.5YR-5/1	10YR-5/2	白色		裂纹	完整
	SY049	白云岩	2.5Y-5/4	7.5YR-5/1			完整	完整
	SY055	白云岩	10YR-4/1	7.5YR-6/1	5YR-6/3		断裂	完整
	SY056	白云岩	7.5YR-6/2	2.5YR-6/2			完整	完整
	SY157	白云岩	2.5Y-4/1	2.5Y-4/1			断裂	完整
	SY166	白云岩	10R-4/2	10R-4/2	10R-5/2		完整	完整
	SY145	石英砂岩	10R-4/4	10R-3/4	10R-4/4		完整	完整
	SY162	石英砂岩	2.5YR-5/6	10R-4/5	2.5YR-6/6	炭黑	完整	完整
	SY170	石英砂岩	10R-4/6	10R-4/8	10R-3/4	炭黑 光泽	完整	完整
	SY039	石英岩	7.5YR-6/3	5YR-5/4	5YR-8/2		裂纹	完整
	SY186	石英岩	N-3/	N-2.5/			完整	完整
	SY115	燧石	5PB-7/1	5PB-4/1			完整	完整
	SY126	燧石	N-5/	N-3/	N-8/		完整	完整
	SY133	燧石	无		无	光泽	完整	完整
	SY138	燧石	无				完整	完整
	SY140	燧石	10R-3/4	10R-3/6	10R-3/4	炭黑	完整	完整
H2	SY003	白云岩	5YR-5/2	7.5YR-5/2	5YR-6/3 (2.5YR-5/1)	炭黑	完整	完整
	SY004	白云岩	10R-5/2	10R-6/1 (10R-4/6)	10R-8/2		破裂	完整
	SY027	白云岩	10YR-4/4	7.5YR-5/6 (10R-4/4)	10YR-6/4 炭黑	炭黑	断裂	完整

续附表 1

火塘	编号	原料类型	原始颜色	加热后颜色	石片加热后颜色	石片光泽	石片破损	原料破损
H2	SY086	白云岩	10YR-4/3	10YR-4/3		炭黑 光泽	完整	完整
	SY167	白云岩	10R-5/4	10R-4/3	2. 5Y-8/1	炭黑 光泽	完整	完整
	SY185	白云岩	10YR-5/1	7. 5YR-4/1	灰白无对应色	炭黑	完整	完整
	SY188	白云岩	10YR-7/2	10YR-7/1	N-7/炭黑	炭黑 光泽	完整	完整
	SY175	石英砂岩	10R-3/2	10R-3/3		炭黑	完整	完整
	SY176	石英砂岩	10R-3/4	10R-3/4	10R-3/2	炭黑	完整	完整
	SY181	石英砂岩	2. 5YR-5/3	2. 5YR-5/4	5YR-5/1		完整	完整
	SY182	石英砂岩	7. 5YR-7/3	5YR-5/3		炭黑 光泽	完整	完整
	SY183	石英砂岩	10R-8/1	10R-8/2		炭黑	完整	完整
	SY041	石英岩	5PB-4/1	2. 5Y-4/1	黑白	炭黑	完整	完整
	SY117	燧石	N-3/	N-2. 5/	10YR-6/1	炭黑 光泽	完整	完整
	SY121	燧石	5PB-3/1	N-2. 5/			完整	完整
	SY122	燧石	5PB-4/1	无			完整	完整
	SY124	燧石	10R-3/3	10R-3/2 (3/6)	10R-3/1	炭黑	完整	完整
	SY136	燧石	2. 5Y-4/1	5PB-4/1			完整	完整
	SY187	燧石	5PB-4/1	5YR-5/2 (N-3/)	白	炭黑 光泽	完整	完整
H3	SY060	白云岩	2. 5YR-5/2	2. 5YR-5/2	5YR-5/1		完整	完整
	SY076	白云岩	5YR-7/1	2. 5YR-6/2 (6/3)			完整	完整
	SY147	白云岩	10YR-5/1	7. 5YR-5/1	5YR-5/2		完整	完整
	SY159	石英砂岩	10R-3/3	10R-3/3			完整	完整
	SY163	石英砂岩	10R-4/6	10R-3/4			完整	完整
	SY171	石英砂岩	7. 5YR-6/4	2. 5YR-6/4			完整	完整
	SY179	石英砂岩	10R-3/2	10R-3/4 (2. 5/2)	10R-2. 5/2		完整	完整
	SY151	石英岩	10YR-4/4	7. 5YR-4/4			完整	完整

续附表 1

火塘	编号	原料类型	原始颜色	加热后颜色	石片加热后颜色	石片光泽	石片破损	原料破损
H3	SY172	石英岩	10R-5/3	10R-3/2（2.5YR-4/3）			完整	完整
	SY113	燧石	7.5YR-6/1	7.5YR-5/1	10R-8/2	光泽	完整	完整
	SY123	燧石	5PB-5/1	10YR-6/1			完整	完整
	SY131	燧石	N-2.5/（5YR-5/1）	N-3/（5YR-5/1）			完整	完整
	SY134	燧石	N-3/				完整	完整
	SY144	燧石	无	10R-4/4			完整	完整
H4	SY054	白云岩	7.5YR-6/4	5YR-5/4	2.5YR-5/6		完整	完整
	SY064	白云岩	2.5Y-5/1	7.5YR-5/1	5YR-5/1		完整	完整
	SY068	白云岩	10YR-5/2	5YR-5/2	10YR-5/2		完整	完整
	SY070	白云岩	10YR-5/1	10YR-5/1	10YR-5/1		完整	完整
	SY075	白云岩	7.5YR-5/1	7.5YR-5/1	5PB-4/1		完整	完整
	SY035	石英岩	10YR-3/1	10YR-4/1	7.5YR-4/1		完整	完整
	SY154	石英岩	10R-4/2	10R-4/3	10R-4/2		完整	完整
H5	SY019	白云岩	7.5YR-5/1	5YR-6/1	5YR-6/1	炭黑	完整	完整
	SY051	白云岩	2.5Y-6/1	10YR-5/2			完整	完整
	SY057	白云岩	N-5/	7.5YR-6/8	10R-8/1	光泽	完整	完整
	SY065	白云岩	10R-5/2	10R-5/3			完整	完整
	SY036	石英岩	10YR-5/1	7.5YR-6/1	7.5YR-6/1		完整	完整
	SY099	燧石	5YR-4/5	N-4/			完整	完整
	SY109	燧石	N-4/	N-5/			完整	完整
	SY114	燧石	5PB-6/1	乳白 无对应颜色			完整	完整
	SY132	燧石	N-2.5/	N-3/			完整	完整
	SY135	燧石	无	N-4/			完整	完整
	SY142	燧石	N-3/	N-6/			完整	完整

附表2　室内热处理石制品外部特征变化统计表

编号	原料类型	原始颜色	热处理后颜色			光泽	破损
			慢速降温		快速降温		
SY002	白云岩	2.5YR-4/2	550℃ 2.5YR-7/1				断裂，茶壶盖状
SY018	白云岩	2.5Y-5/1	550℃ 7.5YR-7/2				完整
SY023	白云岩	2.5YR-6/2	450℃ 2.5YR-6/2				完整
SY048	白云岩	10YR-4/1	550℃ 10R-5/3				断裂
SY050	白云岩	2.5Y-4/2	400℃ 10R-4/4	350℃ 10R-5/4			完整
SY053	白云岩	2.5YR-6/2	550℃ 10R-7/2				完整
SY055	白云岩	10YR-4/1	550℃ 2.5YR-6/3				完整
SY061	白云岩	5YR-5/1	550℃ 2.5YR-6/2				完整
SY079	白云岩	2.5YR-4/2	550℃ 5YR-6/4	450℃ 10R-5/3	450℃ 10R-6/4		断裂
SY077	白云岩	2.5YR-4/1	400℃ 2.5YR-5/3	350℃ 2.5YR-4/3			完整
SY088	白云岩	2.5Y-6/1	550℃ 5PB-8/1				完整
SY093	白云岩	2.5YR-6/1	550℃ 5YR-7/3				完整
SY189	白云岩	5YR-6/2	550℃ 10R-8/2				完整
SY190	白云岩	N-7/1	550℃ 10R-8/1				完整

续附表 2

编号	原料类型	原始颜色	热处理后颜色			光泽	破损
			慢速降温		快速降温		
SY191	白云岩	10R-6/1	550℃ 10R-8/2				完整
SY196	白云岩	N-6/1	500℃ 2. 5Y-7/1				完整
SY197	白云岩	7. 5YR-6/1	400℃ 5YR-7/1	350℃ 7. 5YR-7/2			完整
SY198	白云岩	灰色	450℃ 10YR-6/1				完整
SY200	白云岩	2. 5YR-5/1	500℃ 10R-5/1				完整
SY201	白云岩	7. 5YR-5/1	350℃ 2. 5YR-5/2	300℃ 5YR-5/1			完整
SY150	硅质白云岩	2. 5Y-5/4	550℃ 7. 5YR-7/2	450℃ 10R-5/4			完整
SY146	石英砂岩	10R-4/4	550℃ 10R-5/4	5			完整
SY173	石英砂岩	10R-3/6	550℃ 10R-3/4				完整
SY177	石英砂岩	10R-3/2	550℃ 10R-5/4				完整
SY194	石英砂岩	10R-5/4	550℃ 10R-4/3				完整
SY037	石英岩	5YR-6/2	550℃ 10YR-7/2				完整
SY149	石英岩	2. 5Y-5/1	550℃ 2. 5YR-7/1				完整
SY153	石英岩	2. 5Y-4/1	550℃ 5PB-7/1				完整
SY160	石英岩	10YR-7/1	550℃ 10R-8/2	450℃ 2. 5YR-8/2			完整

续附表 2

编号	原料类型	原始颜色	热处理后颜色			光泽	破损
			慢速降温		快速降温		
SY129	燧石	5PB-6/1	450℃ N-8				完整
SY100	燧石	N-3	450℃ N-4				
SY105	燧石	N-3	450℃ N-4				
SY106	燧石	N-8	450℃ N-8				
SY107	燧石	N-3	450℃ 10B-6				
SY139	燧石	2. 5Y-5/1	450℃ N-6				
SY141	燧石	2. 5Y-6/2	300℃ 10YR-7/1				完整
石片 1	燧石	N-3	450℃ 2. 5Y-4/1				
石片 2	玉髓	乳白色	450℃ 7. 5YR-6/6	2. 5YR-5/8			
SY001	白云岩	7. 5YR-6/2	550℃ 5YR-6/2		500℃ 10R-7/2		裂片
SY073	白云岩	10R-5/4	450℃ 2. 5YR-5/2		500℃ 10R-4/2		完整
SY192	白云岩	2. 5YR-5/1	550℃灰白		550℃ 5YR-7/1		完整
SY193	白云岩	7. 5YR-7/1	550℃ 7. 5YR-6/2		450℃ 5YR-7/2		完整
SY199	白云岩	10R-4/1	400℃ 10R-6/1				完整
SY202	白云岩	5YR-5/1	450℃ 2. 5YR-6/1	400℃ 5YR-6/1	450℃ 5YR-6/1		完整

附表 3　室内热处理样品 X 射线荧光分析物质成分表

成分 编号	CaO	SiO_2	MgO	SO_3	Fe_2O_3	K_20	P_2O_5	Al_20_3	MnO
202-ori	58.034	31.115	2.593	1.992	1.996	1.607	1.566	1.014	0.114
202-450℃	66.825	23.43	2.945	1.82	1.85	1.206	1.56		0.118
202-450CF	65.874	24.458	2.932	1.247	1.806	1.282	1.238	0.744	0.11
202-400℃	68.514	21.943	3.024	1.602	2.053	0.913	1.528		0.136
160-ori	79.046	10.988	3.478	1.109	2.515	0.497	2.147		0.221
160-450℃	60.977	31.126	2.883	0.975	1.933	0.287	1.654		0.166
160-550℃	68.944	22.061	3.324	1.523	1.978	0.414	1.598		0.158
150-ori	33.563	55.057	1.586	3.147	1.342	0.892	1.965	1.6	0.108
150-450℃	48.251	42.516	2.292	2.407	1.486	0.373	1.81	0.692	0.173
150-550℃	73.288	17.513	3.385	1.595	1.994	0.369	1.559		0.297
079-ori	60.51	28.222	2.59	2.148	2.901	0.963	1.651	0.599	0.22
079-450℃	78.421	10.929	3.49	1.452	2.845	0.498	2.108		0.258
079-450CF	73.813	16.007	3.431	1.346	3.086	0.725	1.358		0.234
079-550℃	81.916	8.436	3.408	1.001	3.163	0.434	1.369		0.273
173-ori	1.524	83.526		3.749	2.069	2.449	2.216	3.872	
173-550℃	0.901	86.117		3.662	1.543	2.012	2.028	3.122	
YS-ori	2.115	85.365		2.997	0.832	1.542	1.449	5.076	
YS-450℃	2.386	85.614		3.548	0.996	1.117	2.128	3.769	
197-ori	70.741	17.418	3.082	1.843	2.478	1.573	1.595	0.694	
197-350℃	40.925	46.485	1.725	1.549	2.116	1.006	1.697	1.702	
197-400℃	58.06	31.737	2.374	2.053	1.834	0.871	1.575	0.807	
CJSS-ori	2.035	84.517		3.207	1.088	1.545	1.516	5.5	
CJSS-450℃		87.154		3.758	1.062	1.312	2.095	4.31	
107-ori	2.781	86.216		3.522	0.961	0.971	2.071	3.291	
107-450℃	3.283	86.946		3.083	0.864	1.021	1.316	3.243	
105-ori	2.026	85.361		2.778	1.043	1.518	1.16	5.592	

续附表 3

编号＼成分	CaO	SiO_2	MgO	SO_3	Fe_2O_3	K_20	P_2O_5	Al_20_3	MnO
105-450℃	1. 752	85. 539		4. 18	0. 896	1. 104	2. 306	3. 936	
139-ori		90. 633		2. 878	0. 953		1. 14	4. 396	
139-450℃	1. 372	89. 753		2. 86		0. 791	2. 166	3. 059	
100-ori	11. 702	77. 903		2. 51	1. 246	1. 2	1. 116	4. 005	
100-450℃	26. 211	63. 537	0. 94	3. 07	1. 197	0. 866	1. 878	2. 301	
200-ori	79. 22	10. 773	3. 207	1. 031	2. 204	0. 983	1. 283		1. 227
200-550℃	84. 091	5. 932	3. 451	0. 967	1. 964	0. 821	1. 39		1. 384

注："200-550℃"，前者为标本号，后者为热处理温度，ori 为原始标本，CF 表示快速降温。

附表 4　岩石热处理前后结晶度统计表

编号		衍射峰（石英）（°）	结晶度（%）	衍射峰（白云石）	结晶度（%）	拟合误差（R）	变化	
							石英	白云石
079	原始	26. 637	1. 57	30. 971	1. 56	11. 13		
	450℃	26. 61	3. 33	30. 939	1. 3	11. 04	1. 12	-0. 17
	450℃ CF	26. 667	2. 28	30. 996	1. 41	12. 2	0. 45	-0. 10
	550℃	26. 664	3. 72	30. 979	1. 19	10. 74	1. 37	-0. 24
100	原始	26. 631	0. 75			8. 93		
	450℃	26. 628	1. 12			12. 22	0. 49	
105	原始	26. 679	0. 91			12. 09		
	450℃	26. 64	0. 82			10. 82	-0. 10	
139	原始	26. 66	0. 76			10. 32		
	450℃	26. 625	0. 7			9. 19	-0. 08	
107	原始	26. 671	0. 76			10. 11		
	450℃	26. 663	0. 82			10. 76	0. 08	
150	原始	26. 639	1. 22			12. 02		
	450℃	26. 598	1. 57			13. 85	0. 29	
	550℃	26. 558	2. 69			11. 14	1. 20	

续附表 4

编号		衍射峰（石英）（°）	结晶度（%）	衍射峰（白云石）	结晶度（%）	拟合误差（R）	变化	
							石英	白云石
160	原始	26.66	2			8.1		
	450℃	26.67	1.12			9.11	-0.44	
	550℃	26.645	2.06			11.66	0.03	
173	原始	26.702	0.8			8.81		
	550℃	26.706	0.44			6.42	-0.45	
197	原始	26.693	2.25	31.001	1.54	11.42		
	350℃	26.694	1.14	30.997	2.25	10.17	-0.49	0.46
	400℃	26.666	2.4	30.989	2.8	14.35	0.07	0.82
200	原始	36.653	0.88			12.09		
	550℃	26.645	4.89			9.43	4.56	
202	原始	26.713	1.56			11.04		
	400℃	26.69	2.21			12.62	0.42	
	450℃	26.682	2.17			10.7	0.39	
	450℃ CF	26.704	1.93			12.18	0.24	
cjss	原始	26.655	0.57			7.86		
	450℃	26.651	0.53			7.65	-0.07	
ys	原始	26.603	0.64			8.85		
	450℃	26.656	0.66			9.2	0.03	
003	原始	26.681	1.04	31.003	2.09	9.63		
	热处理	26.649	1.31	30.963	2.79	10.13	0.26	0.33
	热处理石片	26.669	1.27	31.004	2.57	11.17	0.22	0.23
027	原始	26.666	1.82	30.977	1.88	12.28		
	热处理	26.632	1.66	30.94	2.06	12.7	-0.09	-0.26
	热处理石片	26.687	1.73	31.019	3.88	12.74	-0.05	1.06

续附表 4

编号		衍射峰（石英）（°）	结晶度（%）	衍射峰（白云石）	结晶度（%）	拟合误差（R）	变化	
							石英	白云石
070	原始	26.689	1.58	31.007	1.96	10.49		
	热处理	26.764	1.31	31.083	1.89	10.23	-0.17	-0.04
099	原始	26.662	0.47			6.1		
	热处理	26.635	0.63			7.97	0.34	
175	原始	26.7	0.5			6.45		
	热处理	26.688	0.4			6.34	-0.20	
	热处理石片	26.683	0.42			5.96	-0.16	

注：027、070、099、175 号为室外热处理实验样品，加热温度见正文，“热处理石片”为室外模拟无意识加热实验的样品。

附表 5　水洞沟遗址热处理样品抗压强度变异系数统计表

编号	均值（MPa）	标准差	方差	变异系数
073A	160.8562775	118.24991309	13983.042	0.735128
073B	112.5416530	104.95905932	11016.404	0.932624
073C	148.8842425	39.73874845	1579.168	0.26691
173A	144.0635920	89.37157617	7987.279	0.620362
173B	156.6530760	79.30097062	6288.644	0.50622
079A	132.7699570	58.31641374	3400.804	0.439229
079B	150.4760250	54.25373872	2943.468	0.360547
079C	80.5621240	36.84074047	1357.240	0.457296
079D	152.6333648	39.14718471	1532.502	0.256479
202A	256.0298450	101.85653755	10374.754	0.397831
202B	265.6880200	50.68941331	2569.417	0.190785
202C	192.0063425	123.84290997	15337.066	0.644994
202D	148.3506678	77.00605538	5929.933	0.519081
160A	92.7626230	44.55278553	1984.951	0.480288

续附表 5

编号	均值（MPa）	标准差	方差	变异系数
160B	278. 2691460	135. 59793998	18386. 801	0. 487291
160C	223. 6108850	80. 36063471	6457. 832	0. 359377
200A	200. 8289175	102. 60381750	10527. 543	0. 510902
200B	217. 2211292	148. 53100267	22061. 459	0. 683778
150A	146. 7013160	90. 73593840	8233. 011	0. 618508
150B	101. 4807395	18. 94877965	359. 056	0. 186723
150C	49. 4392603	31. 89081657	1017. 024	0. 64505
197A	74. 5636	90. 71441	8229. 104	1. 216604
197B	68. 0095	30. 52126	931. 547	0. 448779
197C	219. 9968	54. 08520	2925. 209	0. 245845

附表 6　不同产地石料抗压强度变异系数统计表

编号	均值（MPa）	标准差	方差	变异系数
ZKD	21. 86923725	10. 334152875	106. 795	0. 472543
DJK	62. 36472775	60. 027050954	3603. 247	0. 962516
GSa	75. 87422275	52. 745738411	2782. 113	0. 695173
GSb	86. 57157125	15. 015414064	225. 463	0. 173445
GYD	74. 62711433	70. 136404917	4919. 115	0. 939825
DEW	103. 41751218	95. 435139550	9107. 866	0. 922814
RB	204. 99203350	186. 865511182	34918. 719	0. 911575

附表7　打制实验石制品统计表

（重量单位：g）

类型 编号	石核		石片		断块		断片		微片		石屑			合计	
											2~5mm		>2mm		
	个数	重量	个数	重量	个数	重量	个数	重量	个数	重量	个数	重量	重量	个数	重量
050-ori			25	93.4	8	10.7	29	2.39	27	1.24	67	2.1	2.6	156	112.43
050-350℃	1	155.6	41	152.5	15	29.1	29	16.05	23	3.35	84	4.2	5.6	193	366.4
050-400℃	1	110.4	20	70.4			7	3.12	26	1.41	46	1.6	2.6	100	189.53
201-ori			12	41.4			7	0.78	8	0.26	23	0.2	1.1	50	43.74
201-300℃	1	105.5	40	146.77	8	38.93	38	15.55	27	1.11	63	2.6	5	177	315.46
201-350℃	1	35.2	28	72.82	15	23.87	15	2.47	7	0.22	53	2.9	3.6	119	141.08
199-ori			34	335.3	30	46.3	61	131.32	9	0.65	105	9.8		239	523.37
199-400℃			6	72.3	9	81.9	26	47.6	7	0.5	30	2.1		78	204.4
146-ori	1	383.9	15	237.5	5	4.5	21	58.6	12	7.8	50	10.3	7.6	104	710.2
146-550℃	1	252.5	12	144.2	8	9	21	89.2	22	10.16	45	5.5	6.6	109	517.16
合计	6	1043.1	233	1366.59	98	244.3	254	367.08	168	26.7	566	41.3	34.7	1325	3123.77

附表 8　050 白云岩打制实验石片形态统计表

	原始石料（*N=25*）				经 350℃热处理（*N=41*）				经 400℃热处理（*N=20*）			
	极小值	极大值	均值	标准差	极小值	极大值	均值	标准差	极小值	极大值	均值	标准差
长（mm）	11. 40	55. 40	24. 57	10. 24	8. 50	50. 70	21. 37	10. 85	10. 50	47. 60	24. 23	12. 68
宽（mm）	9. 90	58. 30	22. 33	12. 27	5. 40	40. 00	17. 44	8. 29	6. 00	33. 50	19. 52	7. 91
厚（mm）	2. 30	17. 60	5. 10	2. 89	1. 20	23. 20	5. 77	4. 86	1. 50	13. 30	6. 06	3. 50
重（g）	0. 30	35. 50	3. 74	6. 94	0. 10	36. 10	3. 72	7. 10	0. 10	13. 70	3. 52	3. 67
平均长规整指数	0. 89	1. 00	0. 97	0. 03	0. 81	1. 00	0. 97	0. 04	0. 86	1. 00	0. 98	0. 03
平均宽规整指数	0. 09	0. 71	0. 35	0. 15	0. 03	1. 61	0. 28	0. 24	0. 11	1. 00	0. 33	0. 11
平均厚规整指数	0. 06	0. 73	0. 40	0. 16	0. 05	1. 55	0. 34	0. 24	0. 08	2. 00	0. 41	0. 34
平均相对厚度指数一	6. 34	15. 07	9. 69	2. 30	1. 28	19. 61	8. 68	3. 51	3. 59	16. 00	8. 38	3. 05
平均相对厚度指数二	2. 84	9. 72	5. 16	1. 84	1. 01	9. 05	4. 64	1. 84	1. 29	12. 00	4. 70	2. 58
打击泡指数	0. 21	1. 70	0. 73	0. 37	0. 22	1. 61	0. 76	0. 29	0. 20	2. 00	0. 78	0. 32
有效刃缘（mm）	0	136. 10	34. 44	30. 46	14. 50	129. 80	47. 80	26. 82	10. 00	108. 00	51. 86	28. 65
有效刃缘指数（mm/g）	0	38. 57	13. 72	9. 96	3. 55	380. 00	56. 44	73. 77	3. 88	410. 00	51. 83	95. 02

附表 9 201 白云岩打制实验石片形态统计表

	原始石料（N=12）				经300℃热处理（N=40）				经350℃热处理（N=28）			
	极小值	极大值	均值	标准差	极小值	极大值	均值	标准差	极小值	极大值	均值	标准差
长（mm）	9.50	49.40	28.65	13.87	6.70	63.00	24.60	16.96	7.90	46.50	21.62	11.94
宽（mm）	5.20	29.90	16.32	8.04	4.70	52.40	15.74	10.16	6.00	40.90	12.41	7.34
厚（mm）	1.70	18.20	6.00	4.40	0.50	14.60	4.22	3.43	0.30	16.40	3.90	3.49
重（g）	0.10	8.70	3.45	3.03	0.02	33.80	3.67	7.67	0.02	30.90	2.60	6.23
平均长规整指数	0.93	1.00	0.99	0.02	0.87	1.00	0.99	0.03	0.91	1.36	0.99	0.08
平均宽规整指数	0.09	0.56	0.30	0.14	0.05	0.73	0.24	0.15	0.06	0.51	0.27	0.12
平均厚规整指数	0.13	0.48	0.35	0.10	0.09	0.72	0.33	0.16	0.04	0.52	0.28	0.13
平均相对厚度指数一	0.98	12.59	9.33	3.44	5.62	38.80	12.20	6.38	4.85	63.33	13.64	12.66
平均相对厚度指数二	0.65	8.91	5.97	2.46	2.90	26.80	7.25	4.25	2.63	43.00	8.66	8.74
打击泡指数	0.27	0.90	0.53	0.18	0.28	2.00	0.81	0.36	0.26	1.70	0.79	0.32
有效刃缘（mm）	0	93.10	47.13	33.21	10.00	139.20	46.69	35.38	0	115.00	36.96	27.16
有效刃缘指数（mm/g）	0	144.00	29.08	38.68	2.58	1500.00	176.64	283.43	0	1190.00	193.95	293.18

附表 10　199 白云岩打制实验石片形态统计表

	原始石料（*N*=*34*）				经 400℃热处理（*N*=*6*）			
	极小值	极大值	均值	标准差	极小值	极大值	均值	标准差
长（mm）	7.3	74.6	32.19	16.86	24.5	71.6	45.77	18.04
宽（mm）	1.51	53.5	24.62	12.57	17.8	39.1	28.28	8.3
厚（mm）	1.7	16	6.69	4.17	2.9	11.8	8.57	3.53
重（g）	0.1	45.7	9.86	12.76	1.8	23	12.22	8.21
平均长规整指数	0.86	1.00	0.99	0.03	0.95	1	0.98	0.02
平均宽规整指数	0.01	0.57	0.34	0.15	0.21	1.56	0.66	0.48
平均厚规整指数	0.12	0.71	0.36	0.16	0.47	1.00	0.71	0.2
平均相对厚度指数一	3.42	26.58	10.15	4.57	6.59	16.83	9.67	3.66
平均相对厚度指数二	1.97	15.21	5.68	2.78	4.03	8.45	5.72	1.65
打击泡指数	0.14	1.79	0.69	0.38	0.08	1.67	0.76	0.54
有效刃缘（mm）	0	113	40.23	28.25	18	132	72.12	41.99
有效刃缘指数（mm/g）	0	111.50	21.23	29.19	3.81	17.00	8.12	5.11

附表 11　146 石英砂岩打制实验石片形态统计表

	原始石料（*N*=*15*）				经 550℃热处理（*N*=*12*）			
	极小值	极大值	均值	标准差	极小值	极大值	均值	标准差
长（mm）	22.2	73.1	43.97	13.55	22.1	58.2	36.26	12.43
宽（mm）	15.5	56	32.68	12.33	11.6	42	26.36	9.41
厚（mm）	5.7	21.2	10.65	4.06	4.9	146	21.63	39.36
重（g）	2.7	76.9	15.83	18.32	1.8	42.5	12.02	11.6
平均长规整指数	0.9	1	0.97	0.04	0.91	1	0.96	0.03
平均宽规整指数	0.16	0.57	0.32	0.13	0.07	0.53	0.27	0.13
平均厚规整指数	0.12	0.59	0.42	0.13	0.13	0.52	0.3	0.14
平均相对厚度指数一	4.04	10.7	7.62	1.97	0.47	8.59	5.89	2.19
平均相对厚度指数二	2.56	8.14	4.45	1.65	0.28	6.27	3.43	1.47
打击泡指数	0.29	1.56	0.9	0.44	0.28	1.22	0.80	0.27
有效刃缘（mm）	18.9	88	55.86	21.04	3.7	79	43.2	25.9
有效刃缘指数（mm/g）	0.46	15.69	6.45	4.7	0.76	17	6.19	5.28

附表 12　断块、断片、碎屑的数量和重量比例统计表

类型 编号	断块（%）		断片（%）		石屑（%）		
					2~5mm		>2mm
	个数	重量	个数	重量	个数	重量	重量
050-ori	5.1	9.5	18.6	2.1	42.9	1.9	2.3
050-350℃	7.8	13.8	15.0	7.6	43.5	2.0	2.7
050-400℃	0	0	7.0	3.9	46.0	2.0	3.3
201-ori	0	0	14.0	1.8	46.0	0.5	2.5
201-300℃	4.5	18.5	21.5	7.4	35.6	1.2	2.4
201-350℃	12.6	22.5	12.6	2.3	44.5	2.7	3.4
199-ori	12.6	8.8	25.5	25.1	43.9	1.9	0
199-400℃	11.5	40.1	33.3	23.3	38.5	1.0	0
146-ori	4.8	1.4	20.2	18.0	48.1	3.2	2.3
146-550℃	5.1	9.5	18.6	2.1	42.9	1.9	2.3

注：石核未计入总重量计算。

附表 13　热处理石片长宽比统计表

	数量	极小值	极大值	均值	标准差
050-ori	25	0.5	2.57	1.27	0.64
050-350℃	41	0.4	3.71	1.36	0.7
050-400℃	20	0.56	3.1	1.39	0.81
201-ori	12	1.06	3.04	1.86	0.64
201-300℃	40	0.54	4.31	1.65	0.85
201-350℃	28	0.51	3.22	1.83	0.65
199-ori	34	0.46	10.66	1.67	1.72
199-400℃	6	1.01	3.23	1.7	0.81
146-ori	15	0.79	3.46	1.48	0.68
146-550℃	12	0.95	2.97	1.51	0.69

附表 14 热处理石片台面尺寸统计表 （单位：mm^2）

	数量	极小值	极大值	均值	标准差
050-ori	25	1.54	132.82	24.6	31.62
050-350℃	41	0.77	302.84	37.63	58.79
050-400℃	190	3.6	160.55	32.75	43.91
201-ori	12	0.6	57.63	15.06	15.56
201-300℃	40	1.8	164.28	21.24	31.28
201-350℃	28	0.29	109.35	21.45	29.64
199-ori	34	1.26	305.55	52.08	70.58
199-400℃	6	12.15	157.92	61.76	61.97
146-ori	15	4.8	505.75	154.09	134.27
146-550℃	12	31.5	419.42	159.06	146.37

附表 15 2 号地点热处理石制品颜色统计表

编号	颜色	岩性	编号	颜色	岩性
SDG2-4573	5YR-5/3	白云岩	SDG2T2-281	10R-4/2	燧石
SDG2T2-8917	10YR-7/2	白云岩	SDG2T2-1907	10R-4/6	燧石
SDG2T2-5672	10YR-8/1	白云岩	SDG2T1-919	10R-4/1	燧石
SDG2T2-1522	10R-3/2	白云岩	SDG2T1-591	5YR-7/1	燧石
SDG2T1-695	5YR-3/2	白云岩	SDG2T1-3656	黄色	燧石
SDG2T2-10343	10R-4/2，10R-6/1	白云岩	SDG2-9427	5YR-6/3	燧石
SDG2T2-10240	10R-5/2	白云岩	SDG2-5304	5YR-4/3	燧石
SDG2T2-6696	灰白	白云岩	SDG2-4948	10R-3/3	燧石
SDG2-2655	2.5YR-5/6	燧石	SDG2-4133	2.5YR-5/6	燧石
SDG2-940	2.5YR-3/2	燧石	SDG2-3762	10YR-4/6	燧石
SDG2-2713	5YR-5/6	燧石	SDG2-3668	黄	燧石
SDG2-6875	浅紫	燧石	SDG2-2957	10R-3/4	燧石
SDG2-6887	紫	燧石	SDG2-2678	10R-3/3	燧石
SDG2-7373	紫	燧石	SDG2-1907	灰白	燧石
SDG2-7155	紫	燧石	SDG2-1549	10R-5/3	燧石
SDG2T2-7366	红褐色	燧石	SDG2-1328	5YR-6/4	燧石
SDG2T2-2773	2.5Y-4/1	燧石	SDG2-1309	10R-5/3	燧石

续附表 15

编号	颜色	岩性	编号	颜色	岩性
SDG2T2-4696	2. 5YR-7/3	燧石	SDG2T2L2 剖面 1	10R-3/6	燧石
SDG2T2-910	10R-4/6	燧石	SDG2T2L2 剖面 2	5YR-5/6	燧石
SDG2T2-1636	10R-4/4	燧石	SDG2T2L2 剖面 3	10R-5/6	燧石
SDG2T2-9445	10R-6/1	燧石	SDG2T2L2 剖面 4	10R-3/4	燧石
SDG2T2-9780	2. 5YR-4/2	燧石	SDG2T2-784	2. 5YR-5/6	燧石
SDG2T2-4110	10R-3/4，2. 5YR-6/6	燧石	SDG2T2-1712	10R-4/6	燧石

注：标本号斜体者为无意识加热标本。

附表 16　12 号地点热处理石制品颜色、岩性统计表

编号	颜色	岩性	编号	颜色	岩性
SDG12L5-8533	5YR-4/4	白云岩	SDG12L5-7417	5YR-5/2	玉髓
ZZY199	2. 5YR-4/4	白云岩	SDG12L5-7448	2. 5YR-4/6	玉髓
SDG12L4-4685	5YR-6/1	白云岩	SDG12L5-7452	10R-4/6	玉髓
SDG12L5-7584	2. 5YR-4/2	白云岩	SDG12L3-2118	10R-6/4	玉髓
SDG12L4-4502	2. 5YR-6/2	白云岩	SDG12L3-1985	10R-4/1	玉髓
SDG12L5-7815	2. 5YR-5/3	白云岩	SDG12L3-2130	2. 5YR-4/6	玉髓
SDG12L5-7811	5YR-5/4	白云岩	SDG12L4-4287	10R-4/6	玉髓
SDG12L5-7814	2. 5YR-5/3	白云岩	SDG12L4-4470	10R-4/6	玉髓
SDG12L5-7820	2. 5YR-5/3	白云岩	SDG12L5-7437	2. 5YR-3/6	玉髓
SDG12L5-7831	2. 5YR-5/3	白云岩	SDG12L4-4356	2. 5YR-3/6	玉髓
SDG12L5-7834	褐	白云岩	SDG12L4-4352	2. 5YR-4/6	玉髓
SDG12L5-7872	2. 5YR-5/3	白云岩	SDG12L4-4413	2. 5YR-4/6	玉髓
SDG12L5-7879	2. 5YR-5/3	白云岩	SDG12L3-1973	2. 5YR-7/1	玉髓
SDG12L3-2091	橙黄	白云岩	ZZY004	10R-3/3	燧石
SDG12L3-2005	2. 5YR-3/2	白云岩	SDG12L5-8524	10R-4/4	燧石
SDG12L3-1992	2. 5YR-5/4	白云岩	SDG12L3-2039	10R-3/4	燧石
SDG12L3-2068	土黄	白云岩	ZZY046	10R-4/6	燧石
SDG12L3-2056	2. 5YR-4/2	白云岩	ZZY162	10R-4/6	燧石
SDG12L4-1	2. 5YR-7/4	白云岩	ZZY096	10R-4/3	燧石
SDG12L5-7450	紫红	白云岩	ZZY093	10R-3/1	燧石
SDG12L5-7408	5YR-6/6	白云岩	SDG12L3-2269	杂色	燧石

续附表 16

编号	颜色	岩性	编号	颜色	岩性
SDG12L3-2061	绿	碧玉	SDG12L3-2158	2. 5YR-4/2	燧石
SDG12L3-2389	10R-4/4	火成岩	SDG12L4-4401	10R-5/6	燧石
SDG12L3-2039	10R-3/3	玉髓	SDG12L4-5863	10R-4/6	燧石
ZZY202	10R-4/3	玉髓	SDG12L4-4850	5YR-5/8	燧石
SDG12L3-2319	5YR-6/4	玉髓	SDG12L4-5862	2. 5YR-3/3	燧石
SDG12L3-2321	10R-3/6	玉髓	SDG12L3-1889	2. 5YR-4/6	燧石
SDG12L4-4516	2. 5YR-3/4	玉髓	SDG12L4-4453	10R-4/6	燧石
SDG12L4-4513	10R-3/3	玉髓	SDG12L4-4756	5YR-6/4	燧石
ZZY077	10R-4/4	玉髓	SDG12L5 残片 1	5YR-4/4	燧石
SDG12L3-2083	10R-4/4	玉髓	SDG12L5 残片 3	杂色	燧石
SDG12l5-7405	2. 5YR-4/6	玉髓	SDG12L3 储料	10R-8/1	燧石
SDG12L5-7456	10R-6/3	玉髓			

图 4.5　无意识加热石片

左：热处理后　右：热处理前

图 4.7　室内实验标本热处理前后对比

左：热处理后　右：热处理前

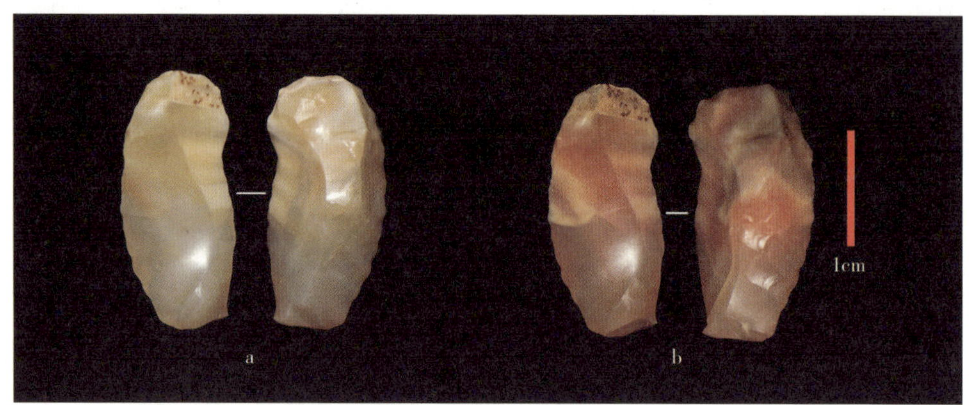

图 4.8　室内实验燧石标本热处理前后对比

a. 热处理前　b. 热处理后

图 4.9　室内实验白云岩标本热处理前后对比

a. 白云岩热处理前　b. 白云岩热处理后

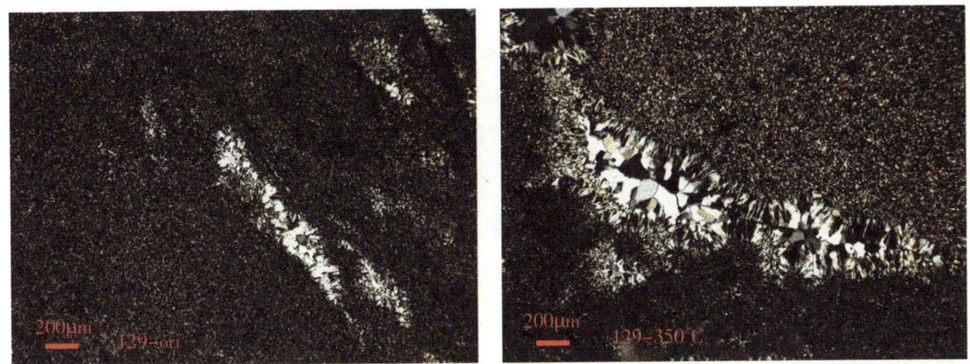

图 5.36　129-ori、129-350℃对比

图 5.37　141-ori、141-300℃对比

图 5.38　173-ori、173-550℃对比

彩版四

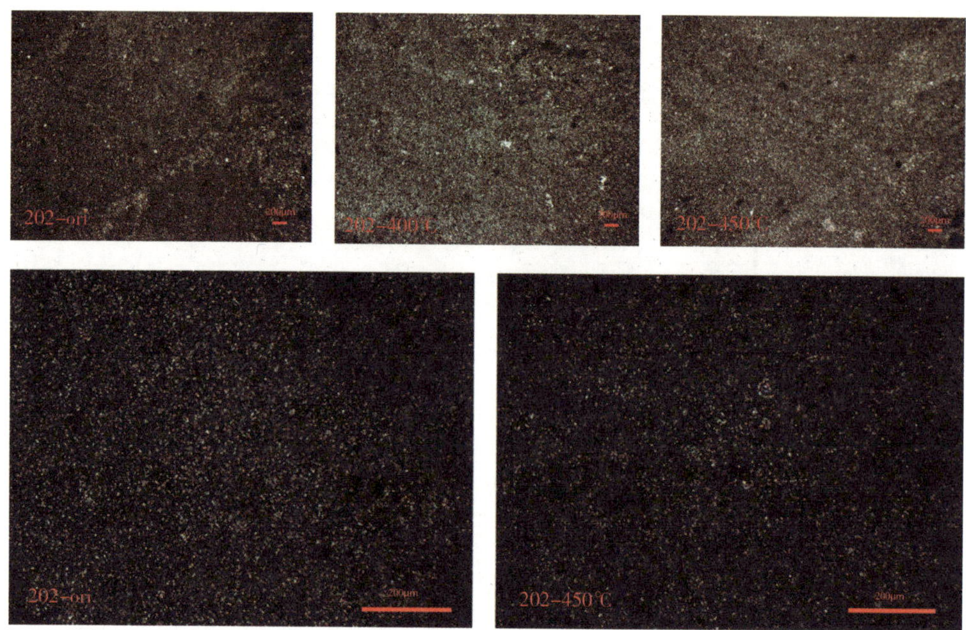

图 5.39　202-ori、400℃、450℃ 50 倍对比图（上），
202-ori、450℃ 200 倍对比图（下）

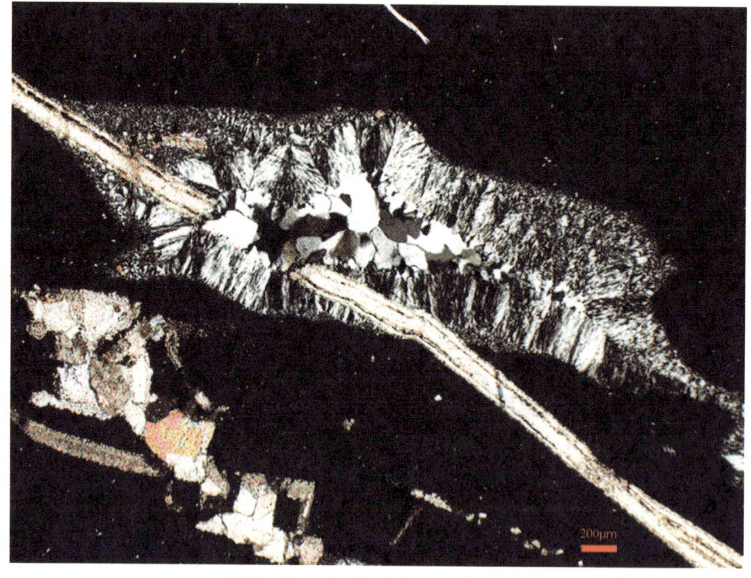

图 5.40　SDG12L2-182 50 倍

图 7.1　2 号地点无意识加热石制品

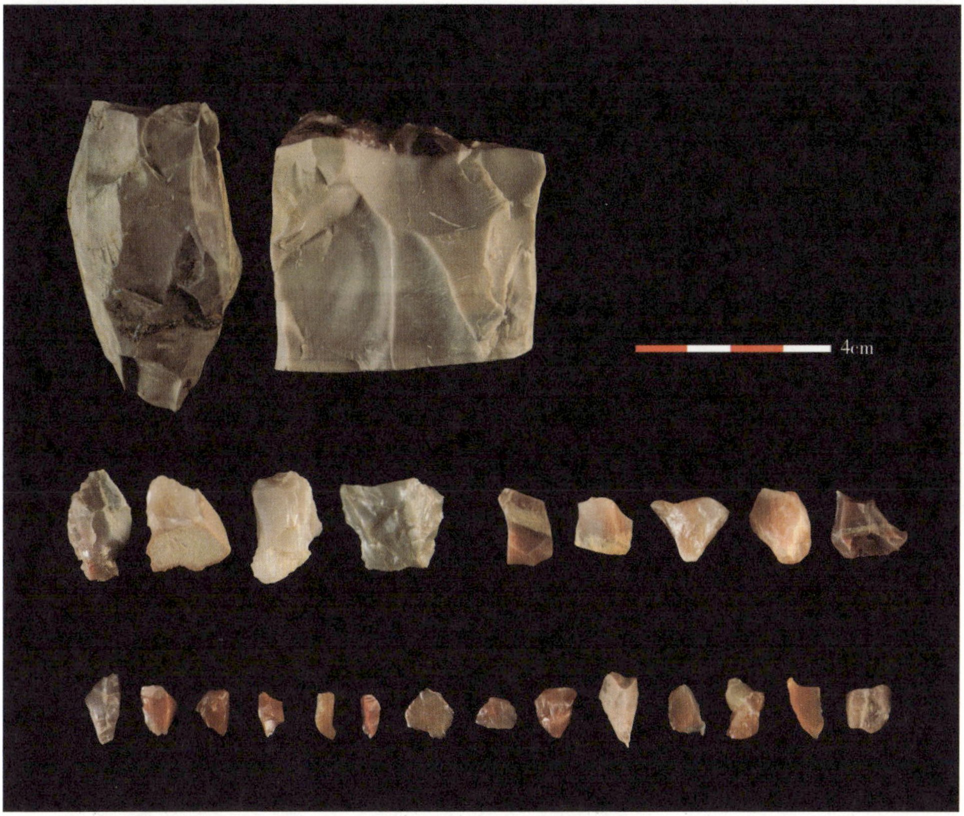

图 7.2　2 号地点热处理石制品

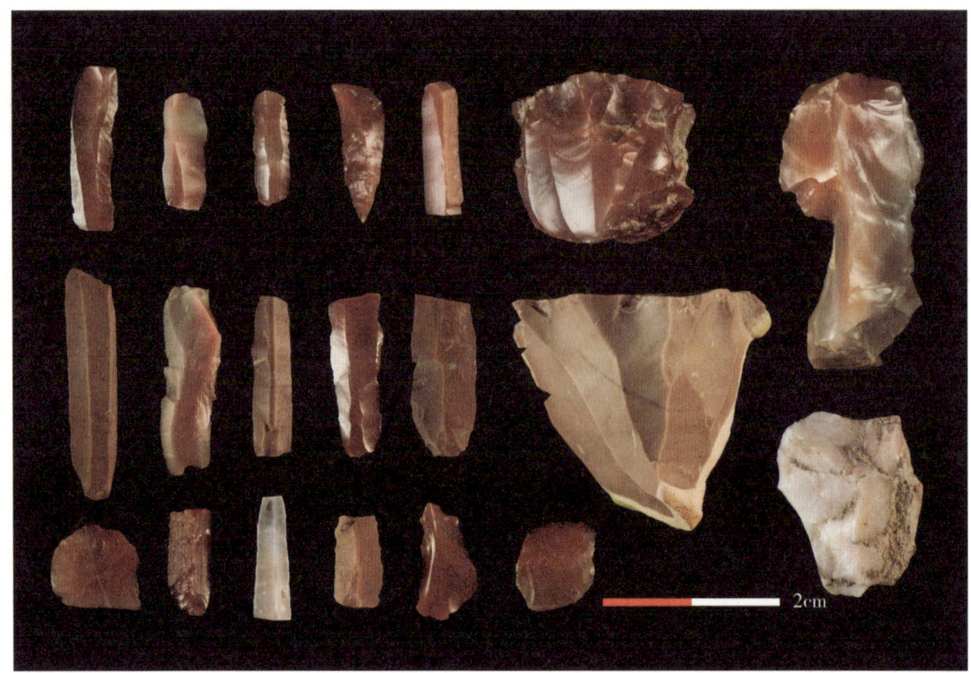

图 7.3　12 号地点热处理石制品

图 7.4　12 号地点无意识加热石制品

考古新视野

青年学人系列

2016 年

彭明浩：《云冈石窟的营造工程》

刘　韬：《唐与回鹘时期龟兹石窟壁画研究》

朱雪菲：《仰韶时代彩陶的考古学研究》

于　薇：《圣物制造与中古中国佛教舍利供养》

2017 年

潘　攀：《汉代神兽图像研究》

吴端涛：《蒙元时期山西地区全真教艺术研究》

邓　菲：《中原北方地区宋金墓葬艺术研究》

王晓敏　梅惠杰：《于家沟遗址的动物考古学研究》

2018 年

王书林：《北宋西京城市考古研究》

肖　波：《俄罗斯叶尼塞河流域人面像岩画研究》

袁　泉：《蒙元时期中原北方地区墓葬研究》

李宏飞：《商末周初文化变迁的考古学研究》

2019 年

罗　伊:《云南地区新石器时代考古学文化研究》

赵献超:《二至十四世纪法宝崇拜视角下的藏经建筑研究》

2020 年

周振宇:《宁夏水洞沟遗址石制品热处理实验研究》

张　旭:《内蒙古大堡山墓地出土人骨研究》

2021 年（入选稿件）

马　强:《泾水流域商周聚落与社会研究》

金蕙涵:《七至十七世纪墓主之位的考古学研究》